**Die Bonus-Seite**

Ihr Vorteil als Käufer dieses Buches

Auf der Bonus-Webseite zu diesem Buch finden Sie zusätzliche Informationen und Services. Dazu gehört auch ein kostenloser **Testzugang** zur Online-Fassung Ihres Buches. Und der besondere Vorteil: Wenn Sie Ihr **Online-Buch** auch weiterhin nutzen wollen, erhalten Sie den vollen Zugang zum **Vorzugspreis**.

So nutzen Sie Ihren Vorteil

Halten Sie den unten abgedruckten Zugangscode bereit und gehen Sie auf **www.galileodesign.de**. Dort finden Sie den Kasten **Die Bonus-Seite für Buchkäufer**. Klicken Sie auf **Zur Bonus-Seite / Buch registrieren**, und geben Sie Ihren **Zugangscode** ein. Schon stehen Ihnen die Bonus-Angebote zur Verfügung.

Ihr persönlicher **Zugangscode**: yxad-je8b-ksmt-ncur

Robert Klaßen

GIMP 2.8
Der praktische Einstieg

Liebe Leserin, lieber Leser,

»Was lange währt, wird endlich gut« – unter dieses Motto könnte man GIMP 2.8 ohne Weiteres stellen: Über drei Jahre hat die Entwicklung der neuen Version gedauert, und so mancher sah schon die Zukunft der Open-Source-Software gefährdet. Zum Glück waren diese Sorgen aber unbegründet: GIMP 2.8 ist erschienen und bietet viele neue Funktionen und Verbesserungen, auf die Sie sich freuen können.

Auch unser Autor Robert Klaßen ist von GIMP 2.8 überzeugt. Er führt Sie in diesem Buch Schritt für Schritt in GIMP ein. Sie lernen die Arbeitsoberfläche kennen, arbeiten mit den Tools aus dem Werkzeugkasten und erproben die Techniken der Bildbearbeitung an zahlreichen Beispielen. Über 60 Workshops stehen für Sie zum Nachmachen bereit. Sie korrigieren Farben und Beleuchtung, klonen Bildelemente, retuschieren fehlerhafte Stellen u.v.m. Das verwendete Beispielmaterial finden Sie natürlich auf der beiliegenden DVD. Die ist übrigens eine wahre Fundgrube: Wer GIMP 2.8 noch nicht installiert hat, findet dort die benötigten Dateien; Sie können einem Trainer bei der Arbeit mit GIMP »live« über die Schulter schauen und finden zudem einige ausgesuchte Plug-ins und Skripte, die GIMP um spannende Funktionen erweitern.

Und nun will ich Sie gar nicht länger vom Lernen abhalten und wünsche Ihnen viel Spaß mit GIMP und diesem Buch. Sollten Sie Anregungen oder Kritik haben, freue ich mich, wenn Sie sich mit mir in Verbindung setzen.

Ihre Katharina Geißler
Lektorat Galileo Design
katharina.geissler@galileo-press.de

www.galileodesign.de
Galileo Press · Rheinwerkallee 4 · 53227 Bonn

Auf einen Blick

1 Die Grundlagen 21
2 Die Arbeitsoberfläche 47
3 Malen und färben 77
4 Auswählen und freistellen 105
5 Ebenen 125
6 Zuschneiden, skalieren und transformieren 149
7 Farben und Tonwerte korrigieren 165
8 Belichtung korrigieren 205
9 Scharfzeichnen und weichzeichnen 229
10 Retusche und Montage 257
11 Raw-Fotos bearbeiten 291
12 Pfade 305
13 Text 325
14 GIMP und das World Wide Web 343

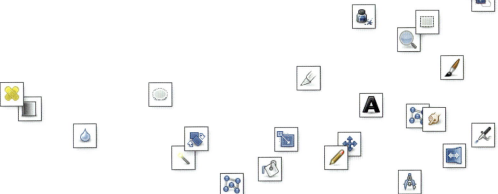

Der Name Galileo Press geht auf den italienischen Mathematiker und Philosophen Galileo Galilei (1564–1642) zurück. Er gilt als Gründungsfigur der neuzeitlichen Wissenschaft und wurde berühmt als Verfechter des modernen, heliozentrischen Weltbilds. Legendär ist sein Ausspruch *Eppur si muove* (Und sie bewegt sich doch). Das Emblem von Galileo Press ist der Jupiter, umkreist von den vier Galileischen Monden. Galilei entdeckte die nach ihm benannten Monde 1610.

Lektorat Katharina Geißler
Korrektorat Petra Biedermann, Reken
Herstellung Maxi Beithe
Einbandgestaltung Janina Conrady
Coverfotos iStock 17340990 © Ulrike Neumann
Fotos im Buch Fotos im Buch © 2012 Robert Klaßen und Lizenzgeber. Alle Rechte vorbehalten.
Alle in diesem Buch und auf dem beiliegenden Datenträger zur Verfügung gestellten Bilddateien
sind ausschließlich zu Übungszwecken in Verbindung mit diesem Buch bestimmt. Jegliche sonstige
Verwendung bedarf der vorherigen, ausschließlich schriftlichen Genehmigung des Urhebers.
Satz SatzPro, Krefeld
Druck Offizin Andersen Nexö Leipzig

Dieses Buch wurde gesetzt aus der Linotype Syntax (9,25 pt/13 pt) in Adobe InDesign CS4.

Gerne stehen wir Ihnen mit Rat und Tat zur Seite:
katharina.geissler@galileo-press.de
bei Fragen und Anmerkungen zum Inhalt des Buches

service@galileo-press.de
für versandkostenfreie Bestellungen und Reklamationen

julia.mueller@galileo-press.de
für Rezensions- und Schulungsexemplare

Bibliografische Information der Deutschen Nationalbibliothek
Die Deutsche Nationalbibliothek verzeichnet diese Publikation in der Deutschen National-
bibliografie; detaillierte bibliografische Daten sind im Internet über *http://dnb.d-nb.de* abrufbar.

ISBN 978-3-8362-1625-8

© Galileo Press, Bonn 2012
1. Auflage 2012

Das vorliegende Werk ist in all seinen Teilen urheberrechtlich geschützt. Alle Rechte vorbehalten, insbesondere das Recht der
Übersetzung, des Vortrags, der Reproduktion, der Vervielfältigung auf fotomechanischem oder anderen Wegen und der Speicherung
in elektronischen Medien. Ungeachtet der Sorgfalt, die auf die Erstellung von Text, Abbildungen und Programmen verwendet wurde,
können weder Verlag noch Autor, Herausgeber oder Übersetzer für mögliche Fehler und deren Folgen eine juristische Verantwortung
oder irgendeine Haftung übernehmen. Die in diesem Werk wiedergegebenen Gebrauchsnamen, Handelsnamen, Warenbezeich-
nungen usw. können auch ohne besondere Kennzeichnung Marken sein und als solche den gesetzlichen Bestimmungen unterliegen.

Inhalt

Vorwort 17

1 Die Grundlagen

1.1	GIMP installieren	22
	Installation am Mac	22
	Tastaturkürzel am Mac	23
	Installation unter Windows	23
	GIMP-Hilfe	24
1.2	Dateien öffnen	25
	Der Öffnen-Dialog	25
	Mehrere Bilder öffnen	26
	Bilder ansehen	26
	Weitere Öffnen-Methoden	27
	Dateien schließen	29
1.3	Dateien speichern – im GIMP-Format	29
	Dateien speichern	30
	Dateien nachspeichern	31
1.4	Dateien exportieren – Speicherformate	31
	Gängige Speicherformate	31
	Dateien exportieren	32
	Anzeige filtern	33
1.5	Neue Bilder erzeugen	33
	Neue Datei erzeugen	34
	Duplikate anlegen	34
1.6	Bildgrößen und Auflösungen	35
	Pixel	35
	ppi	36
	Auflösung	36
	ppi und dpi	37
	Vektorgrafiken	37
1.7	Farbräume	38
	Der RGB-Farbraum	38

Inhalt

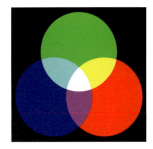

	RGB-Farben einstellen	39
	Der HSV-Farbraum	40
	Der CMYK-Farbraum (Druck)	41
1.8	**Blitzeinstieg**	42

2 Die Arbeitsoberfläche

2.1	**Schnellübersicht Arbeitsoberfläche**	48
	Mehrfenster-Modus	49
	Einzelfenster-Modus	49
	Werkzeuge und Paletten vertauschen	49
2.2	**Werkzeuge**	50
	Der Werkzeugkasten	50
	Werkzeugkasten anpassen	51
	Werkzeuge aktivieren	52
	Tastaturkürzel	53
	Werkzeuge einstellen	53
	Einstellungen speichern	54
	Neue Regler	55
2.3	**Die Werkzeuge im Überblick**	56
2.4	**Paletten**	61
	Weitere Dialoge hinzufügen	62
	Dialoge abdocken	62
	Dialoge einsortieren	63
2.5	**Bildnavigation**	64
	Verschieben	64
	Zoomen	65
	Navigator	66
	Navigator im Bildfenster	67
2.6	**Ansichten**	68
	Neue Ansicht erstellen	68
	Punkt für Punkt	69
	Vollbild	69
	Bildgröße an Fenstergröße anpassen	69

2.7	**Hilfslinien und Raster**	70
	Raster	70
	Raster magnetisieren	71
	Raster anpassen	71
	Hilfslinien nutzen	73
	Hilfslinien entfernen	74
2.8	**Das Journal**	74

3 Malen und färben

3.1	**Farben einstellen**	78
	Vorder- und Hintergrundfarbe	78
	Farben aufnehmen	79
3.2	**Farbpaletten**	81
	Paletteneditor	81
3.3	**Pinsel und Füllwerkzeuge**	82
	Die Malwerkzeuge	82
	Malwerkzeug einstellen	85
	Pinseldynamiken	87
3.4	**Der Pinsel-Editor**	88
	Normale Pinselspitzen	89
	Farbige Pinselspitzen	90
	Animierte Pinselspitzen	90
	Pinselspitzen anpassen	90
	Der Pinsel-Editor im Detail	93
	Pinsel weitergeben	94
	Externe Pinsel integrieren	95
	Eigene Pinselspitzen erstellen	95
3.5	**Muster**	98
	Muster-Grundlagen	98
	Ein Muster klonen	99
	Ein Muster erzeugen	100
	Muster nachbearbeiten	104

4 Auswählen und freistellen

4.1	**Die Auswahlwerkzeuge**	106
	Rechteckige Auswahl	107
	Elliptische Auswahl	107
	Freie Auswahl	108
	Zauberstab	108
	Nach Farbe auswählen	109
	Magnetische Schere	109
	Vordergrundauswahl	110
4.2	**Auswahlgrundlagen**	111
	Auswahlen kombinieren	111
	Auswahl füllen	112
	Weiche Auswahlkanten	113
	Auswahl in bestimmter Größe	114
	Bildbereiche auswählen und transferieren	114
	Auswahl speichern	120
4.3	**Die Schnellmaske**	121
4.4	**Der Auswahleditor**	123

5 Ebenen

5.1	**Ebenengrundlagen**	126
	Was sind Ebenen?	126
	Die Ebenen-Palette	127
	Ebenen umbenennen	129
	Ebenengruppen	130
	Schwebende Ebenen, schwebende Auswahlen	130
5.2	**Bildebenen erzeugen – Basiswissen Fotomontage**	131
	Ebenendeckkraft	133
	Ebenenmodus	134
	Ebenenmasken	135
	Verlaufsmasken	138
	Ebenen speichern	139
	Ebenen vereinen	140
5.3	**Ebenen in der Praxis – ein Filmplakat gestalten**	140

6 Zuschneiden, skalieren und transformieren

6.1	Transformationswerkzeuge	150
6.2	Bildgröße und Arbeitsfläche	153
	Bildgröße verändern	154
	Interpolation	155
	Berechnungen verwenden	155
	Die Leinwandgröße verändern	155
6.3	Perspektivische Korrekturen	157
	Stürzende Kanten ausgleichen	157
	Horizont begradigen	160
6.4	Bildbereiche transformieren	162
	Probleme beim Transformieren	163
	Einfache Transformationen	163

7 Farben und Tonwerte korrigieren

7.1	Automatische Farbverbesserungen	166
	Farbstich entfernen	166
	Abgleichen	168
	Farbverbesserung	168
	HSV strecken	168
	Kontrastspreizung	168
	Normalisieren	169
7.2	Farbabgleich	169
7.3	Histogramm und Werte	170
	Das Histogramm	171
	Der Farbwerte-Dialog	174
7.4	Die Tonwertkorrektur	177
	Die Tonwertspreizung	178
	Folgen der Tonwertspreizung	182
	Einstellungen speichern	183
	Schwarz-, Weiß- und Graupunkt bestimmen	184
	Zielwerte bestimmen	185
	Farbkurven korrigieren	185

Inhalt

7.5	Farbton/Sättigung	186
	Sättigung anpassen	186
	Farbtöne verändern	188
7.6	Farbkorrektur mit Deckkraft und Ebenenmodi	192
	Rote Augen entfernen	193
	Ebenenmodi in der Praxis	195
7.7	Fotos färben	198
	Vorhandene Farben verändern	198
	Filterpaket	199
	Weitere Filterpaket-Einstellungen	202
	Fotos kanalweise bearbeiten	203

8 Belichtung korrigieren

8.1	Aufhellen und abdunkeln mit Ebenenmodi	206
	Ein zu dunkles Bild aufhellen	206
	Ein zu helles Bild abdunkeln	208
8.2	Fotos punktuell korrigieren	211
	Mit Masken korrigieren	211
8.3	Abwedeln und nachbelichten	216
	Das Abwedeln/Nachbelichten-Werkzeug anpassen	216
	Typ bestimmen: Abwedler oder Nachbelichter?	217
	Umfang und Belichtung einstellen	217
	Destruktiv oder non-destruktiv?	217
	Abwedler und Nachbelichter im Einsatz	218
8.4	Helligkeit/Kontrast korrigieren	222
	Belichtung über Kurven einstellen	225
	Helligkeit/Kontrast- oder Werte-Korrektur?	227

9 Scharfzeichnen und weichzeichnen

9.1	Fotos schärfen	230
	Fotos schnell schärfen	230
	Unschärfen maskieren	232
	Unscharf maskieren im Detail	235

9.2	Fotos punktuell schärfen und weichzeichnen	235
	Schärfe mit Masken verändern	236
	Schärfe mit Werkzeugen verändern	240
9.3	Weichzeichnen	241
	Weichzeichnenmethoden	244
	Bewegungsunschärfe erzeugen	244
9.4	Körnung reduzieren oder hinzufügen	249
	Körnung entfernen	249
	Körnung hinzufügen	253

10 Retusche und Montage

10.1	Klonen – Bildbereiche vervielfältigen	258
	Arbeiten mit dem Klonen-Werkzeug	258
	Quelle festlegen	264
	Ausrichtung festlegen	265
10.2	Reparieren und retuschieren	266
	Retusche mit dem Heilen-Werkzeug	266
	Kratzer und Flecken entfernen	269
	Filter »Flecken entfernen«	273
10.3	Montagen	274
	Transparenzen und Alphakanäle	274
	Bilder zusammenfügen – Hintergründe austauschen	275
	Eigene Hintergründe erstellen	279
10.4	Pixel verschieben	285
	Der IWarp-Filter	285
	IWarp in der Übersicht	287

11 Raw-Fotos bearbeiten

11.1	Raw-Grundlagen	292
	Vor- und Nachteile	292
	Der Raw-Konverter	293
	Raw-Fotos einstellen	293
11.2	Raw-Fotos öffnen	294

11.3	Erste Schritte mit UFRaw	294
11.4	Weitere UFRaw-Optionen	300
	Kameradaten einsehen	300
	Linsenkorrektur durchführen	301
	Fotos zuschneiden	302
	Fotos drehen	303

12 Pfade

12.1	Pfad-Grundlagen	306
	Warum Pfade?	306
	Werkzeug »Pfade«	307
	Mit Ankerpunkten arbeiten	309
12.2	Pfade verwalten	315
	Pfade anzeigen	315
	Pfade weiterbearbeiten	316
	Pfade umbenennen	316
	Pfade hinzufügen	316
	Pfade kopieren	317
	Pfad löschen	317
12.3	Objekte aus Pfaden erzeugen	317
	Pfade nachziehen	318
	Linienstile in der Übersicht	321
	Flächen füllen	321
12.4	Pfade in anderen Dateien nutzen	323
	Pfade exportieren	323
	Pfade importieren	324

13 Text

13.1	Text-Grundlagen	326
	Das Textwerkzeug	326
	Texteingabe mit und ohne Editor	327
	Ein Textfeld skalieren	328
	Text nachträglich formatieren	329

Wissenswertes zur Verwendung von Schriften 329
Text konvertieren 330
13.2 **Text und Pfade** 330
Text am Pfad entlang 331
Pfad verändern 332
Pfad und Pfadkontur füllen 333
13.3 **Texteffekte** 334
Logos erstellen 334
Texte mit »FX Foundry« 336
Text mit Filtern verwenden 337
Bild im Text 340

14 GIMP und das World Wide Web

14.1 **Fotos für das Web vorbereiten** 344
Bilder für das Web vorbereiten und ausgeben 344
Fotos aus dem Web laden 347
14.2 **Grafiken für das Web vorbereiten** 348
Logos für das Internet 348
GIMP-Schaltflächen erzeugen 350
Eigene Schaltflächen erzeugen 351
Ein animiertes Banner erzeugen 356
Optimieren für GIF 361
Weitere Web-Elemente erzeugen mit Skript-Fu 362

Anhang 363
Plug-ins 364
Skripte 366
Die DVD zum Buch 372

Index 375

Workshops

Die Grundlagen
Cooler Look für Ihre Fotos 42

Malen und färben
Eine modifizierte Pinselspitze erstellen 91
Eine komplett neue Pinselspitze erstellen 95
Ein eigenes Muster erzeugen 100

Auswählen und freistellen
Eine Auswahl färben 112
Eine Blume freistellen und in ein anderes Bild montieren 115

Ebenen
Eine Ebene maskieren 135
Ebenen einsetzen (Filmplakat I) 141
Ebenenmodi ändern (Filmplakat II) 144
Mit Ebenenmasken arbeiten (Filmplakat III) 145
Text hinzufügen (Filmplakat IV) 147

Zuschneiden, skalieren und transformieren
Perspektive korrigieren 157
Eine schiefe Horizontlinie geraderücken 160
Ein Glas transformieren 163

Farben und Tonwerte korrigieren
Farbstich automatisch korrigieren 167
Histogramme interpretieren 171
Das Blau des Himmels aufhellen – Farbwerte anpassen 175
Die Grenzen der automatischen Tonwertkorrektur 177
Farben kräftigen (Tonwertspreizung) 179
Sättigung eines Fotos anpassen 186

Eine Fassade umfärben 188
Rote Augen korrigieren 193
Augen färben 195
Ein Foto in Sepia einfärben 198
Ein Foto mit dem Filterpaket einfärben 200

Belichtung korrigieren

Dunkle Fotos aufhellen 207
Helle Fotos abdunkeln 209
Foto stellenweise nachbelichten 212
Ein Foto manuell abwedeln und nachbelichten 218
Helligkeit und Kontrast einstellen 222
Belichtung über Kurven einstellen 225

Scharfzeichnen und weichzeichnen

Fotos schnell schärfen 230
Der Filter »Unscharf maskieren« 233
Ein Porträt punktgenau schärfen 236
Haut weichzeichnen 241
Eine Vorbeifahrt simulieren 245
Fotos entrauschen 250
Ein Foto auf alt trimmen 254

Retusche und Montage

Eine Spielfigur klonen, vergrößern und umfärben 259
Ein Porträt retuschieren 266
Kratzer entfernen 269
Flecken entfernen 271
Einen Himmel austauschen 275
Hintergrund austauschen 279
Mit IWarp verfremden 286
Mit IWarp korrigieren 288

15

Workshops

Raw-Fotos bearbeiten

Licht und Weißabgleich korrigieren 295

Pfade

Einen Pfad erzeugen 307
Ein Herz formen 311
Pfad mit einer Kontur versehen 318
Pfadobjekte füllen 322

Text

Einen Glow-Effekt erzeugen 334
Einen Text mit Effekten versehen 337
Ein Foto in Lettern 341

GIMP und das World Wide Web

Bildgröße für das Internet anpassen 345
Foto für das Internet ausgeben 346
Ein Logo ausgeben 348
Ein Button-Set erzeugen 352
Das Button-Set ausgeben 355
Ein Banner animieren 356

Skripte

Einen Begriff übersetzen 370

Vorwort

Neulich hat mich ein Seminar-Teilnehmer gefragt: »Warum geben die Menschen eigentlich so viel Geld für Photoshop aus?« Noch ehe ich antworten konnte, rief ein anderer: »Na, weil die meisten GIMP nicht kennen!« Wow, das hat gesessen. Diese Antwort gehörte ohne Zweifel in die Kategorie »Ganz schön pfiffig«.

Alles GIMP, oder was?

Nun möchte ich Adobes Branchenstandard in Sachen digitaler Bildbearbeitung nicht mit GIMP gleichsetzen. Dazu ist Photoshop viel zu ausgereift und behauptet seinen Führungsanspruch zu Recht. Aber verstecken muss sich die kostenlose Anwendung auf gar keinen Fall. Denn eine adäquate Bildbearbeitung mit sämtlichen Schikanen ist auch hier möglich. Ein paar Dinge sind vielleicht etwas umständlicher oder irgendwo tief im Menü versteckt. Dafür gibt es aber auch Techniken, die viel leichter umzusetzen sind als beim Branchenriesen. Was aber auf jeden Fall stimmt, ist die Aussage, dass GIMP eine Wundertüte sei – und zwar nicht nur in Sachen Bildbearbeitung, sondern auch hinsichtlich Design und Kreativität.

Na endlich

Wie lange haben wir auf die neue Version warten müssen. Immer wieder wurden die Termine verschoben. Immer wieder tauchten neue Probleme beim Programmieren der Open-Source-Software auf. Doch jetzt endlich ist GIMP in seiner Version 2.8 da. Und es gibt allen Grund zum Jubeln, denn die Anwendung hat sich ordentlich gemausert. Die vielleicht augenfälligste und zugleich umstrittenste aller Neuerungen ist der Einzelfenster-Modus. (Sollten Sie Neueinsteiger sein, machen Sie sich um diesen Begriff bitte jetzt noch keine Gedanken. Was es damit auf sich hat, wird in diesem Buch anschaulich erläutert.) Dem erfahrenen Benutzer, der dem Einzelfenster-Modus eher skeptisch gegenübersteht, möchte ich sagen: Bitte lassen Sie sich darauf ein. Oftmals lehnt man Neues ab, weil sich die Vorteile noch nicht herauskristallisiert haben. Genau um diese Vorteile geht es aber ebenfalls in diesem Buch. Vielleicht gefällt Ihnen der neue Modus ja viel mehr, als Sie glauben.

Neu in GIMP 2.8

Es gibt so viel Neues zu entdecken. In fast jedem Winkel der Anwendung steckt ein Novum, das entdeckt werden will. Dieses Buch gibt Ihnen nämlich nicht nur einen leichten Einstieg in die Software, sondern geht auch gezielt auf die Neuerungen ein. Es zeigt effektive Techniken in Sachen Foto-Optimierung auf und enthält tolle Tipps zur Umsetzung Ihres eigenen Ideenreichtums. – Damit Sie genau sehen können, wo Neuerungen der Software versteckt sind, haben wir einen Hinweis am Seitenrand angebracht. Wenn Sie dort dieses Symbol sehen, wissen Sie: Aha, da gibt es etwas, das es bislang noch nicht gegeben hat; da schau ich doch mal etwas genauer hin.

▲ **Abbildung 1**
Ah, hier gibt es etwas, was in der Vorgängerversion 2.6 noch nicht existierte – oder zumindest stark modifiziert wurde.

Was noch?

Natürlich haben Sie mit diesem Buch nicht nur irgendeinen GIMP-Schmöker gekauft. Oder haben Sie das Buch noch gar nicht erstanden? Vielleicht stehen Sie ja noch in der Buchhandlung. Na, dann aber rasch zur Kasse. Sie wissen ja, wie lang man da mitunter anstehen muss. – Aber ich verplaudere mich. Eigentlich wollte ich Ihnen mitteilen, dass dies nicht nur ein Buch, sondern ein ganzes Buch-Paket ist. Dazu gibt es nämlich noch eine DVD, auf der Sie neben der benötigten GIMP-Software auch die im Buch verwendeten Plug-ins und Pinselspitzen sowie weitere Skripte, Plug-ins und zusätzlich Video-Lektionen zu GIMP finden. Außerdem bekommen Sie alle Fotos und Bildmaterialien, die in diesem Buch behandelt werden, frei Haus mitgeliefert – zum exakten Nachvollziehen der zahlreichen Workshops. Laden Sie die Dateien aus dem Ordner BILDER am besten jetzt gleich auf Ihren Computer!

Zusätzlich gibt es einen ERGEBNISSE-Ordner, in dem Sie alle relevanten Workshop-Resultate finden. So können Sie direkt im Anschluss an eine Übung feststellen, ob Sie die einzelnen Schritte korrekt umgesetzt haben.

Bildquellen

Natürlich dürfen Sie Ihre eigenen Fotos benutzen. Dennoch ist das beiliegende Bildmaterial etwas ganz Besonderes. Mein Fundus ist dankenswerterweise aufgestockt worden – und zwar von meiner Frau und Fotokollegin Renate Klaßen sowie den ebenfalls herausragenden Usern von *pixelio.de* und *fotolia.com*. Sie werden feststellen, wie viel Spaß es macht, GIMP mit diesem Bildmaterial zu ergründen.

Ach so! – Begriffsdefinitionen

Bevor Sie sich nun in die Arbeit stürzen, sollten Sie noch etwas in Erfahrung bringen. So werden in diesem Buch beispielsweise Begriffe verwendet, die dem Einsteiger vielleicht nicht so geläufig sind. Damit Sie aber stets wissen, was gemeint ist, und während des Lesens nicht ausgebremst werden, folgen die Begriffsdefinitionen gleich hier. (Der fortgeschrittene Anwender mag diesen Teil flugs überspringen.)

▸ **Button**: Schaltfläche, durch deren Betätigung eine Anweisung an den Computer übergeben wird

▸ **Checkbox**: Ankreuzkästchen. Wenn eine Bedingung zutreffend ist, wird das Feld mit einem Häkchen versehen; andernfalls bleibt es leer. Innerhalb einer Gruppe von Checkboxen kann eine, mehrere, alle oder auch keine Checkbox aktiv sein.

▸ **Drag & Drop**: Ziehen und Fallenlassen von Objekten auf der Arbeitsoberfläche

▸ **Eingabefeld**: Feld zur Eingabe von Werten via Tastatur

▸ **Flyout-Menü**: Siehe »Pulldown-Menü«

▸ **Kontextmenü**: Befehlssammlung, die sich durch rechten Mausklick öffnet

▸ **Pulldown-Menü**: Steuerelement-Liste, die verschiedene Optionen enthält. Beim Klick darauf klappt sie nach unten aus.

▸ **QuickInfo**: Informationstext, der eingeblendet wird, wenn der Anwender den Mauszeiger auf einem Objekt oder Steuerelement verweilen lässt

▸ **Radio-Button**: Optionsschaltfläche, die wie Checkboxen nur zwei Zustände kennt, nämlich ein oder aus. In einer Gruppe von Radio-Buttons kann in der Regel nur ein einziger aktiv sein. Ein zuvor bereits aktivierter Button wird durch Anwahl eines anderen automatisch deaktiviert.

▸ **Shortcut**: Kurzbefehl (auch »Tastaturkürzel« oder »Tastenkombi«), der via Tastatur eingegeben wird (eine oder mehrere Tasten), um einen Befehl auszuführen

▸ **Steuerelement**: jedes Element auf einer Arbeitsoberfläche, das imstande ist, Werte entgegenzunehmen oder Anweisungen auszuführen

Warum »Radio«?

Der Name »Radio-Button« entstammt den Knöpfen alter Röhrenradios, die automatisch heraussprangen, wenn ein anderer Knopf eingedrückt wurde.

Ist der Autor humanoid?

Ah, gut, dass Sie danach fragen. Mein Name ist *RK_alpha*, und ich ... Nein, lassen wir das. Natürlich bin ich lebendig (jedenfalls im Augenblick noch) und für Sie erreichbar, wenn es mit den in diesem Buch aufgezeigten Vorgehensweisen einmal nicht so recht klappen will. Scheuen Sie sich nicht, mich zu kontaktieren. Technischen Support kann ich allerdings ebenso wenig leisten wie umfangreiche Sonderanleitungen à la: »Ich will ein Raumschiff abstürzen lassen, das beim Auftreffen auf die Erde eine riesige Explosion verursacht und dabei den Eiffelturm zum Schmelzen bringt. Schreiben Sie bitte mal kurz, wie das geht.« Ich bitte da um Verständnis. – Und jetzt wünsche ich Ihnen viel Spaß und eine angenehme Entdeckungsreise durch GIMP 2.8.

Robert Klaßen
info@dtpx.de
www.dtpx.de

Die Grundlagen

Das müssen Sie wissen!

- Wie wird GIMP installiert?
- Wie öffne und speichere ich Bilddateien?
- Wie funktioniert das Exportieren von Bilddateien?
- Wie werden neue Bilddateien erzeugt?
- Was muss ich über Bildgrößen und Auflösungen wissen?
- Was sind die Unterschiede zwischen Pixeln und Vektoren?
- Was muss ich über die verschiedenen Farbräume wissen?

1 Die Grundlagen

Bevor es losgeht, sollten Sie sich mit den Grundlagen vertraut machen. Dadurch werden Sie es in den folgenden Kapiteln leichter haben. Kapitel 1 ist aber nicht nur etwas für Einsteiger. Denn ich bin überzeugt, dass auch Anwender, die bereits ab und zu mit GIMP gearbeitet haben, hier einige interessante Informationen finden werden und so ihr Wissen erweitern können. Am Ende dieses Kapitels werden Sie dann auch gleich mit einem coolen Workshop belohnt.

1.1 GIMP installieren

Im Ordner GIMP 2.8/Mac liegt die aktuelle Mac-Version.

Der erste Abschnitt dieses Kapitels soll nicht die gesamte Installationsroutine ansprechen. Das wäre ja auch viel zu langweilig. Vielmehr gehe ich kurz auf einige Besonderheiten ein, die es zu beachten gilt – oder die vielleicht Verwirrung stiften, wenn man sich im Installationsprozess befindet.

Installation am Mac

GIMP im Dock
Für alle, die regelmäßig mit GIMP arbeiten, empfiehlt es sich, ein Schnellstartsymbol ins Dock zu integrieren. Begeben Sie sich dazu in den Programmordner des Betriebssystems, und halten Sie nach GIMP 2.APP Ausschau. Diese Datei ziehen Sie dann mit gedrückter Maustaste ins Dock.

Ursprünglich für Linux konzipiert, läuft GIMP heutzutage auch problemlos auch auf Windows-Rechnern. Auch der Betrieb unter Apple-Mac ist ohne große Schwierigkeiten möglich.

Die aktuelle GIMP-Version für den Mac finden Sie im Ordner GIMP 2.8/Mac. Sie können GIMP auf Ihrem Mac installieren, ohne dazu ein Windows-Betriebssystem zu verwenden. Die Anwendung läuft dann in der selbststartenden Umgebung X11, die im Mac-Betriebssystem in der Regel bereits integriert ist.

Nachdem Sie das GIMP-Paket (Dateiendung *.dmg*) geöffnet und die Anwendung installiert haben, starten Sie die Bildbearbeitungssoftware per Doppelklick auf GIMP 2.APP. Dabei wird zeitgleich auch die Arbeitsumgebung X11 aktiviert, die jedoch dezent im Hintergrund bleibt.

Tastaturkürzel am Mac

Eine Sache ist allerdings noch erwähnenswert: Sie müssen in Erinnerung halten, dass Sie sich bei der Ausführung von GIMP nicht in der Mac-Umgebung, sondern stets in der Arbeitsumgebung X11 befinden. Deswegen funktionieren auch die Tastenkürzel nicht so, wie Sie das vom Mac vielleicht gewöhnt sind. Schauen Sie einmal die Menüs durch, werden Sie feststellen, dass dort von »Strg« und »Alt« die Rede ist. Versierte »Mac-ianer« wissen längst, dass man statt der Steuerungstaste die Befehlstaste ⌘ verwendet.

Doch bei GIMP zählt das nicht! Hier gilt:

- Strg = ctrl
  Dies trifft auch für alle in diesem Buch verwendeten Tastaturbefehle zu, die mit Strg angegeben sind.
- Bei der Alt-Taste heißt es Alt = ⌥ bzw. Alt

Allerdings spricht die Alt-/⌥-Taste nicht immer an. Sie müssen also im Zweifelsfall den entsprechenden Menübefehl bedienen. Manche Tastaturbefehle funktionieren nur, wenn Sie zeitgleich die Funktionstaste gedrückt halten. Dies gilt zum Beispiel für das Löschen. Während Sie am Windows-Rechner lediglich Entf drücken, müssen Sie am Mac fn + ← betätigen.

Installation unter Windows

Die Installation von GIMP unter Windows ist keine große Sache. Benutzen Sie dazu die beiliegende Software von der Buch-DVD, oder schauen Sie unter *www.gimp.org/downloads/* nach, ob es eine aktuellere Version als die beiliegende gibt.

Nach einem Doppelklick auf die Datei beginnt der Installationsprozess. Sollte nach einer Sprache gefragt werden, wählen Sie die gewünschte Variante aus. Falls nur ENGLISH und SLOVENSKI zur Verfügung steht, macht das rein gar nichts. Die hier getroffene Einstellung regelt nämlich nur die für die Installation verwendete Sprache. GIMP wird am Ende der deutschen Sprache mächtig sein.

GIMP benötigt eine Weile, bis die Installation vollzogen ist. Dies gilt auch für den anschließenden Erststart.

X11

Eigentlich wird das X11-System für grafische Anwendungen unter Linux/UNIX verwendet. Viele auf dieser Grundlage erzeugte Programme (meist Open Source) lassen sich jedoch unter Zuhilfenahme von X11 auch auf dem Mac ausführen.

Im Ordner GIMP 2.8/WINDOWS finden Sie die aktuelle Version 2.8 für Windows.

1 Die Grundlagen

Abbildung 1.1 ▶
Die hier selektierte Sprachvariante ist nur für den Installationsprozess gültig.

Abbildung 1.2 ▶
Der Willkommen-Screen von GIMP 2.8

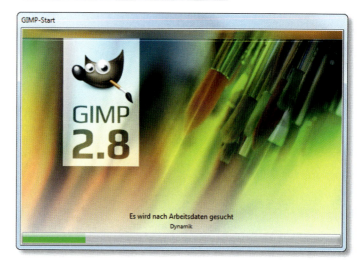

Keine Mehrfachinstallation

Was Sie noch wissen müssen: Bei der Installation von GIMP 2.8 unter Windows werden Vorgängerversionen automatisch deinstalliert. Dies ist aber auch für Umsteiger kein Grund zur Besorgnis, da in der Vorgängerversion vorhandene, selbstdefinierte Elemente (wie z. B. Pinselspitzen und Verläufe) in 2.8 übernommen werden.

GIMP-Hilfe

Sie haben nach der GIMP-Installation spontanen Erklärungsbedarf, was bestimmte Bereiche der Arbeitsoberfläche betrifft? Dann schauen Sie ruhig vorab schon einmal in der Hilfe nach. Um Hinweise zu einem bestimmten Thema zu bekommen, zeigen Sie mit der Maus auf das gewünschte Objekt (z. B. eine der Paletten) und drücken anschließend F1 bzw. üblicherweise fn + F1 am Mac. Trotz ihres enormen Umfanges ist die Hilfe nicht komplett. Zudem sind einige Informationen noch in englischer Sprache (Stand: Juni 2012).

Abbildung 1.3 ▶
GIMP stellt eine Verbindung zu den Hilfedateien im Internet her.

1.2 Dateien öffnen

GIMP ist ein Bildbearbeitungsprogramm. Entsprechend müssen zu bearbeitende Fotos zunächst einmal bereitgestellt werden. Das geht über Datei • Öffnen oder die Tastenkombination [Strg]+[O].

Der Öffnen-Dialog

Danach öffnet sich ein Fenster, das es Ihnen gestattet, die unterschiedlichen Ordner aufzusuchen, in denen sich Ihre Fotos befinden. Hier ist zunächst einmal die linke Spalte, Orte ❸, interessant, über die sich die einzelnen Speicherorte aktivieren lassen. Im mittleren Bereich, Name ❷, können Sie auf weitere Ordner zugreifen (per Doppelklick).

▼ Abbildung 1.4
Der Öffnen-Dialog

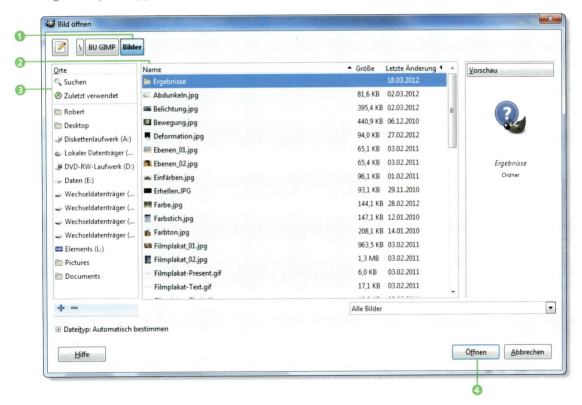

Das Interessante: Ganz oben im Dialogfenster wird für jeden Unterordner eine Taste ❶ erzeugt. Wenn Sie also wieder nach oben wechseln wollen, müssen Sie nichts weiter tun, als den

25

1 Die Grundlagen

gewünschten Button zu betätigen. – Wenn Sie das gesuchte Foto gefunden haben, setzen Sie entweder einen Doppelklick darauf oder markieren es mittels einfachem Mausklick, gefolgt von ÖFFNEN ❹.

Fotos wieder abwählen

Wollen Sie eine bereits markierte Datei wieder abwählen, ohne die anderen ebenfalls abzuwählen, halten Sie [Strg] gedrückt, während Sie abermals auf den Eintrag klicken.

Mehrere Bilder öffnen

Grundsätzlich dürfen Sie auch mehrere Fotos öffnen. Dazu müssen Sie die relevanten Dateien markieren, während Sie [Strg] gedrückt halten. Wenn alle Fotos markiert sind, betätigen Sie ÖFFNEN. Wollen Sie mehrere Fotos öffnen, die beisammenliegen, markieren Sie zunächst das oberste, halten dann [⇧] gedrückt und platzieren danach einen Mausklick auf die unterste Bilddatei. Erst danach lassen Sie [⇧] los und betätigen ÖFFNEN.

▲ Abbildung 1.5
Halten Sie [Strg] gedrückt, wenn Sie auseinanderliegende Dateien markieren wollen.

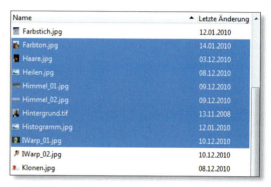

▲ Abbildung 1.6
Beisammenliegende Fotos selektieren Sie mit [⇧].

Bilder ansehen

Sie werden feststellen, dass (sofern mehrere Bilder gleichzeitig geöffnet sind) ein oben liegendes Foto alle darunter befindlichen abdeckt. Nun wollen Sie aber sicher alle Bilder begutachten. Für diesen Zweck ist GIMP in der Version 2.8 mit einem Bildregister ausgestattet, das Miniaturen jedes Fotos, auch Polaroids genannt, oberhalb der Bildansicht zeigt. Das ist allerdings nur dann der Fall, wenn Sie sich im Einzelfenster-Modus befinden, den Sie über das Menü FENSTER ein- und auch wieder ausschalten können. (Weitere Informationen dazu finden Sie im Abschnitt »Einzelfenster-Modus« ab Seite 49.)

◄ **Abbildung 1.7**
Im Einzelfenster-Modus taucht jedes geöffnete Foto in Form einer Registerkarte auf. Ein Klick auf die Bildminiatur ❶ stellt das Foto nach vorn. Betätigen Sie die X-Schaltfläche ❷, wird das Foto geschlossen.

Bei deaktiviertem Einzelfenster-Modus (dem Menüeintrag ist in diesem Fall kein Häkchen vorangestellt) müssen Sie ein weiter unten befindliches Foto an der Kopfleiste ❸ anklicken, worauf es nach vorn gestellt wird. Sollten Sie das gewünschte Foto nicht einsehen können, schieben Sie die anderen einfach zur Seite. Das gelingt per Drag & Drop auf der Kopfleiste.

Mehrfenster-Modus

Standardmäßig wird GIMP im Mehrfenster-Modus gestartet. Die Bildfenster werden dann so angeordnet, wie in Abbildung 1.8 zu sehen. Wollen Sie zum Einzelfenster-Modus wechseln, müssen Sie das im Menü FENSTER explizit aktivieren. Achten Sie im Menü darauf, dass dem Eintrag das Häkchen vorangestellt ist.

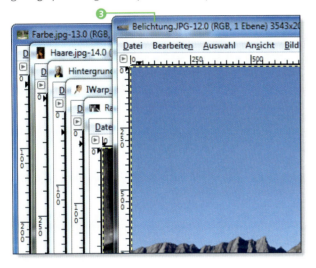

◄ **Abbildung 1.8**
Die Fenster sind verdeckt.

Weitere Öffnen-Methoden

Über die bereits vorgestellten Methoden hinaus gibt es weitere Möglichkeiten, ein Foto zu öffnen – und zwar außerhalb von GIMP. Die vielleicht beliebteste Methode ist Drag & Drop: Öffnen Sie den Ordner, der Ihr Foto enthält, und markieren Sie die gewünschte Bilddatei. Halten Sie dabei die Maustaste gedrückt, und ziehen Sie das Foto auf den freien Bereich des Bildfensters (funktioniert nur im Einzelfenster-Modus). Dort angekommen, lassen Sie die Maustaste los.

1 Die Grundlagen

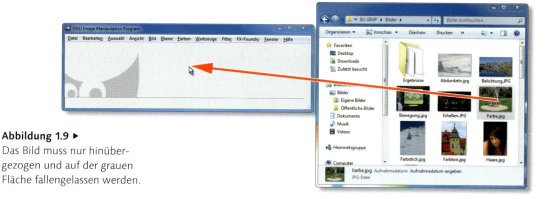

Abbildung 1.9 ▶
Das Bild muss nur hinübergezogen und auf der grauen Fläche fallengelassen werden.

Noch eine Möglichkeit, die Ihnen ebenfalls nicht verborgen bleiben soll, ist der Weg über das Kontextmenü. Dieses erreichen Sie, indem Sie mit rechts auf das Foto klicken. Entscheiden Sie sich anschließend für den Eintrag ÖFFNEN MIT.

Sollte in der folgenden Liste GIMP nicht mit angeboten werden, bleibt Ihnen nichts anderes übrig, als diesen Eintrag einmalig hinzuzufügen. Das geht so: Wählen Sie STANDARDPROGRAMM AUSWÄHLEN (Mac = ANDEREM PROGRAMM), gefolgt von einem Klick auf DURCHSUCHEN (nur Windows). Stellen Sie jetzt den Pfad zu GIMP-2.8.EXE (Mac = GIMP 2.APP) im Programmordner her, und betätigen Sie anschließend ÖFFNEN.

Als Ebenen öffnen

Über den Befehl DATEI • ALS EBENEN ÖFFNEN ist es möglich, mehrere Fotos zu einem zu verbinden. Dabei werden sämtliche Fotos als einzelne Ebenen in einer einzigen Bilddatei übereinander angeordnet. (Weitere Hinweise zu Ebenen finden Sie in Kapitel 5.)

Abbildung 1.10 ▶
Wenn GIMP nicht im Kontextmenü auftaucht, müssen Sie den Pfad einmalig einrichten.

Dateien schließen

Um ein Foto zu schließen, müssen Sie nur die kleine Schließen-Schaltfläche am Fensterrahmen betätigen. Wenn Sie sich im Einzelfenster-Modus befinden, benutzen Sie die Schließen-Schaltflächen des jeweiligen Foto-Reiters oder des Programms. Damit werden Sie übrigens erst dann GIMP schließen, wenn kein Foto mehr offen ist. Sie können ein Foto aber auch mit Hilfe der Tastenkombination [Strg]+[W] schließen.

Mehrere Fotos schließen

Sollten Sie zahlreiche Fotos geöffnet haben, die nun alle geschlossen werden sollen, müssen Sie das nicht Bild für Bild machen. Stattdessen wählen Sie DATEI • ALLE SCHLIESSEN oder betätigen [Strg]+[⇧]+[W].

1.3 Dateien speichern – im GIMP-Format

Geöffnete Fotos können jederzeit wieder geschlossen werden. Sobald kein Foto mehr geöffnet ist, wird das Bildfenster in der Mitte wieder inhaltslos (mit grauem Hintergrund) präsentiert. So weit, so gut. Was aber, wenn Sie an einem Foto Änderungen vollzogen haben? Wenn Sie das Foto dann schließen, startet GIMP eine Kontrollabfrage.

◄ Abbildung 1.11
Hier fragt die Anwendung nach, was geschehen soll.

Mit diesem Dialog sorgt GIMP dafür, dass Sie die Originaldatei nicht versehentlich überschreiben. Die zuvor angebrachten Änderungen ließen sich nämlich anschließend nicht mehr verwerfen. Sie haben jetzt also mehrere Möglichkeiten:

- SPEICHERN UNTER: Hiermit speichern Sie die Datei unter einem anderen Namen. In diesem Fall wird das Foto losgelöst vom Original angelegt, das somit auch unverändert bleibt. Die Datei wird anschließend geschlossen.
- OHNE ABSPEICHERN SCHLIESSEN: Die Datei wird geschlossen, ohne dass die vorgenommenen Änderungen im Bild wirksam werden. Der Originalzustand wird wiederhergestellt.
- ABBRECHEN: Das Foto wird weder gespeichert noch geschlossen. Der Speichern-Dialog wird beendet.

1 Die Grundlagen

Sind mehrere Fotos geöffnet und entscheiden Sie sich für Datei • Alle schliessen, werden die Fotos, an denen Sie nichts geändert haben, kommentarlos geschlossen. Geänderte Fotos jedoch werden mit einem Dialog »abgefangen«, was Ihnen die Möglichkeit gibt, den Abbrechen-Button zu betätigen, um die Fotos anschließend einzeln zu speichern. Klicken Sie hingegen auf Änderungen verwerfen, werden die Fotos geschlossen, ohne dass die vorgenommenen Änderungen Berücksichtigung finden.

Abbildung 1.12 ▶
Hier gibt die Anwendung Ihnen letztmalig die Gelegenheit, Änderungen zu verwerfen.

Dateien speichern

Kopie speichern

Im Menü Datei findet sich auch der Eintrag Kopie speichern. Wählen Sie diesen an, können Sie das Bild in seinem aktuellen Zustand mit einem neuen Namen speichern, arbeiten danach aber am Original weiter.

Wenn Sie sich für [Strg]+[S] oder Datei • Speichern entscheiden, werden die Änderungen an das Bild übergeben. Wählen Sie hingegen [Strg]+[⇧]+[S] oder Datei • Speichern unter, haben Sie die Möglichkeit, das Bild mit einem neuen Namen und/oder an einem anderen Speicherort abzulegen. Es entsteht also gewissermaßen eine Kopie, wobei das Original als eigenständige Datei unverändert erhalten bleibt.

Ich habe das im folgenden Workshops meist dergestalt gehandhabt, dass ich die Erweiterung »bearbeitet« an den Dateinamen angehängt und die Bilder dann im Ordner Ergebnisse abgespeichert habe.

Neu in GIMP 2.8 ist, dass Sie die Bilddateien via Speichern-Dialog nur noch im hauseigenen GIMP-Format *XCF* oder in einem komprimierten Format absichern können. Alle anderen Bildformate lassen sich seit GIMP 2.8 nur noch über Datei • Exportie-

REN (oder mittels [Strg]+[⇧]+[E]) ausgeben. Wie das genau geht, erfahren Sie in Abschnitt 1.4, »Dateien exportieren – Speicherformate«.

Dateien nachspeichern

Haben Sie eine Datei erst einmal gespeichert, reicht es, wenn Sie sie von Zeit zu Zeit mittels [Strg]+[S] oder über das Menü DATEI • SPEICHERN nachspeichern. So bleibt Ihre Arbeit immer auf dem aktuellen Stand. Es ist nämlich durchaus möglich, dass die letzten Änderungen verlorengehen, wenn die Anwendung einmal abstürzt.

1.4 Dateien exportieren – Speicherformate

Sowohl im Öffnen- als auch im Speichern-Dialog werden zahlreiche unterschiedliche Formate angeboten. Um welches Format es sich gerade handelt, zeigt in der Regel die Dateiendung ❶.

▲ **Abbildung 1.13**
Beim Bildexport wird die Dateiendung automatisch angehängt.

Gängige Speicherformate

Bleibt noch die Frage zu klären, warum denn ein Export überhaupt nötig ist. Immerhin ist *XCF* doch das Hausformat von GIMP. Um diese Frage zu beantworten, wollen wir uns zunächst den Weg eines herkömmlichen Digitalfotos vor Augen führen. Ihre Kamera erzeugt in der Regel *JPEG*-Dateien mit der Dateiendung *.jpg*. Bei *JPEG*-Fotos handelt es sich um Bilddateien, deren Dateigröße von Haus sehr gering ist. Immerhin sollen ja möglichst viele Fotos auf dem Chip Platz finden. Der Nachteil ist allerdings, dass ein *JPEG*-Foto stark komprimiert werden muss, damit die Datei so

Kompressionsverfahren
Öffnen Sie innerhalb des Speichern-Dialogs die Liste DATEITYP: NACH ENDUNG, lassen sich auch die Formate *bzip-Archiv (.xcf.bz2)* sowie *gzip-Archiv (.xcf.gz)* auswählen. Dabei handelt es sich um komprimierte (sogenannte »gezippte«) Dateiformate, die die Dateigrößen zum Teil drastisch reduzieren. Allerdings müssen derartige Dateien vor erneutem Gebrauch zuerst wieder »dekomprimiert« werden. Deshalb ist das Komprimieren eher geeignet, wenn Sie eine große Bilddatei beispielsweise via E-Mail verschicken wollen. Zum Archivieren sollten Sie das Format nicht verwenden – es sei denn, Ihnen steht nur wenig Festplattenspeicher zur Verfügung.

JPEG
Die Bezeichnung *JPEG* (Dateiendung: *.jpg*) ist eine Abkürzung des für dieses Format verantwortlichen Gremiums »**J**oint **P**hotographic **E**xperts **G**roup«.

1 Die Grundlagen

angenehm klein bleiben kann. Dummerweise lässt sich eine solche Kompression jedoch nicht ohne Verluste realisieren.

Im Gegensatz zum *JPEG* gibt es Kompressionsverfahren, die verlustfrei sind, wie z. B. *TIFF* (»**T**agged **I**mage **F**ile **F**ormat«). Allerdings sind die Dateigrößen hier ungleich höher. Deshalb ist es zum Beispiel nicht sinnvoll, eine *TIFF*-Datei für die Verwendung im Internet heranzuziehen. Als Druckdatei hingegen ist dieses Format wirklich sinnvoll, eben weil es qualitativ so hochwertig ist. Sie sehen schon: Ein einziges für alle Verwendungszwecke gültiges Format gibt es nicht. Daher auch die heute existierende Formatvielfalt.

Ein weiteres Problem ist die Arbeit mit Ebenen, Pfaden und Vektoren. (Was es damit auf sich hat, werden Sie in diesem Buch noch erfahren.) Nicht alle Formate unterstützen dies. *JPEG* beispielsweise kann damit überhaupt nichts anfangen. *TIFF* normalerweise schon – allerdings nicht in GIMP (zumindest »noch« nicht). Und dann wären da noch die hauseigenen Formate (in Photoshop ist das beispielsweise *PSD*), die in der Regel sämtliche Funktionen unterstützen, im Gegenzug aber recht große Datenmengen produzieren. Das hauseigene Format unter GIMP ist *XCF*, wie Sie ja schon erfahren haben. Darin werden Ebenen genauso unterstützt wie Pfade und Vektoren. Das gibt uns die größtmögliche Vielfalt in Sachen Bildbearbeitung und sorgt für Topqualität. In diesem Buch kommen überwiegend zwei Formate zum Einsatz, nämlich *JPEG* und *XCF*. Später werden wir auch noch mit *GIF* und *PNG* arbeiten. Diese Formate eignen sich nämlich (wie auch *JPEG*) hervorragend zur Darstellung im Internet.

Dateien exportieren

Zur Konvertierung eines Speicherformats in ein anderes (z. B. ein *JPEG*-Foto von der Kamera in *PSD* für Adobe Photoshop) gehen Sie, wie erwähnt, über DATEI • EXPORTIEREN. Öffnen Sie DATEI-TYP ❶, und klicken Sie in der darunter befindlichen Liste auf das gewünschte Format (hier: PSD ❷). Sie finden sämtliche gängige Formate der digitalen Bildbearbeitung, wie z. B. *JPEG*, *TIFF*, *PNG*, *GIF* oder auch das Adobe Photoshop-Format *PSD*.

»Exportieren nach«

Haben Sie eine Datei einmal exportiert, weist das DATEI-Menü noch einen Eintrag auf, der in Version 2.8 neu hinzugekommen ist; nämlich EXPORTIEREN NACH. Dabei wird das zuvor bereits exportierte Bild aktualisiert, wobei das zugrunde liegende Dateiformat (z. B. *JPEG*) mitsamt Qualitätseinstellungen beibehalten wird. Wollen Sie hingegen ein zweites Bilddokument erzeugen, müssten Sie sich abermals für EXPORTIEREN entscheiden.

1.5 Neue Bilder erzeugen

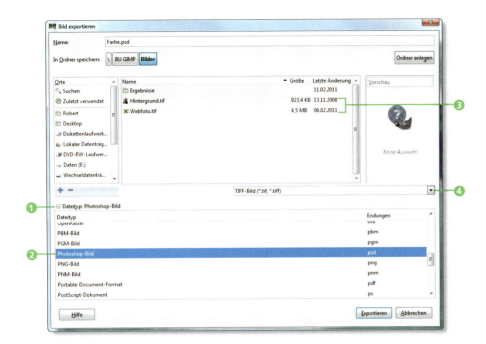

▲ **Abbildung 1.14**
Um das Format zu ändern, müssen Sie ganz unten im Dialogfeld den gewünschten DATEITYP einstellen.

Bei der Umwandlung in das Standardformat *XCF* haben Sie es einfacher. Hier können Sie über DATEI • SPEICHERN UNTER gehen. In der Regel wird das Format mit der Endung *.xcf* bereits angeboten.

Anzeige filtern

Man könnte annehmen, es sei ausreichend, die kleine Liste unten rechts ❹ zu öffnen, mit der man ja ebenfalls verschiedene Dateitypen anwählen kann. Das ist aber nicht der Fall. Damit können Sie nämlich lediglich die bereits vorhandenen Dateitypen am jeweiligen Speicherort sichtbar machen und filtern (z. B. werden bei Einstellung von TIFF-BILD lediglich *TIFF*-Fotos in der Fenstermitte angezeigt ❸). Zur Änderung des Dateiformats müssen Sie jedoch unbedingt über die DATEITYP-Liste gehen.

1.5 Neue Bilder erzeugen

GIMP eignet sich nicht nur für die Nachbearbeitung von Fotos, sondern erlaubt auch das Erstellen eigener Bilder. Damit sind Ihrer eigenen Kreativität keine Grenzen mehr gesetzt.

1 Die Grundlagen

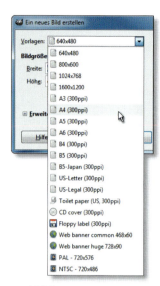

▲ **Abbildung 1.15**
Entscheiden Sie sich für eine der zahlreichen Vorlagen.

Neue Datei erzeugen

Wenn Sie eine neue Datei erzeugen wollen, geht das über DATEI • NEU. Im Folgedialog können Sie aus einigen Vorlagen auswählen und so bestimmen, welche Abmessungen und welche Auflösung Ihr Foto haben soll. (Bitte beachten Sie hierzu auch die weiteren Informationen in Abschnitt 1.6, »Bildgrößen und Auflösungen«.)

Sie müssen es bei den Vorgaben nicht bewenden lassen, sondern können über die Steuerelemente im Bereich BILDGRÖSSE ❶ sämtliche Einstellungen manuell vornehmen. Auch die Ausrichtung (HOCHFORMAT ❷ oder QUERFORMAT ❸) bestimmen Sie hier. Mit Hilfe des Plus-Symbols ❹ lässt sich der Dialog sogar noch erweitern. Was es mit den Farben auf sich hat, werden wir uns gleich noch ansehen.

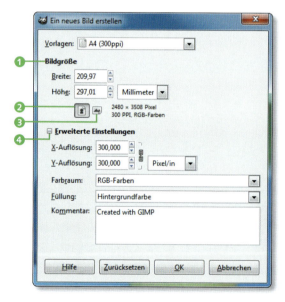

Abbildung 1.16 ▶
Der Dialog zeigt sich erst nach einem Klick auf das Plus-Symbol ❹ so wie hier.

Duplikate anlegen

Nach Produktion einer solchen Datei dürfen Sie Ihrer Kreativität freien Lauf lassen. Aktivieren Sie beispielsweise einen der Pinsel, und malen Sie mit gedrückter Maustaste über das Bild. Irgendwann werden Sie möglicherweise an einen Punkt kommen, an dem Sie mehrere Ideen verfolgen wollen. Dann ist es zu empfehlen, das Bild in seinem aktuellen Zustand zunächst einmal zu kopieren. Sie erreichen das über BILD • DUPLIZIEREN oder mit Hilfe

Bildgrößen und Auflösungen **1.6**

von [Strg]+[D]. Dabei müssen Sie allerdings berücksichtigen, dass die soeben erzeugte deckungsgleiche Kopie noch nicht gespeichert ist.

1.6 Bildgrößen und Auflösungen

Im Dialog zum Anlegen eines Bildes sind Sie eventuell zum ersten Mal mit den Begriffen »Bildgröße« und »Pixel« konfrontiert worden. Was sich dahinter verbirgt, müssen Sie unbedingt wissen, wenn Sie sich mit dem Thema Bildbearbeitung intensiver beschäftigen wollen. Lassen Sie uns dazu eines der Beispielfotos öffnen. (Wenn Sie das Vorwort gelesen haben, dürften sich die Bilder ja bereits auf Ihrem Rechner befinden.)

Pixel

Öffnen Sie ein beliebiges Foto (im Beispiel »Scharfzeichnen_01.jpg«). Danach betätigen Sie [Alt]+[↵] oder gehen auf BILD • BILDEIGENSCHAFTEN.

»Scharfzeichnen_01.jpg«

▲ **Abbildung 1.17**
Das Beispielfoto »Scharfzeichnen_01.jpg« …

▲ **Abbildung 1.18**
… sowie die dazugehörigen Bildeigenschaften

35

1 Die Grundlagen

▲ **Abbildung 1.19**
Eine Stelle des Beispielfotos bei 9.000 % Vergrößerung

In der obersten Zeile des Registers EIGENSCHAFTEN lässt sich ablesen, dass sich das Foto aus 1.000 × 667 Pixeln zusammensetzt. Dazu müssen Sie wissen, dass die kleinste Einheit eines Bildes ein Pixel ist. Dabei handelt es sich um ein kleines farbiges Quadrat, das erst zu erkennen ist, wenn Sie das Foto extrem vergrößern (siehe hierzu auch die Erläuterungen zum Werkzeug VERGRÖSSERUNG auf Seite 56). Die Pixel definieren sich aus unterschiedlichen Farbzusammensetzungen und ergeben in der Gesamtheit das Foto.

ppi

Pixel können unterschiedlich groß sein. Hier ist zunächst einmal Zeile 3 der BILDEIGENSCHAFTEN (AUFLÖSUNG) interessant. Wir finden hier den Wert 72 × 72 ppi. Bei der Bezeichnung ppi handelt es sich um eine Abkürzung, nämlich »**P**ixels **P**er **I**nch« (oder »Pixel pro Zoll«). Ein Inch (bzw. ein Zoll) wiederum stellt ein Längenmaß dar, das einer Strecke von 2,54 cm entspricht.

Für unser Bild bedeutet das: Auf einer Fläche von 2,54 × 2,54 cm befinden sich 72 × 72 Pixel, also insgesamt 5.184. Sie können sich vorstellen: Je mehr Pixel sich auf der erwähnten Fläche befinden, desto kleiner müssen diese Pixel sein, desto genauer ist das Foto aber auch schlussendlich. Daraus lässt sich ableiten: Je mehr Pixel pro Inch, desto besser ist die Qualität.

Auflösung

An dieser Stelle kommt der nächste Begriff ins Spiel, nämlich die Auflösung. Sie definiert, wie viele Bildpixel sich auf der Länge von einem Inch (also 2,54 cm) befinden. Hier gibt es ganz spezielle Vorgaben, was wir anhand von vier Beispielen festmachen wollen:

▶ **72 ppi**: Diese Auflösung wird für Fotos verwendet, die am Bildschirm betrachtet oder via Internet präsentiert werden sollen. Die Auflösung ist relativ gering, jedoch für die angesprochenen Verwendungszwecke in der Regel ausreichend.

▶ **150 ppi**: Bei dieser Auflösung lässt sich ein Foto bereits drucken. Allerdings dürfen Sie hier keine guten Qualitäten erwarten. 150 ppi sind dann ausreichend, wenn Sie einen schnellen Referenzdruck erzeugen wollen, bei dem die Qualität nicht im Vordergrund steht (zumeist auf normalem Office-Papier).

> **220 ppi**: Diese Auflösung eignet sich schon für hochwertige Drucke auf Fotopapier. Diesen Wert sollten Sie nicht unterschreiten, wenn das Foto mit entsprechenden Qualitätsansprüchen auf dem heimischen Drucker ausgegeben werden soll.

> **300 ppi**: Für den professionellen Vierfarbdruck benötigen Sie Dateien mit einer Auflösung von mindestens 300 ppi.

ppi und dpi

Bleiben wir bei letztem Beispiel (300 ppi). Möglicherweise wird Ihr Druckdienstleister plötzlich von 300 »dpi« sprechen. Hier kommt also wieder ein komplett neues Auflösungsformat ins Spiel. Oder nicht? Nein, denn dpi bezeichnet »**D**ots **P**er **I**nch«, also Druckpunkte pro Inch, die vom Druckwerk erzeugt werden. Sie müssen sich also lediglich merken: Beim Foto spricht man von ppi, im Druck von dpi.

Vektorgrafiken

Nun müssen sich Bilder oder Bildelemente sowie Grafiken nicht generell nur aus Pixeln zusammensetzen, sondern können auch aus sogenannten Pfaden bestehen. Dabei wird dann nicht mehr Pixel für Pixel bestimmt, welche Farbe dem jeweiligen Quadrat zugrunde liegen soll. Vielmehr werden die Flächen in Koordinaten und Kurven beschrieben (sogenannte *Bézierkurven*).

Diese Darstellungsform hat gegenüber der Pixeldarstellung zwei entscheidende Vorteile: Da nicht Quadrat für Quadrat bestimmt werden muss, wie die fertige Fläche am Schluss aussehen soll, begnügen sich aus Pfaden bestehende Dateien mit erheblich weniger Speicherplatz. Der zweite Vorteil ist noch herausragender: Eine aus Pfaden bestehende Grafik lässt sich beliebig skalieren – und zwar ohne jegliche Qualitätsverluste.

1 Die Grundlagen

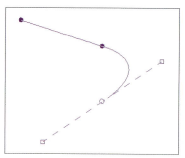

▲ **Abbildung 1.20**
Eine Kurvenlinie in einer stark vergrößerten Pixeldatei (links), dazu im Vergleich eine perfekte Pfadlinie (rechts)

▲ **Abbildung 1.21**
Hier wird gerade ein Pfad erzeugt.

Warum sind Pfade nun gegenüber Pixeldateien ohne Qualitätsverluste frei skalierbar (also in der Größe veränderbar)? Das liegt daran, dass nicht mehr Bildpunkte beschrieben werden müssen, sondern nur noch Koordinaten, Tangenten usw. Die Größe des Objekts spielt dabei keine Rolle (ganz im Gegensatz zur Pixeldatei).

Dennoch dürfen Sie bei aller Freude über Pfade nicht vergessen, dass sich ein Digitalfoto stets aus Pixeln zusammensetzt. Über diesen Umstand können wir uns auch mit GIMP nicht hinwegsetzen. Wenn es jedoch darum geht, Objekte hinzuzufügen – wie zum Beispiel Grafiken oder Texte (beide können aus Bézierkurven bestehen) –, dann ist der Einsatz von Pfaden wirklich sinnvoll. (Was Sie über das Erzeugen von Pfaden wissen müssen, erfahren Sie in Kapitel 12.)

1.7 Farbräume

In Fotos haben wir es – Sie wissen es längst – mit Pixeln zu tun. Jedes Pixel bekommt eine eigene Farbe. Nun stehen aber nicht endlos viele Farben zur Verfügung, da wir in letzter Instanz nur auf bestimmte Farbsysteme zurückgreifen können.

Der RGB-Farbraum

Zunächst einmal wäre da das sogenannte additive Farbsystem zu erwähnen. Dieses findet bereits während des Fotografierens Anwendung und wird auch bei der Ansicht auf dem Computermonitor verwendet. Darin definieren sich die Farben meist aus anteiligen Mischungen der drei Grundfarben Rot, Grün und Blau – den sogenannten Farbkanälen.

Jeder dieser einzelnen Farbkanäle kann in unterschiedlicher Intensität vorliegen. Mitunter fehlen einzelne Farbkanäle auch ganz. So ist aus dem vorangegangenen Schaubild beispielsweise erkennbar, dass eine Mischung aus Rot und Grün die Zielfarbe Gelb ergibt, sofern keinerlei Blau-Anteile vorhanden sind. Bleibt die Frage: Wie viele Farben sind denn maximal möglich? Dazu müssen Sie wissen, dass herkömmliche Farbfotos im 8-Bit-Modus 256 unterschiedliche Farbabstufungen haben können – und zwar pro Farbkanal. Das bedeutet, dass wir es mit 256^3 verschiedenen Möglichkeiten zu tun haben; immerhin 16.777.216 Kombinationen.

Doch wie wird eine solche Farbe nun in GIMP interpretiert beziehungsweise gemischt? Öffnen Sie dafür zunächst einmal den Farbwähler. Dazu klicken Sie auf eines der beiden großen Rechtecke unterhalb der Werkzeuge (❶ oder ❷). (Weitere Informationen zur sogenannten Vordergrund- und Hintergrundfarbe entnehmen Sie bitte Kapitel 3, »Malen und färben«.)

▲ **Abbildung 1.22**
Das additive Farbsystem setzt sich aus den drei Grundfarben Rot, Grün und Blau zusammen.

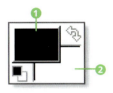

▲ **Abbildung 1.23**
Ein Mausklick auf eine der beiden großen Flächen stellt den Farbwähler zur Verfügung.

RGB-Farben einstellen

Jetzt haben Sie im Folgedialog die Möglichkeit, eine Farbe zu bestimmen. Das ist beispielsweise dann interessant, wenn Sie Farbe auf ein Bild auftragen oder Flächen füllen wollen. Sie können die Werte für die drei Grundfarben verändern. Benutzen Sie dazu die Schieber, die Sie in den Zeilen R, G und B ❻ finden (bei voreingestellter schwarzer oder weißer Farbe befinden diese sich ganz links oder ganz rechts). Diese Regler bewegen Sie nun mit gedrückter Maustaste.

Ziehen Sie einen Regler ganz nach rechts, wird im nebenstehenden Eingabefeld der Wert 255 ausgewiesen. Einschließlich des Wertes 0, der erreicht wird, wenn der Regler ganz links steht, ergeben sich also die bereits erwähnten 256 möglichen Abstufungen. Mischen Sie Ihre eigenen Farben an, indem Sie die drei Regler (R, G, B) nach Wunsch in Form ziehen. Dazu noch einige Hinweise: Sollten alle drei Farbkanäle den Wert 0 haben, ist die Ergebnisfarbe rein schwarz. Liegen alle drei Grundfarben in voller Intensität vor (dreimal 255), erhalten Sie ein reines Weiß.

Farben per Klick bestimmen

Farben lassen sich intuitiver einstellen, indem Sie zunächst per Mausklick den ungefähren Farbwert im schmalen Spektralbalken ❹ bestimmen. Die Feinabstimmung erledigen Sie dann durch einen weiteren Mausklick im großen Quadrat ❸.

1 Die Grundlagen

Abbildung 1.24 ▶
Hier wurde der Wert für Grün auf 130 gezogen.

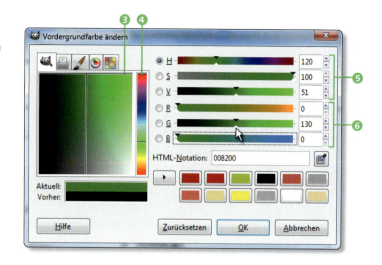

Der HSV-Farbraum

Grau erzeugen

Wollen Sie Grauwerte erzeugen, müssen Sie stets dafür sorgen, dass alle drei Grundfarben den gleichen Farbwert bekommen. Dabei gilt: Je höher die drei identischen Werte, desto heller das Grau.

Sicher haben Sie schon festgestellt, dass sich bei Einstellung eines RGB-Wertes auch die oberen drei Schieberegler ❺ synchron mitbewegen. Das liegt daran, dass wir es oben mit einem sehr ähnlichen Farbmodell zu tun haben, nur dass hier die Farben nicht über die Farbwerte Rot, Grün und Blau definiert werden, sondern über den »Farbton«, die »Sättigung« (damit gemeint ist die Leuchtkraft einer Farbe) und die »Helligkeit«.

Die Buchstaben stellen auch hier Abkürzungen dar, die ihre Herkunft im Englischen finden. (Im Buch werden wir statt HSV ausschließlich den RGB-Farbraum verwenden.)

- H = Hue = Farbton
- S = Saturation = Sättigung
- V = Value = Wert (der Helligkeit)

Abbildung 1.25 ▶
Der HSV-Farbraum definiert sich anders als der RGB-Farbraum, bringt aber im Farbwähler das gleiche Ergebnis hervor.

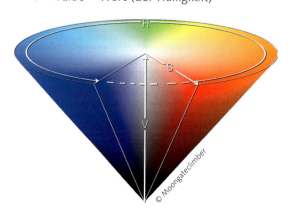

Der CMYK-Farbraum (Druck)

Zuletzt wäre noch das sogenannte subtraktive Farbsystem nennenswert. Es ist nämlich grundsätzlich so, dass Drucker nicht mit den bereits bekannten additiven Grundfarben umgehen können. Zum Drucken benötigen Sie die Farben Cyan, Magenta und Gelb (= Yellow). Rein theoretisch ließen sich aus diesen drei Farben ebenfalls alle Grundfarben des additiven Farbsystems entwickeln. Allerdings sind längst nicht alle Farben druckbar, weshalb es oft zu Farbverfälschungen bei Ausdrucken kommt. Da darüber hinaus die größtmögliche Zugabe von Cyan, Magenta und Gelb eben nur in der Theorie reinem Schwarz entspricht (in der Praxis erhalten Sie so allenfalls ein schmutzig wirkendes Braun), kommt beim Druck in der Regel eine vierte Farbe zum Einsatz, nämlich Schwarz (als Füllfarbe, abgekürzt mit K für »key color«).

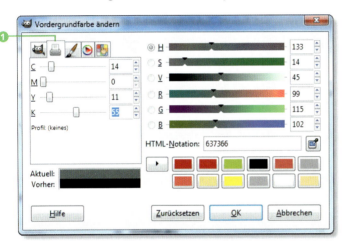

▲ Abbildung 1.26
Theoretisch lassen sich auch CMYK-Farben bestimmen.

GIMP unterstützt den CMYK-Farbraum nicht direkt. Dennoch sollten Sie wissen, dass RGB-Fotos immer eine Umwandlung in CMYK benötigen, sofern sie für den professionellen Druck vorbereitet werden sollen. Ihren heimischen Drucker hingegen dürfen Sie ruhigen Gewissens mit RGB-Fotos füttern. Dennoch ist es in GIMP möglich, CMYK-Werte auf Grundlage von RGB anzeigen zu lassen. Dazu müssen Sie im Farbwähler auf das zweite Register gehen ❶. Wenn Sie jetzt die Regler R, G oder B verschieben, werden Sie feststellen, dass sich die Regler C, M, Y und K ebenfalls

CMYK-Profil hinzufügen

Wenn Sie beabsichtigen, Fotos für den Profi-Druck vorzubereiten, können Sie der Anwendung ein entsprechendes CMYK-Farbprofil zuweisen (das Sie idealerweise von Ihrem Druckdienstleister bekommen oder im Internet heruntergeladen haben). Das Farbprofil sollte die Dateiendung *.icc* oder *.icm* haben. Gehen Sie danach auf BEARBEITEN • EINSTELLUNGEN • FARBVERWALTUNG, und öffnen Sie die Liste CMYK-PROFIL. Dort lässt sich das Profil dann integrieren.

bewegen. Dabei werden allerdings keine Werte zwischen 0 und 255 eingestellt, sondern Prozentwerte zwischen 0 % und 100 %.

1.8 Blitzeinstieg

Wie versprochen, hier nun der Workshop. Sie sind der Meinung, es sei doch noch zu früh für so etwas? Nein, den werden Sie mit Bravour meistern. Versprochen. Allerdings soll diese Übung nur etwas zum »Warmmachen« sein. Erklärungen, warum der eine oder andere Schritt erforderlich ist und was dieser im Einzelnen bewirkt, sind hier nicht mit dabei. Vielmehr soll diese Übung zeigen, wie schnell und intuitiv Sie mit GIMP zum Erfolg kommen können.

Schritt für Schritt
Cooler Look für Ihre Fotos

»Blitzstart.jpg«

Kennen Sie diesen uralten Farblook, den Polaroid-Fotos seinerzeit erzeugt haben? Die Bilder wirkten sehr hell, farbstichig und etwas blass. Im Zeitalter der Digitalfotografie ist das natürlich Geschichte. Oder etwa nicht? Nein, denn diese Art der Bildgestaltung ist seit einiger Zeit wieder total hip.

1   Foto analysieren

Schauen Sie sich das Foto »Blitzstart.jpg« in Ruhe an und versuchen Sie, die Schwachpunkte ausfindig zu machen. Klarer Fall: Es ist zu dunkel, die Farben wirken matt. Das werden Sie jetzt korrigieren.

2   Ebene duplizieren

Um dem Foto eine Korrekturgrundlage zu verschaffen, bedarf es einer neuen Ebene (siehe Kapitel 5). Gehen Sie daher ganz oben in die Menüleiste. Öffnen Sie das Menü EBENE und entscheiden Sie sich für EBENE DUPLIZIEREN. Bitte machen Sie sich keine Gedanken, wenn Sie dadurch keinerlei Änderung im Bild sehen. Das ist richtig so.

▲ **Abbildung 1.27**
Im Original kommt das Foto noch nicht richtig zur Geltung.

Blitzeinstieg **1.8**

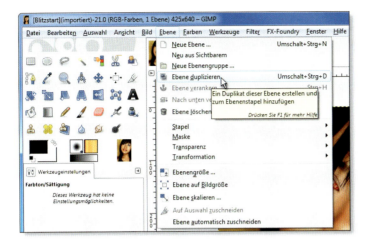

◀ **Abbildung 1.28**
Im Bild selbst wird sich durch diese Aktion nichts ändern!

3 Ebenen-Palette finden

Jetzt müssen Sie sich um die Ebenen-Palette kümmern, die sich standardmäßig ganz oben rechts befindet. Der Reiter trägt das Symbol übereinander angeordneter Blätter ❶.

Sollten Sie die Ebenen-Palette nicht finden, betätigen Sie einmal [Strg]+[L]. Dadurch blinken die Ränder der Palette kurz auf. Alternativ gehen Sie in das Menü FENSTER • ANDOCKBARE DIALOGE • EBENEN). (Mehr zur Oberfläche finden Sie in Kapitel 2.

4 Modus ändern

Ganz oben sehen Sie MODUS: NORMAL. Dort müssen Sie nun einen Mausklick platzieren. Alternativ benutzen Sie die nebenstehende Pfeil-Schaltfläche ❷. Im sich daraufhin öffnenden Pulldown-Menü entscheiden Sie sich bitte für den Eintrag BILDSCHIRM. Der Erfolg: Das Foto wird heller. (Das Thema wird detailliert im Abschnitt »Ebenenmodus« ab Seite 134 besprochen.)

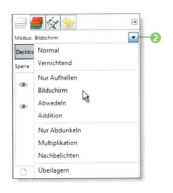

◀◀ **Abbildung 1.29**
Jetzt wird der Modus geändert.

◀ **Abbildung 1.30**
Das Foto wird durch diese Aktion kräftig aufgehellt.

1 Die Grundlagen

5 Dialog öffnen

Im nächsten Schritt gehen Sie in das Menü FARBEN und entscheiden sich für den dritten Eintrag von oben, EINFÄRBEN. Sobald der Dialog geöffnet ist, erscheint das Foto in neuem Glanz.

Abbildung 1.31 ▶
Schon durch das bloße Öffnen des Dialogs verändert sich die Bilddarstellung. Sieht auch nicht schlecht aus, oder?

6 Bild einfärben

Jetzt ist es Zeit für die beabsichtigte Färbung. Ziehen Sie daher den Schieberegler FARBTON ❶ nach links, bis nebenstehend ein Wert von 44 erreicht ist. Heben Sie zudem die SÄTTIGUNG ❷ auf 63 an. Am Schluss klicken Sie auf OK. (Mehr zum Thema Farben gibt es in Kapitel 7, »Farben und Tonwerte korrigieren«.)

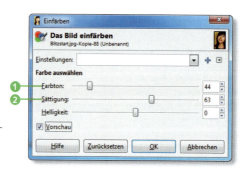

Abbildung 1.32 ▶
Nehmen Sie diese Einstellungen vor, ehe Sie den Dialog verlassen.

7 Datei speichern

Da Sie ja derzeit noch immer am Original arbeiten, sollten Sie die Datei unter einem anderen Namen abspeichern. Dazu gehen Sie

Blitzeinstieg **1.8**

auf DATEI • SPEICHERN UNTER und füllen das Feld NAME ❸ wunschgemäß aus. Zuletzt betätigen Sie SPEICHERN.

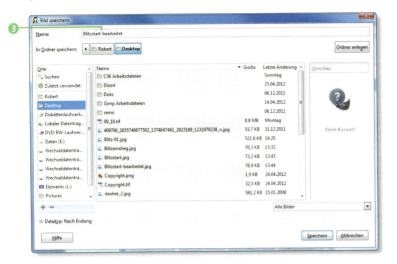

◄ **Abbildung 1.33**
Das Ergebnis wird gesichert – und zwar im hauseigenen GIMP-Format (XCF).

Zum Vergleich finden Sie das Ergebnis auf der Buch-DVD im Ordner ERGEBNISSE. Es trägt den Namen »Blitzstart-bearbeitet.xcf«.

»Blitzstart-bearbeitet.xcf« im Ordner ERGEBNISSE

▲ **Abbildung 1.34**
Das ist ein Look, der das Foto erheblich aufwertet. Schließlich muss es ja nicht immer das Standard-Porträt sein.

45

Die Arbeitsoberfläche
GIMP entdecken

- Welche Werkzeuge gibt es?
- Wie kann ich die Arbeitsoberfläche nach meinen Wünschen einrichten?
- Wie funktioniert der Bild-Navigator?
- Welche verschiedenen Ansichtsoptionen gibt es?
- Wie werden Hilfslinien und Raster eingesetzt?
- Was bewirkt das Journal?

2 Die Arbeitsoberfläche

Helligkeit der Arbeitsumgebung

Die Darstellung der GIMP-Oberfläche kann in den Voreinstellungen angepasst werden. Eine helle Oberfläche erreichen Sie über BEARBEITEN • EINSTELLUNGEN • THEMA sowie die Wahl der Zeile PRO, DEFAULT oder SMALL im Frame THEMA AUSWÄHLEN (sofern vorhanden). Wer dunkles Grau bevorzugt, entscheidet sich für den untersten Eintrag (AQUA) (war zur Drucklegung nur am Mac vorhanden).

Abbildung 2.1 ▼
Noch ist GIMP grau in grau.

Gestärkt mit dem Wissen aus dem ersten Kapitel ist es jetzt an der Zeit, sich mit der Arbeitsoberfläche von GIMP vertraut zu machen. Sicherlich möchten Sie die zahlreichen Werkzeuge der Anwendung kennenlernen. Außerdem erfahren Sie, wie Sie innerhalb der Bilddokumente navigieren, die Ansichten ändern und Hilfslinien sowie Raster zu Hilfe nehmen, um die Bildmanipulation enorm zu erleichtern. Auf geht's ...

2.1 Schnellübersicht Arbeitsoberfläche

Nachdem Sie GIMP geöffnet haben, sieht die schöne neue Bildbearbeitungswelt ja noch ziemlich trist aus – es sei denn, Sie haben so einen lustigen Desktop-Hintergrund eingestellt, wie das in den folgenden Abbildungen der Fall ist. Standardmäßig offenbart die Anwendung lediglich drei einzelne Fenster.

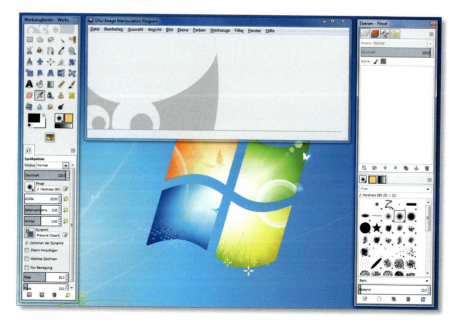

Mehrfenster-Modus

Bis einschließlich GIMP 2.6 erschien die Anwendung grundsätzlich in diesem Outfit, dem sogenannten Mehrfenster-Modus. Warum Mehrfenster-Modus? Nun, weil sich die Oberfläche in drei Fenster aufgliedert. Im Einzelnen sind das in der Abbildung 2.1: Werkzeugkasten (links), Bildfenster (Mitte), Paletten (rechts).

Einzelfenster-Modus

Nach GIMP 2.6 wurde der sogenannte Einzelfenster-Modus entwickelt, in dem die Arbeitsoberfläche eine Einheit bildet, so wie Sie das auch von den meisten anderen Software-Anwendungen her kennen. Damit sich das Fenster so darstellt, müssen Sie im Menü FENSTER den Eintrag EINZELFENSTER-MODUS betätigen. Wollen Sie wieder zurück in den Mehrfenster-Modus, selektieren Sie den Menübefehl einfach erneut.

◄ **Abbildung 2.2**
Neuerdings kann GIMP als Einzelfenster angezeigt werden.

Werkzeuge und Paletten vertauschen

Wenn Sie Werkzeugkasten und Paletten miteinander tauschen möchten, wechseln Sie, sofern die Elemente nicht bereits so

Abbildungen im Buch

Die in diesem Buch verwendete Ansicht ist: Werkzeuge links, Paletten rechts, Einzelfenster-Modus.

angeordnet sind, kurzzeitig in den Mehrfenster-Modus, ziehen den Werkzeugkasten nach rechts und die Paletten nach links (klicken Sie auf die jeweilige Kopfleiste, und ziehen Sie die Einheit mit gedrückter Maustaste). Kehren Sie danach in den Mehrfenster-Modus zurück.

2.2 Werkzeuge

Die Arbeit mit GIMP erfordert fast permanent den Einsatz von Paletten und Werkzeugen. Deswegen wollen wir uns zunächst den Werkzeugkasten ansehen. Anschließend werfen wir noch einen Blick auf den Palettenbereich (rechts), in dem sich die Register EBENEN, KANÄLE, PFADE und JOURNAL (oben), aber auch Pinselspitzen, Muster und Farbverläufe (unten) ausfindig machen lassen.

Der Werkzeugkasten

Den Werkzeugkasten können Sie, wie alle anderen Paletten auch, nach Wunsch zurechtziehen. Stellen Sie die Maus im Mehrfenster-Modus an den Rand des Werkzeugkastens, damit der Mauszeiger zum Doppelpfeil mutiert, und ziehen Sie mit gedrückter Maustaste in die gewünschte Richtung. Wenn Sie eine der vier Ecken ziehen, lassen sich Höhe und Breite sogar gemeinsam verstellen.

Im Einzelfenster-Modus reicht der Werkzeugkasten stets über die gesamte Höhe. Möchten Sie den Kasten verbreitern, fahren Sie mit der Maus von den Werkzeugen ausgehend langsam nach rechts. Stoppen Sie, wenn der Mauszeiger zum Doppelpfeil mutiert. Jetzt platzieren Sie einen Mausklick, halten die Maustaste gedrückt und ziehen langsam nach rechts (Werkzeugkasten wird breiter) bzw. nach links (Werkzeugkasten wird schmaler). (Genauso funktioniert es im Übrigen auch mit dem Palettenbereich.)

Um eines der Werkzeuge (= Tools) zu aktivieren, klicken Sie es ganz einfach an. Danach stellen Sie die Optionen des Werkzeugs ein, was Sie wiederum im unteren Teil des Werkzeugkastens erledigen. Jedes Tool stellt nach seiner Anwahl (z.B. ❶) seine ganz individuellen Einstelloptionen zur Verfügung (❷).

Werkzeuge 2.2

▲ **Abbildung 2.3**
Bringen Sie den Kasten (hier im Mehrfenster-Modus) nach Wunsch in Form.

▲ **Abbildung 2.4**
Der Doppelpfeil signalisiert: Jetzt kann die Breite verändert werden.

▲ **Abbildung 2.5**
Hier wurde das Zuschneiden-Werkzeug ausgewählt.

Werkzeugkasten anpassen

Der Inhalt des Werkzeugkastens lässt sich individuell anpassen. Dazu müssen Sie vorab BEARBEITEN • EINSTELLUNGEN wählen und dann in der linken Spalte den Eintrag WERKZEUGKASTEN markieren. Über die drei obersten Checkboxen ❻ (siehe Abbildung 2.7) legen Sie fest, was zusätzlich zu den Tools angezeigt werden soll. Lassen Sie auf jeden Fall die oberste Checkbox angewählt, da nur dann Vorder- und Hintergrundfarbe ❸ angezeigt werden. Mit dem zweiten Kontrollkästchen können Sie zusätzlich Pinsel, Muster und Farbverläufe einsehen ❹, während AKTUELLES BILD ANZEIGEN

▲ **Abbildung 2.6**
Falls gewünscht, lassen Sie weitere Optionen im Werkzeugkasten anzeigen.

51

2 Die Arbeitsoberfläche

bewirkt, dass eine Miniatur des aktiven Fotos im Werkzeugkasten sichtbar wird ❺. Am besten aktivieren Sie alle drei Elemente.

Ab GIMP 2.8 dürfen Sie Werkzeuge aus dem Kasten verbannen, wenn Sie sie nicht verwenden wollen. Betätigen Sie eines der Augen-Symbole, die dem jeweiligen Tool vorangestellt sind ❾, wird das Werkzeug sogleich aus dem Werkzeugkasten entfernt. Ebenso lässt sich auch die Zeile eines Werkzeugs markieren ❼ und dann mit den Pfeiltasten ❿ nach oben oder unten verschieben. Und für alle Fälle: Sollte einmal alles hoffnungslos verstellt sein, stellen Sie die Werkseinstellung mit Klick auf ❽ wieder her.

Abbildung 2.7 ▶
Stellen Sie sich Ihren individuellen Werkzeugkasten zusammen.

▲ **Abbildung 2.8**
Für Einsteiger ist die QuickInfo ein nützliches Hilfsmittel – verrät sie doch auch, welche Taste (mitunter auch Tastenkombination) zur schnellen Aktivierung betätigt werden muss.

Werkzeuge aktivieren

Die Benutzung eines Werkzeugs läuft in der Regel in drei Schritten ab: Auswählen, Einstellen, Anwenden. Das Auswählen ist am schnellsten erledigt, da Sie das Tool lediglich anklicken müssen. In diesem Zusammenhang sollten Sie aber unbedingt auch einmal auf die QuickInfo achten. Diese sehen Sie immer dann, wenn Sie den Mauszeiger kurz auf einem Werkzeug verweilen lassen. Diese QuickInfo verrät Ihnen, um welches Werkzeug es sich handelt und was Sie damit machen können. Aber nicht nur das: Am Ende wird nämlich auch das zur Aktivierung des Werkzeugs erforderliche Kürzel bzw. die Tastenkombination angezeigt.

Tastaturkürzel

Eine enorme Arbeitserleichterung stellen sogenannte Shortcuts (= Tastaturkürzel) dar, wie Sie im weiteren Verlauf dieses Buches noch feststellen werden. Stellen Sie sich vor, Sie arbeiten gerade an einem Bild. Wenn Sie jetzt das Werkzeug wechseln müssen, ist es überhaupt nicht erforderlich, mit der Maus extra in den Werkzeugkasten zu greifen, sondern Sie können das schnell mittels Shortcut erledigen, ohne die Maus vom Foto nehmen zu müssen. Praktisch, oder? – Versuchen Sie es doch gleich einmal. Wechseln Sie zwischen Verschieben- und Zoom-Werkzeug, indem Sie im Wechsel M und Z drücken.

Möchten Sie wissen, welche Tastaturkürzel aktiv sind (und diese eventuell sogar selbst konfigurieren), wählen Sie BEARBEITEN • TASTENKOMBINATIONEN. Öffnen Sie die Liste WERKZEUGE (vorangestelltes Plus-Symbol anklicken), und schauen Sie sich in Ruhe um.

Kürzel schnell vergeben

Ein Tipp für Individualisten: Wer Menübefehle ruck zuck mit Shortcuts belegen möchte, aktiviert zunächst die Checkbox DYNAMISCHE TASTENKOMBINATIONEN BENUTZEN (BEARBEITEN • EINSTELLUNGEN • OBERFLÄCHE). Anschließend gehen Sie in das gewünschte Gimp-Menü, lassen den Mauszeiger auf dem mit einem Kürzel zu belegenden Eintrag stehen und drücken die einzelne Taste bzw. Tastenkombination, die für diesen Befehl künftig gültig sein soll.

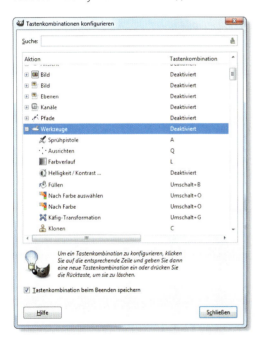

◀ Abbildung 2.9
Gängige Werkzeuge verfügen über Shortcuts.

Werkzeuge einstellen

Nun haben Sie das Werkzeug ausgewählt und können es jetzt wunschgemäß einstellen. Dazu gibt es je nach aktiviertem Werkzeug verschiedene Optionen. Das Zuschneiden-Werkzeug bei-

2 Die Arbeitsoberfläche

spielsweise wartet mit Checkboxen, Pulldown-Menüs und Eingabefeldern auf. Hier können Sie also die Eigenschaften festlegen, die Ihr individuelles Tool mitbringen soll. (Bitte machen Sie sich jetzt noch keine Gedanken um die einzelnen Funktionsweisen. Wir werden uns damit noch ausgiebig beschäftigen.)

Einstellungen speichern

Wechseln Sie doch jetzt einmal das Werkzeug, indem Sie E drücken. Das aktiviert nämlich die ELLIPTISCHE AUSWAHL (das zweite Tool). Danach nehmen Sie wahllos einige Einstellungen vor. Aktivieren Sie innerhalb der Werkzeugoptionen beispielsweise alle vier Checkboxen, und stellen Sie das Seitenverhältnis auf HÖHE.

Wenn Sie anschließend die kleine Pfeil-Schaltfläche ❶ betätigen, haben Sie die Möglichkeit, die aktuell gültigen Einstellungen zu speichern. Wählen Sie dazu WERKZEUGMENÜ • WERKZEUG-VOREINSTELLUNGEN SPEICHERN • NEUE WERKZEUG-VOREINSTELLUNG. (Alternativ hätten Sie auch auf ❷ klicken können. Doch dann wäre Ihnen dieses Menü vielleicht für alle Zeiten verborgen geblieben.)

Abbildung 2.10 ▶
Die Buttons im unteren Teil des Werkzeugkastens sparen viel Zeit.

54

Ändern Sie jetzt alle Einstellungen wieder, oder klicken Sie unten rechts auf AUF DIE STANDARDWERTE ZURÜCKSETZEN ❺. Danach werden alle zuvor vorgenommenen Einstellungen automatisch wieder verworfen.

Damit Sie aber jetzt nicht alles neu justieren müssen, wenn Sie die alten Einstellungen ein weiteres Mal benötigen, können Sie auf diese jederzeit wieder zurückgreifen. Betätigen Sie dazu noch einmal den Button ❶, und entscheiden Sie sich für WERKZEUG-MENÜ • WERKZEUGVOREINSTELLUNGEN WIEDERHERSTELLEN. Alternativ klicken Sie auf die Schaltfläche ❸ und dann auf den angezeigten Namen.

Zuletzt fehlt natürlich noch das Löschen einer zuvor gespeicherten Einstellung. Selbstverständlich ist Ihnen der Papierkorb ❹ längst aufgefallen, dessen Anklicken, gefolgt von einem Klick auf den gewünschten Eintrag, der Einstellung ein Ende bereitet.

Alle Werkzeuge zurücksetzen

Wenn Sie zuvor mehrere Werkzeuge eingestellt haben und lediglich auf den Button ❺ klicken, würde nur das aktuell angezeigte Werkzeug zurückgesetzt. Eventuell wollen Sie aber alle Werkzeuge zurücksetzen. In diesem Fall halten Sie ⬚ gedrückt, wenn Sie den Button betätigen.

Neue Regler

In der aktuellen GIMP-Version sind Regler integriert, die auf den ersten Blick ein wenig befremdlich wirken. Sie lösen die bisher gültigen Standard-Schieberegler ab, wobei die Funktionsweise prinzipiell identisch ist.

Um den Regler zu verstellen, klicken Sie einfach irgendwo in ihn hinein. Des Weiteren lässt sich der gewünschte Wert nach einem Doppelklick auf die Ziffern ❼ oder mittels Klick auf die Pfeile ❽ einstellen. Das wirkliche Novum besteht allerdings darin, dass der Regler in zwei Stufen funktioniert. Normalerweise verändert sich der Mauszeiger derart, dass ein nach oben weisender Pfeil erscheint. Wenn das der Fall ist, können Sie den Wert mit gedrückter Maustaste sowie einer Mausbewegung nach links oder rechts schnell verschieben oder durch bloßen Mausklick entsprechend einstellen. Lassen Sie die Maustaste jedoch los und bewegen das Zeigegerät vorsichtig nach unten (bis ein kleiner Doppelpfeil ❻ erscheint), lässt sich der Regler nur noch ganz sensibel bewegen. Damit erreichen Sie eine Art Feineinstellung.

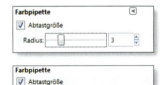

▲ **Abbildung 2.11**
Die alten Schieberegler (oben) werden durch neuartige Flächenregler abgelöst (unten). (Hier die Ansicht bei aktivierter Farbpipette)

◀ **Abbildung 2.12**
Sobald der Mauszeiger zum Doppelpfeil wird, können Sie mit der Feineinstellung des Steuerelements beginnen.

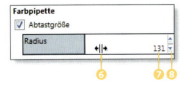

2.3 Die Werkzeuge im Überblick

Mittlerweile dürfte Ihnen der Werkzeugkasten ja bestens vertraut sein, oder? Da fehlen jetzt eigentlich nur noch die Funktionsweisen der Tools im Einzelnen. Und hier sind sie auch schon. Dabei sollen die nachfolgenden Ausführungen keinesfalls das jeweilige Tool einfach vollständig erklären. Das wäre ja auch viel zu theoretisch und überdies ausgesprochen langweilig. Die folgenden Workshops machen Sie praxisnah mit dem Umgang mit den Tools vertraut. An dieser Stelle möchte ich lediglich deren grundsätzliche Bedeutung aufzeigen.

Auswahlwerkzeuge | Mit diesen Werkzeugen lassen sich Bereiche eines Bildes auswählen und so für die weitere Bearbeitung markieren. Die nicht ausgewählten Bereiche (jenseits der Auswahl) bleiben von der folgenden Bildmanipulation ausgenommen. (Weitere Informationen zum Umgang mit Auswahlwerkzeugen finden Sie in Kapitel 4.)

Abbildung 2.13 ▶
Auswahlwerkzeuge sind immer dann nützlich, wenn Sie nur Teile eines Fotos bearbeiten wollen.

Pfade | Shortcut [B]. Erzeugen Sie mit der Maus eigene Linien, Geraden oder Kurven, die Sie später beispielsweise als Auswahl oder Kanal benutzen können. Wenn Sie in Abständen kurze Mausklicks ausführen, werden zwischen den Punkten Geraden erzeugt. Halten Sie die Maustaste nach dem Klicken fest und verschieben Sie die Maus, werden Kurven produziert. (In Kapitel 12 vertiefe ich dieses Thema.)

Farbpipette | Shortcut [O]. Mit diesem Werkzeug lassen sich Vordergrund- und Hintergrundfarbe aufnehmen. Klicken Sie mit der Maus auf eine bestimmte Stelle des Bildes, wird deren Farbwert als Vordergrundfarbe definiert.

Vergrößerung | Shortcut [Z]. Klicken Sie mit diesem Tool auf das Bild, um den Ausschnitt zu vergrößern. Halten Sie während des Klickens [Strg] gedrückt, wird der Ausschnitt wieder verkleinert.

Ziehen Sie über dem Bild mit gedrückter Maustaste einen Rahmen auf, wird anschließend genau dieser Bereich vergrößert dargestellt.

Maßband | Shortcut ⇧+M. Hiermit messen Sie Abstände und Winkel im Bild. Klicken Sie dazu mit der Maus an die Stelle, an der Sie messen wollen (Startpunkt ❶). Halten Sie die Maustaste gedrückt, und klicken Sie an einer anderen Stelle erneut ❷. Sobald Sie loslassen, erscheinen unten im Fenster die Anzahl der Pixel ❸, die auf dieser Strecke liegen, der Winkel ❹ (ausgehend von 0° horizontal) sowie die Größe des imaginären Rechtecks zwischen Start- und Zielpunkt ❺. Noch ein Tipp: Halten Sie bis zum zweiten Mausklick Strg gedrückt, können Sie die Linie nur in 15°-Schritten (ausgehend von ❶) ziehen.

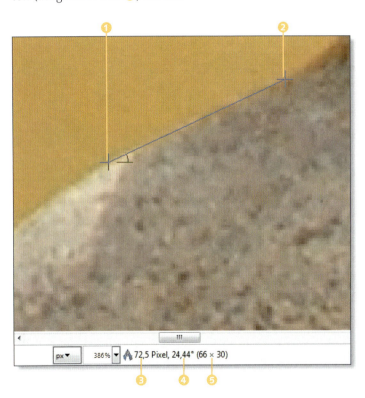

◀ **Abbildung 2.14**
Dieses Werkzeug sagt eine Menge über die gezogene Linie aus.

Verschieben | Shortcut M. Verschieben Sie Gegenstände, Ebenen oder komplette Bilder, indem Sie darauf klicken und das Objekt mit gedrückter Maustaste bewegen. Wenn Sie die korrekte Position erreicht haben, lassen Sie los.

2 Die Arbeitsoberfläche

Ausrichten | Shortcut Q. Mit diesem Ausrichten-Tool lassen sich einzelne oder mehrere auf unterschiedlichen Ebenen befindliche Objekte »aneinander« oder »relativ« (z. B. zum Bild oder einer bestehenden Auswahl) ausrichten. Markieren Sie das Objekt mit dem Ausrichten-Werkzeug (mehrere Objekte markieren Sie, indem Sie ⇧ gedrückt halten). Stellen Sie Relativ zu im unteren Bereich des Werkzeugkastens nach Wunsch ein (sollte dieser Bereich nicht sichtbar sein, doppelklicken Sie das Werkzeug). Zuletzt betätigen Sie eine der Pfeiltasten.

Abbildung 2.15 ▶
Die Art der Ausrichtung legen Sie in der unteren Hälfte des Werkzeugkastens fest.

Zuschneide- und Transformationswerkzeuge | Wann immer Sie ein Foto zurechtschneiden, drehen, verziehen oder zurechtrücken wollen, kommen Sie mit diesen Werkzeugen ans Ziel. (Weitere Informationen dazu hält Kapitel 6 bereit.)

Abbildung 2.16 ▶
Diese Tools sind vorwiegend für geometrische Veränderungen innerhalb des Bildes vorgesehen.

Die Werkzeuge im Überblick 2.3

Käfig-Transformation | Shortcut ⇧+G. Mit diesem Werkzeug lassen sich bestimmte Bereiche eines Fotos ohne großen Aufwand mehr oder weniger frei verzerren. Einen Workshop dazu gibt es in Kapitel 6 auf Seite 162.

Text | Shortcut T. Das Textwerkzeug wird immer dann eingesetzt, wenn Schriften innerhalb eines Bildes benötigt werden. (Weitere Erklärungen sowie interessante Workshops zu diesem Thema finden Sie in Kapitel 13.)

Farbwerkzeuge | Wenn es darum geht, Bildbereiche umzufärben, mit Farben zu malen u. Ä., dann sind diese Werkzeuge unerlässlich. (Hinweise zum Umgang mit diesen Tools gebe ich in Kapitel 3.) Im Übrigen soll an dieser Stelle nicht verschwiegen werden, dass einige dieser Tools, z. B. der Pinsel, auch im Bereich der Foto-Korrektur zum Einsatz kommen.

◄ **Abbildung 2.17**
Bei diesen Tools dreht sich alles um die Farbe.

Klonen | Shortcut C. Mit dem Klonen-Werkzeug lassen sich Bildbereiche duplizieren, das heißt, an anderer Stelle reproduzieren. Des Weiteren können Sie damit Muster hinzufügen. Dem Werkzeug kommt jedoch eine besondere Bedeutung zu, da es auch zur Retusche verwendet werden kann. (Siehe dazu auch Kapitel 10.)

Heilen | Shortcut H. Das Heilen-Werkzeug wird genauso angewendet wie das Klonen-Werkzeug, wobei mit ihm allerdings kleinere Fehlerstellen sehr viel besser korrigiert werden können. Sie sollten das Werkzeug zunächst auf die Retuschestelle setzen, um die Größe des Werkzeugs entsprechend anzupassen. (Erklärungen zum Umgang mit diesem Tool sowie praxisnahe Einsatzmöglichkeiten sind in Kapitel 10 nachzulesen.)

Perspektivisches Klonen | Ohne Shortcut. Dieses Tool ermöglicht das Übertragen einer Perspektive auf ein anderes Objekt. Erzeugen Sie ein Objekt, und verändern Sie seine Perspektive. Anschließend stellen Sie das Tool im unteren Bereich des Werkzeugkastens auf

Perspektivisches Klonen. Nehmen Sie eine Stelle des Ursprungsobjekts auf, indem Sie ⌈Strg⌉ gedrückt halten und darauf klicken. Danach positionieren Sie die Maus an einer anderen Stelle.

Weichzeichnen/Schärfen | Shortcut ⌈⇧⌉+⌈U⌉. Dieses Werkzeug stellt zwei grundlegende Funktionen bereit. Wenn Sie einen Bildbereich weichzeichnen wollen, dann stellen Sie unten im Werkzeugkasten auf den Radio-Button Weichzeichnen um. Zum Scharfzeichnen bestimmter Bildbereiche wählen Sie den darunter befindlichen Radio-Button. Die Intensität des Werkzeugs bestimmen Sie mit dem Schieberegler Rate.

Danach wischen Sie mit gedrückter Maustaste über die Stelle, die geschärft oder weichgezeichnet werden soll. Sie können das Werkzeug kurzzeitig wechseln (von Weichzeichnen auf Schärfen oder umgekehrt), indem Sie vorübergehend ⌈Strg⌉ gedrückt halten. (Die Themen Scharf- und Weichzeichnen vertiefe ich in Kapitel 9.)

Verschmieren | Shortcut ⌈S⌉. Mit der kleinen Hand und dem ausgestreckten Finger werden Sie im wahrsten Sinne des Wortes zum Pixelschubser. Wischen Sie mit diesem Werkzeug über einen Bereich des Bildes, werden die dort befindlichen Pixel verschmiert.

Abwedeln/Nachbelichten | Shortcut ⌈⇧⌉+⌈D⌉. Die Begriffe stammen aus der klassischen Fotografie. Beim Abwedeln werden die Kontraste eines Bildes herabgesetzt. Das Bild erscheint farbärmer. Das klassische Nachbelichten hingegen verstärkt die Farbkontraste.

Und so wenden Sie das Werkzeug an: Wählen Sie zunächst den gewünschten Modus über die Radio-Buttons Typ (Abwedeln oder Nachbelichten). Danach stellen Sie die Intensität des Werkzeugs über den Schieberegler Deckkraft ein. Anschließend wischen Sie mit gedrückter Maustaste über die Stelle, die abgewedelt oder nachbelichtet werden soll. Sie können den Modus kurzzeitig wechseln, indem Sie ⌈Strg⌉ gedrückt halten. (Die Belichtungskorrektur von Fotos bespreche ich ausführlich in Kapitel 8.)

2.4 Paletten

Werfen Sie jetzt einen Blick auf die rechte Spalte der Anwendung. Dieser Bereich wird auch als »Dock« bezeichnet, wobei er seinen Namen der Tatsache verdankt, dass Sie dort weitere Paletten bzw. Dialoge andocken können.

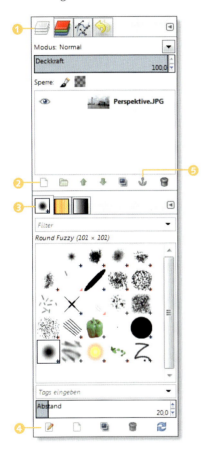

Kein Pulldown-Menü mehr

Umsteiger der Version 2.6 werden das Pulldown-Menü ganz oben im Dock vermissen. Darüber konnte seinerzeit das gewünschte Foto aktiviert werden, was immer dann praktisch war, wenn mehrere Fotos geöffnet waren. Diese Funktion gibt es jetzt nicht mehr, da sich im Mehrfenster-Modus ohnehin jedes Foto separat anwählen lässt. Im Einzelfenster-Modus ist zudem der Registerbereich hinzugekommen, der die Anwahl des Fotos noch intuitiver macht. Darum dürfte der Abschied von diesem Steuerelement eher leichtfallen.

◀ **Abbildung 2.18**
Der Palettenbereich wird auch als »Dock« bezeichnet.

Ganz oben im Dock befinden sich vier Register ❶ (EBENEN, KANÄLE, PFADE, JOURNAL; auch »Dialoge« oder »Reiter« genannt), deren jeweiliger Inhalt sich per Mausklick nach vorn stellen lässt. Wenn Sie also im weiteren Verlauf dieses Buches einmal dazu angehalten werden, den Dialog JOURNAL zu öffnen, wissen Sie, dass Sie dazu lediglich auf den gelben Pfeil klicken müssen. Entsprechend verhält es sich mit der unteren Hälfte des Docks (PINSEL, MUSTER, FARBVERLÄUFE) ❸.

2 Die Arbeitsoberfläche

Je nach gewähltem Register erhalten Sie auch unterschiedliche Fußleisten (❷ und ❹). Hier befinden sich ebenfalls wichtige Schaltflächen, deren individueller Sinn und Zweck ich jeweils in den folgenden Kapiteln erläutern werde. Aktuell nicht bedienbare Schaltflächen (z. B. ❺) werden ausgegraut dargestellt. Hier muss zunächst eine Bedingung erfüllt sein. So können Sie den Papierkorb beispielsweise erst dann verwenden, wenn Sie zuvor auch ein Foto geöffnet haben.

Weitere Dialoge hinzufügen

Bislang werden nicht alle zur Verfügung stehenden Dialoge angezeigt. Weitere Inhalte finden Sie jedoch im Menü FENSTER. Holen Sie doch einmal beispielhaft das Histogramm hervor, indem Sie FENSTER • ANDOCKBARE DIALOGE • HISTOGRAMM wählen.

Komplettes Fenster wiederherstellen

Sollten Sie die Standard-Dialoggruppe auf der rechten Seite versehentlich einmal komplett geschlossen haben, ist es nicht erforderlich, sämtliche Dialoge einzeln zu öffnen. Gehen Sie in diesem Fall im Bildfenster auf FENSTER • KÜRZLICH GESCHLOSSENE DOCKS • EBENEN, KANÄLE, PFADE.

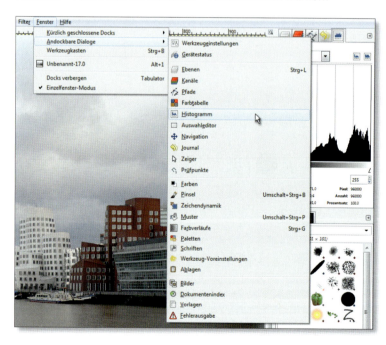

Abbildung 2.19 ▶
In diesem Menü befinden sich weitere Fenster.

Dialoge abdocken

Der daraufhin angezeigte Dialog erscheint oben im Dock, und zwar in einem eigenen Register. Sollten Sie sich nicht im Einzelfenster-Modus befinden, wird die neue Palette in einem frei schwebenden Fenster angezeigt. In diesem Fall können Sie es nach Wunsch per Drag & Drop verschieben, indem Sie an der Kopfleiste ziehen. Schließen Sie das Fenster, indem Sie die kleine Schaltfläche oben rechts betätigen. Im Einzelfenster-Modus erfolgt das Schließen mittels Klick auf die kleine Dreieck-Schaltfläche ❶ oben rechts, gefolgt von REITER SCHLIESSEN. Dabei wird stets der Reiter geschlossen, der gerade aktiv ist.

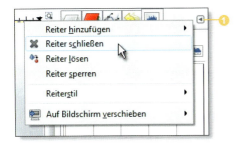

◀ **Abbildung 2.20**
Im Einzelfenster-Modus schließen Sie die Reiter über die Dreieck-Schaltfläche.

Dialoge einsortieren

Ebenso könnten Sie einen Dialog auch herauslösen und daraus eine eigenständige Palette machen. Klicken Sie auf den Reiter, den Sie heraustrennen wollen, halten Sie die Maustaste gedrückt, und ziehen Sie zur Mitte der Anwendung. Sobald Sie sich außerhalb des Docks befinden, lassen Sie los.

Neue Fenstergruppe erzeugen

Auch ein Fenster, das nur aus einem einzigen Dialog besteht, können Sie mit mehreren Registern bestücken. Klicken Sie dazu auf die kleine Dreieck-Schaltfläche oben rechts im Dialog. Wählen Sie anschließend REITER HINZUFÜGEN, und entscheiden Sie sich für den Eintrag, dessen Dialog im neuen Fenster ebenfalls zur Verfügung stehen soll. Übrigens ließen sich die unterschiedlichen Dialoge auch per Drag & Drop wie beschrieben zusammenfügen.

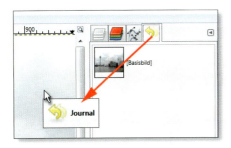

▲ **Abbildung 2.21**
Lösen Sie einen Reiter heraus, und wandeln Sie ihn so in eine eigene Palette um.

▲ **Abbildung 2.22**
Jetzt befindet sich das Journal in einer eigenen Schwebepalette.

2 Die Arbeitsoberfläche

Register sortieren

Auch die Reihenfolge der einzelnen Register müssen Sie nicht widerspruchslos hinnehmen. Ziehen Sie den gewünschten Reiter ganz einfach auf einen anderen, um ihn an dieser Position einzusortieren. Der Reiter an dieser Position sowie alle daneben befindlichen machen daraufhin artig Platz und weichen nach rechts aus.

Und jetzt zurück ins Dock: Dazu klicken Sie den Journal-Reiter erneut an und lassen erst wieder los, wenn Sie sich neben den anderen Reitern befinden. Das gesamte Dock ist jetzt auch schwarz umrahmt.

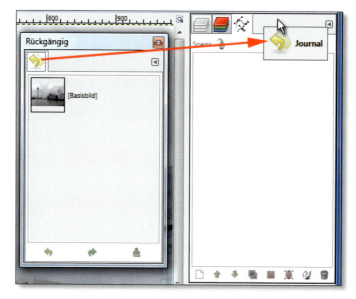

Abbildung 2.23 ▶
So geht es zurück auf Anfang.

2.5 Bildnavigation

Mitunter werden Sie sehr stark in ein Foto einzoomen müssen. Das ist beispielsweise gegeben, wenn Sie Arbeiten im Detail verrichten wollen. Da man jedoch schnell die Übersicht verliert, wo auf dem Foto man sich gerade befindet, sollten Sie sich bei derartigen Vorhaben von GIMP unter die Arme greifen lassen.

Verschieben

Nachdem Sie das Werkzeug VERGRÖSSERUNG [Z] benutzt haben, sehen Sie meist nur einen Teilbereich des Fotos. Falls Sie diesen Teilbereich nun noch verschieben wollen, müssen Sie nicht extra auf das Verschieben-Werkzeug umschalten. Vielmehr reicht es, wenn Sie die Leertaste gedrückt halten und die Maus mit gedrückter linker Taste etwas bewegen. Dadurch wird der angezeigte Bereich entsprechend aktualisiert. Sollten Sie in diesem

Zusammenhang nachfassen müssen, beispielsweise weil sich die Maus am Rand befindet, lassen Sie einfach die Leertaste kurzzeitig los, positionieren die Maustaste neu und drücken dann wieder die Leertaste. Achtung: Das Ganze funktioniert nur, wenn ...
- das Zoom-Werkzeug aktiv ist und
- Sie zuvor tatsächlich gezoomt haben.

Zoomen

Wie Sie das Zoom-Werkzeug (Lupe) bedienen, haben Sie ja bereits in Abschnitt 2.3, »Die Werkzeuge im Überblick«, erfahren. Nun existieren für Eilige aber noch weitere Möglichkeiten, mit denen sich das Foto schnell vergrößern oder verkleinern lässt. Dazu sind zunächst einmal die Tasten [1] bis [5] interessant.

- [1] = Darstellung des Bildes in 100 % Größe
- [2] = Darstellung 200 %
- [3] = Darstellung 400 %
- [4] = Darstellung 800 %
- [5] = Darstellung 1.600 %

Bildlauf mittels Scrollrad

Vertikale Verschiebungen des Ausschnitts erreichen Sie auch mit Hilfe des Scrollrades Ihrer Maus (vertikaler Bildlauf). Horizontal funktioniert das Ganze leider nicht (z. B. durch Kippen des Scrollrades).

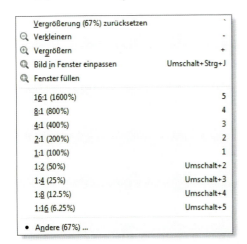

◀ **Abbildung 2.24**
Im Menü ANSICHT • VERGRÖSSERUNG. Hier finden Sie weitere interessante Darstellungsoptionen.

Und noch etwas muss in diesem Zusammenhang erwähnt werden: Sie können nämlich den Mittelpunkt der Vergrößerung selbst bestimmen. Platzieren Sie dazu zunächst den Mauszeiger auf einen Punkt des Bildes, den Sie gern vergrößert sehen wollen, und betätigen Sie anschließend die gewünschte Taste. Das ist echter GIMP-Komfort.

2 Die Arbeitsoberfläche

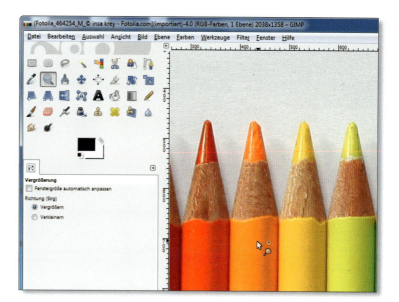

Abbildung 2.25 ▶
Ein Tastendruck, und GIMP vergrößert den Bereich unter dem Mauszeiger.

Navigator

Eine weitere Hilfe stellt der Dialog NAVIGATION dar. Sie rufen ihn über FENSTER • ANDOCKBARE DIALOGE • NAVIGATION auf. Nun haben Sie die Möglichkeit, den eingezoomten Bereich nach Wunsch zu verschieben, indem Sie das kleine weiße Rechteck ❶ innerhalb des Navigators per Drag & Drop an die gewünschte Position bringen. Das Originalbild reagiert darauf entsprechend.

Des Weiteren lässt sich der Vergrößerungsfaktor über dem Schieberegler ❷ einstellen. Weiter unten befinden sich zudem sechs hilfreiche Tasten (von links nach rechts):

- Verkleinern (ZOOM OUT)
- Vergrößern (ZOOM IN)
- MASSSTAB 1:1: Diese Funktion stellt das Bild in 100 % Größe dar, unabhängig davon, ob das gesamte Bild angezeigt werden kann oder nicht. (Entspricht im Ergebnis dem Druck auf 1.)
- DIE BILDGRÖSSE SO ANPASSEN, DASS DAS BILD VOLLSTÄNDIG SICHTBAR IST: Stellt das Bild auf jeden Fall komplett dar. Die Bildgröße passt sich an den aktuellen Bildrahmen an.
- DIE VERGRÖSSERUNG SO ANPASSEN, DASS DAS FENSTER VOLLSTÄNDIG AUSGEFÜLLT IST: Wenn Sie das Bildfenster zuvor horizontal oder vertikal so weit skaliert haben, dass sich jenseits des Fotos bereits ein grauer Rand zeigt, wird nach Benutzung

dieses Steuerelements der Bildrahmen komplett ausgefüllt. Die Bildgröße passt sich an den aktuellen Bildrahmen an.
- Größe des Bildfensters auf die Grösse der Bildansicht reduzieren: Hier wird, sofern möglich, das gesamte Bild dargestellt, ohne dass der zuvor verwendete Zoomfaktor beeinträchtigt wird. Der Bildrahmen passt sich an die aktuelle Bildgröße an.

◀◀ **Abbildung 2.26**
Der Navigationsdialog ist außerordentlich hilfreich.

◀ **Abbildung 2.27**
So sieht der Navigator aus, wenn kein Foto im Bildfenster geöffnet ist.

Navigator im Bildfenster

Übrigens ist auch im Bildfenster selbst ein Mini-Navigator enthalten. Dieser ist zwar nicht so komfortabel wie der Dialog, doch zum schnellen Verschieben des eingezoomten Bildbereichs eignet er sich allemal. Um ihn zugänglich zu machen, klicken Sie einfach auf das Doppelpfeil-Symbol unten rechts im Fenster. Halten Sie die Maustaste gedrückt, damit sich das kleine Overlay-Fenster zeigt, dessen weißen Rahmen Sie nun nach Wunsch verschieben können. Sobald Sie die Maustaste loslassen, verschwindet das Overlay-Fenster wieder.

◀ **Abbildung 2.28**
Ein Navigator für Eilige

2.6 Ansichten

GIMP ist, was die Ansichtsoptionen betrifft, wirklich gut aufgestellt. Wir sprechen hier nicht von der möglichen Größenänderung über die Steuerelemente der Fußleiste des Bildfensters, sondern von richtig interessanten Features, wie z. B. die NEUE ANSICHT, PUNKT FÜR PUNKT oder VOLLBILD.

Neue Ansicht erstellen

Gehen Sie doch einmal in das Menü ANSICHT, und entscheiden Sie sich hier für NEUE ANSICHT. Auch wenn es auf den ersten Blick so aussehen mag: Sie haben jetzt keinen Bild-Duplikat erzeugt! Vielmehr handelt es sich immer noch um ein und dasselbe Bild. Wozu ist das gut? Nun, Sie können beispielsweise im Mehrfenster-Modus die eine Ansicht stark einzoomen, während die andere weiterhin das gesamte Bild zeigt. Nun nehmen Sie sich einen Stift und zeichnen willkürlich eine Linie auf das Bild. Im richtigen Leben würden Sie natürlich sinnvollere Arbeiten vornehmen (wie beispielsweise eine Retusche). So können Sie in der Detailansicht arbeiten und sehen im anderen Bildrahmen, wie das beeindruckende Gesamtergebnis aussieht.

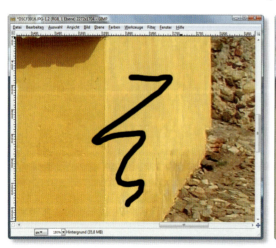

▲ **Abbildung 2.29**
Arbeiten am Bild werden grundsätzlich …

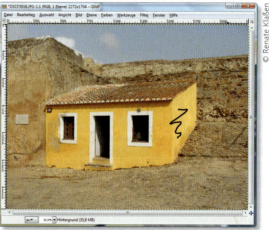

▲ **Abbildung 2.30**
… in beiden Ansichten wiedergegeben.

Punkt für Punkt

Standardmäßig finden Sie im ANSICHT-Menü ein Häkchen vor dem Eintrag PUNKT FÜR PUNKT. Das bedeutet, dass diese Option aktiviert ist. Das können Sie auch prinzipiell so lassen, denn damit entspricht bei 100 % Darstellung jedes Pixel des Fotos einem Pixel auf Ihrem Bildschirm. Sollten Sie einmal Fotos für den Druck vorbereiten, können Sie diesen Eintrag abermals anklicken, damit das vorangestellte Häkchen verschwindet. Dann nämlich wird das Foto in Druckgröße angezeigt. Wohlgemerkt: Es handelt sich auch hierbei lediglich um eine Ansichtsoption. Die Einstellung hat keine Auswirkung auf das Foto selbst.

▲ **Abbildung 2.31**
Im Menü ANSICHT finden Sie wichtige Optionen für die Bilddarstellung.

Vollbild

Wenn Sie die gesamte Arbeitsfläche einmal zur Ansicht des Fotos nutzen wollen, wählen Die ANSICHT • VOLLBILD oder drücken F11 auf Ihrer Tastatur. Das funktioniert allerdings nur, wenn Sie zuvor ein Bildfenster markiert haben. Ist das nicht der Fall, klicken Sie ganz einfach einmal auf die Kopfleiste eines solchen Fensters bzw. in der Einzelfensteransicht auf das Bildregister. Ärgerlich ist jetzt lediglich noch, dass Paletten und Docks möglicherweise die freie Sicht auf das Foto beeinträchtigen. In diesem Fall reicht es, wenn Sie kurz ⇆ drücken. Das blendet Dock und Werkzeugkasten aus (wobei die Bildregister im Einzelfenster-Modus sichtbar bleiben). Drücken Sie abermals ⇆ , werden die Paletten wieder sichtbar.

Bildgröße an Fenstergröße anpassen

Möglicherweise hatten Sie zuvor eine recht kleine Bildansicht gewählt, weshalb Sie jetzt in der Vollbildansicht einen riesigen, grauen Rahmen sehen. Damit das Foto jedoch in voller Größe dargestellt wird, klicken Sie einmal auf die Lupe oben rechts ❶. Die Vollbildansicht verlassen Sie übrigens wieder durch nochmaliges Betätigen von F11 .

Voreinstellungen für den Vollbildmodus

Über BEARBEITEN • EINSTELLUNGEN • BILDFENSTER • DARSTELLUNG lassen sich individuelle Voreinstellungen für den Vollbildmodus festlegen. Die hier getroffenen Einstellungen werden fortan benutzt, wenn Sie den Vollbildmodus aktivieren.

2 Die Arbeitsoberfläche

▲ **Abbildung 2.32**
Dieser Schalter ❶ sorgt für maximale Vergrößerung.

2.7 Hilfslinien und Raster

Jetzt wollen wir uns noch zwei Hilfsmittel ansehen, die das exakte Arbeiten am Foto unterstützen. Mit Hilfslinien und Rastern können Sie nämlich nicht nur Objekte anordnen, sondern diese auch exakt daran ausrichten.

Raster

Gehen Sie in das Menü Ansicht, und entscheiden Sie sich hier für den Eintrag Raster anzeigen. Daraufhin wird Ihr Foto mit horizontalen und vertikalen Linien überzogen (die natürlich nicht mit ausgedruckt werden).

Hilfslinien und Raster   2.7

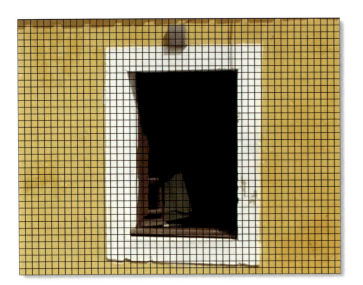

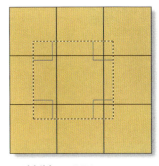

◀ **Abbildung 2.33**
Das Raster hilft beim Ausrichten weiter.

▲ **Abbildung 2.34**
Die Auswahl liegt frei auf dem Bild.

Raster magnetisieren

Eine Besonderheit stellt das Raster zudem dar: Es kann magnetisch gemacht werden! Doch lassen Sie uns zunächst einmal schauen, wie sich ein Werkzeug verhält, wenn das Raster nicht magnetisch ist. Sehen Sie einmal beispielhaft ein Auswahlrechteck auf, dessen Startpunkt nicht auf dem Raster liegt, dann wird auch die Auswahl nicht genau an das Raster angefügt. Wie sollte sie auch?

Wählen Sie anschließend AUSWAHL • NICHTS, oder drücken Sie [Strg]+[⇧]+[A]. Danach gehen Sie in das Menü ANSICHT und klicken auf MAGNETISCHES RASTER. Achten Sie ferner darauf, dass Sie nicht zu stark einzoomen, da es ansonsten dennoch möglich ist, eine Auswahl neben dem Raster zu platzieren.

Ziehen Sie nun noch einmal eine Auswahl auf, werden Sie feststellen, dass sich das Werkzeug sofort am Raster orientiert und die Auswahl auch dort angelegt wird – selbst wenn Sie die Maus nicht genau auf einer Rasterlinie platziert haben.

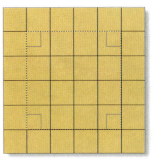

▲ **Abbildung 2.35**
Die Auswahl orientiert sich am Raster.

Magnetisches Raster deaktivieren

Damit das Raster seine Magnetkraft wieder verliert, müssen Sie noch einmal in das Menü ANSICHT gehen und abermals auf MAGNETISCHES RASTER klicken.

Raster anpassen

Sicherlich bleibt die Farbe des Rasters noch zu bemängeln. Auf einem hellen Foto ist Schwarz durchaus in Ordnung. Was aber, wenn Sie eine Nachtaufnahme nachbearbeiten müssen? Dann ist vom Raster eventuell nicht mehr viel zu sehen. Grundsätzlich

71

2 Die Arbeitsoberfläche

Hintergrundfarbe

Die Hintergrundfarbe ist grundsätzlich zu vernachlässigen. Sie kommt lediglich zum Tragen, wenn Sie doppelt gestrichelte Linien verwenden.

müssen Sie also die Möglichkeit haben, ein solches Raster frei zu definieren (möglicherweise wollen Sie ja auch größere Abstände einstellen).

Gehen Sie also über BEARBEITEN • EINSTELLUNGEN • STANDARDRASTER. Hier legen Sie grundsätzliche Einstellungen zum Raster fest. Alternativ können Sie auch BILD • RASTER KONFIGURIEREN verwenden. Die dortigen Konfigurationen wirken sich dann nur auf das aktuelle Bild aus. Wollen Sie eine andere Vordergrundfarbe einstellen, klicken Sie auf die aktuell angezeigte Farbfläche ❷ in der Zeile VORDERGRUNDFARBE.

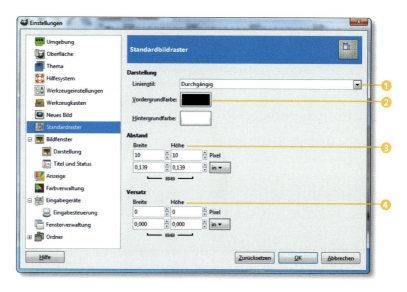

Abbildung 2.36 ▶
In diesem Dialog lässt sich das Raster frei definieren.

Aber damit längst noch nicht genug. Auch der LINIENSTIL ❶ lässt sich individuell anpassen (zum Beispiel gestrichelte Linien oder Fadenkreuze). Zudem können Sie die Abstände (BREITE und HÖHE) ❸ ebenso festlegen wie den VERSATZ ❹. Bei einem Breiten- und Höhenversatz von jeweils 0 beginnt das Raster in der oberen linken Ecke des Bildes.

Noch eines müssen Sie in diesem Zusammenhang unbedingt beachten: Die aktuellen Einstellungen wirken sich nicht auf bereits geöffnete Bilder aus! Schließen Sie das Foto, nachdem Sie die Einstellungen vorgenommen haben, und öffnen Sie es anschließend erneut. Das erreichen Sie am schnellsten, indem Sie DATEI • ZULETZT GEÖFFNET anwählen und auf den obersten Eintrag des folgenden Menüs klicken.

Hilfslinien nutzen

Je nachdem, welche Arbeiten Sie am Foto zu erledigen haben, kann ein komplettes Raster störend sein. Oft reicht eine einzelne Linie vollkommen aus. Um eine solche Hilfslinie individuell platzieren zu können, benötigen Sie die Lineale oben und links neben dem Bild. Sollten diese nicht eingeschaltet sein, drücken Sie [Strg]+[⇧]+[R] oder wählen LINEALE ANZEIGEN aus dem ANSICHT-Menü.

Klicken Sie im Anschluss auf eines der Lineale, und halten Sie die Maustaste gedrückt. Jetzt ziehen Sie die Maus auf das Bild. Wenn Sie den Punkt erreicht haben, an dem die Hilfslinie angeordnet werden soll, lassen Sie die Maustaste einfach wieder los.

◀ **Abbildung 2.37**
Senkrechte Hilfslinien werden aus dem linken, horizontale aus dem oberen Lineal herausgezogen.

Natürlich können Sie derartige Hilfslinien auch verschieben, sofern Sie noch nicht die richtige Position gefunden haben. Stellen Sie die Maus ganz einfach auf die Linie (diese färbt sich daraufhin rot), und ziehen Sie diese mit gedrückter Maustaste an die gewünschte Position.

Hilfslinien magnetisieren

Was für Raster gilt, gilt auch für Hilfslinien. Wenn Sie wünschen, dass sich Werkzeuge an dieser Linie ausrichten lassen, müssen Sie das explizit über ANSICHT • MAGNETISCHE HILFSLINIEN festlegen.

2 Die Arbeitsoberfläche

Hilfslinien entfernen

So sinnvoll Hilfslinien auch sein mögen – irgendwann müssen sie wieder weg. Dazu reicht es, die Hilfslinie anzuklicken und mit gedrückter Maustaste aus dem Bild heraus- oder wieder ins Lineal hineinzuschieben.

2.8 Das Journal

Zuletzt noch eine ganz wichtige Einrichtung in GIMP. Es ist nämlich zu jeder Zeit möglich, Schritte wieder rückgängig zu machen. Sie können also auf die Schnelle so tun, als hätten Sie die letzten Änderungen gar nicht gemacht. Ach, so etwas müsste auch im richtigen Leben möglich sein! – Nun gibt es zwei Möglichkeiten, so etwas zu realisieren – also in GIMP. Zum einen lässt sich eine Arbeitsabfolge Schritt für Schritt wieder zurücknehmen, indem Sie einmal oder mehrfach Strg+Z betätigen. Wollen Sie die Schritte anschließend doch lieber wiederherstellen, nehmen Sie Strg+Y. (Alternativ: BEARBEITEN • RÜCKGÄNGIG bzw. BEARBEITEN • WIEDERHERSTELLEN.)

Eine weitere Möglichkeit wird durch das Journal zur Verfügung gestellt. Hier listet GIMP nämlich akribisch auf, was Sie in der letzten Zeit so alles gemacht haben – an Ihrem Foto, versteht sich. Sie erreichen das Journal durch Klick auf den gelben Pfeil ❶ im oberen Bereich des Docks. Wollen Sie Ihre Arbeiten bis zu einem gewissen Punkt rückgängig machen, wählen Sie die entsprechende Zeile an (im Beispiel ❷. Das Foto wird dabei automatisch aktualisiert.

Doch Vorsicht: Sobald Sie jetzt einen neuen Schritt an dem Foto vollziehen, werden alle unter der Markierung befindlichen Einträge unwiederbringlich gelöscht. Solange Sie allerdings noch keinen neuen Schritt unternommen haben, können Sie auch weiter unten befindliche (also später erfolgte) Schritte per Maus anwählen. In Sachen Journal existieren übrigens noch zwei wichtige Einstelloptionen, die Sie über BEARBEITEN • EINSTELLUNGEN • UMGEBUNG erreichen:

▶ MINIMALE ANZAHL AN JOURNALSCHRITTEN: Diese Anzahl an Schritten kann auf jeden Fall rückgängig gemacht werden,

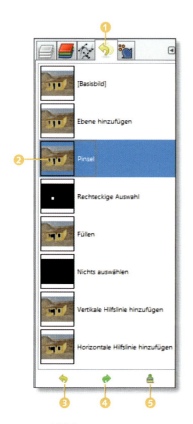

▲ **Abbildung 2.38**
Der markierte Schritt gilt grundsätzlich noch als ausgeführt, wobei alle unterhalb befindlichen nicht mehr auf das Bilddokument angewendet werden.

selbst dann, wenn der maximale Speicher (siehe folgenden Punkt) dies eigentlich gar nicht zulässt.
- MAXIMALER SPEICHER FÜR DAS JOURNAL: So viel Speicherplatz wird im Arbeitsspeicher Ihres Rechners für das Journal-Protokoll freigehalten. Werden mehr Schritte unternommen, als der Speicher aufnahmen kann, werden die ältesten Schritte gelöscht – es sei denn, die minimale Anzahl an Journal-Schritten (siehe vorangegangenen Punkt) ist noch nicht erreicht.

Die voreingestellten Werte sind eigentlich ein bisschen angestaubt. Zeitgemäße Rechner können in der Regel sehr viel mehr Speicher für das Journal bereitstellen – außer Sie haben permanent viele Anwendungen in Betrieb. Sollten die Grundeinstellungen also irgendwann einmal nicht mehr ausreichen, dürfen Sie hier gerne größere Werte festlegen. Nur der Vollständigkeit halber ist noch zu erwähnen, dass natürlich jedes Bilddokument sein eigenes Journal hat. Beachten Sie aber, dass das Journal gelöscht wird, wenn das Bild geschlossen wird.

Buttons in der Fußleiste

Mit dem Button ❸ springen Sie innerhalb des Journals schrittweise nach oben (dadurch werden Schritte zurückgenommen), während ❹ den Sprung nach unten im Journal ermöglicht (= Wiederherstellen). Wenn Sie mögen, können Sie das Journal auch komplett löschen, indem Sie ❺ betätigen. Das gibt Arbeitsspeicher frei. Das Bild wird dann zudem in den Zustand versetzt, der im Journal gerade markiert ist.

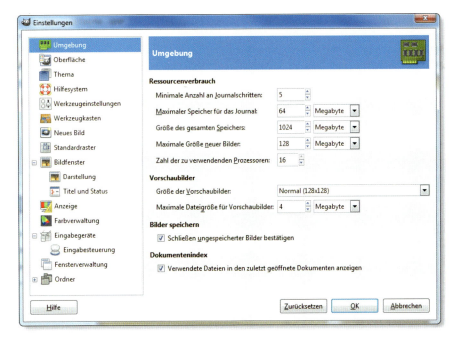

▲ Abbildung 2.39
In den Umgebungseinstellungen lässt sich auch der Speicherplatz für das Journal bestimmen.

Falls Ihr Rechner mehrere Prozessoren in sich trägt, werden im Listenfeld ZAHL DER ZU VERWENDETEN PROZESSOREN zunächst einmal alle zur Verfügung stehenden Prozessoren einbezogen. Sollten Sie das nicht wünschen, lässt sich die Anzahl reduzieren. Die Reduzierung hätte zur Folge, dass nur einige Prozessoren von GIMP benutzt werden dürfen. Dadurch blieben andere frei für rechenintensive Anwendungen, die ebenfalls geöffnet sind.

Malen und färben

Grundlegendes über Farben, Pinsel und Muster

▸ Wie funktioniert der Farbwähler?

▸ Wie lassen sich die verschiedenen Farbpaletten nutzen?

▸ Welche Farbwerkzeuge gibt es?

▸ Was muss ich über Pinselspitzen wissen?

▸ Wie kann ich selbst Pinselspitzen erzeugen und modifizieren?

▸ Wie werden Muster erzeugt?

3 Malen und färben

Bevor Sie sich an die eigentliche Bildbearbeitung heranmachen, sollten Sie sich einen Überblick über Farbwähler, Paletten und Pinsel verschaffen. Denn wenn Sie damit gut umgehen können, haben Sie es bei der späteren Bildbearbeitung oder der kreativen Zusammenstellung einer Bildkomposition wesentlich einfacher.

3.1 Farben einstellen

GIMP präsentiert in seinem Werkzeugkasten von Hause aus nur zwei Farben – nämlich Schwarz und Weiß. Dass Sie damit zunächst einmal nicht viel anfangen können, leuchtet ein. Einziger Trost: Es stehen fast 16,8 Millionen verschiedene Farben zur Disposition. Doch wo sind diese zu finden?

Vorder- und Hintergrundfarbe

Bei der Auswahl einer Farbe steht einmal mehr der Werkzeugkasten im Vordergrund. Unterhalb der Werkzeuge finden Sie nämlich die Schalter für die Vorder- und Hintergrundfarbe. Wenn Sie GIMP zum ersten Mal öffnen, sind sie mit schwarzer (Vordergrund) und weißer Farbe (Hintergrund) gefüllt.

Mit der Taste VORDERGRUNDFARBE ❶ erreichen Sie ebenso den Farbwähler wie mit dem Button HINTERGRUNDFARBE ❹. Über diesen stellen Sie dann die gewünschte Farbe ein.

Des Weiteren lassen sich Vorder- und Hintergrundfarbe durch einen Klick auf den 90°-Doppelpfeil ❷ miteinander vertauschen. Entsprechendes erreichen Sie auch mit [X] auf Ihrer Tastatur. Zudem müssen Sie wissen, dass Schwarz und Weiß als Standardfarben definiert sind (das ist vor allem bei der Maskierung sehr wichtig, wie Sie unter anderem in Kapitel 5 ab Seite 135 noch erfahren werden). Damit Sie die Farben aber nicht jedes Mal über

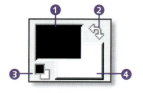

▲ **Abbildung 3.1**
Vorder- und Hintergrundfarbe im Werkzeugkasten

den Farbwähler neu einstellen müssen, reicht es, wenn Sie auf
STANDARDFARBEN ❸ klicken oder [D] auf Ihrer Tastatur betätigen.

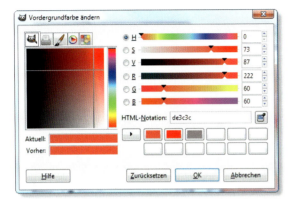

◂ **Abbildung 3.2**
Der Farbwähler sieht zunächst einmal befremdlich aus.

Wenn Sie auf dem Standpunkt stehen, dass Bücher grundsätzlich von Anfang an gelesen werden müssen, dann wissen Sie längst, wie sich die Farben (genauer gesagt die RGB-Farben) einstellen lassen. Wer diese Ansicht nicht teilt, der sollte jetzt hier zunächst abbrechen und sich Kapitel 1 widmen. Holen Sie das Verpasste auf Seite 39 im Abschnitt »RGB-Farben einstellen« von Kapitel 1 nach.

Farben aufnehmen

Grundsätzlich können Sie Farben mit dem Farbpipette-Werkzeug [O] aufnehmen, indem Sie mit der Spitze der Pipette auf den Farbbereich eines Fotos ❺ klicken. Die Vordergrundfarbe ❻ ändert sich im Anschluss entsprechend.

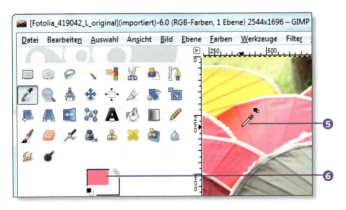

◂ **Abbildung 3.3**
Eine neue Vordergrundfarbe wurde festgelegt.

3 Malen und färben

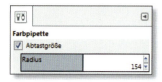

▲ **Abbildung 3.4**
Bei aktivierter ABTASTGRÖSSE werden Mischfarben aufgenommen.

Bei dieser Art der Aufnahme wird genau genau ein Farbpixel definiert. Wenn Sie das nicht möchten, sondern eine »Mischfarbe« aus angrenzenden Bildpixeln definieren wollen, müssen Sie vorab ABTASTGRÖSSE aktivieren und den Radius mit dem darunter befindlichem Regler festlegen. (Informationen zur Funktionsweise solcher Regler finden Sie im Abschnitt »Neue Regler« auf Seite 55.)

Dazu ein Beispiel: Stellen Sie sich vor, Sie klicken genau auf eine Kante zwischen Rot und Weiß. Bei deaktivierter ABTASTGRÖSSE werden Sie entweder Weiß oder Rot erwischen und demzufolge auch nur eine der beiden Farben aufnehmen. Haben Sie jedoch eine ABTASTGRÖSSE definiert, wird das Ergebnis eine Mischung aus Rot und Weiß sein.

Abbildung 3.5 ▶
Bei aktivierter ABTASTGRÖSSE wird Rosa aufgenommen, anderenfalls Weiß oder Rot.

Keine Abtastgröße

Verwenden Sie die Pipette des Farbwähler-Dialogs, stehen Ihnen im Gegensatz zum Farbpipetten-Werkzeug keine unterschiedlichen Abtastgrößen zur Verfügung.

Eine ähnliche Pipette steht auch innerhalb des Farbwählers zur Verfügung. Betätigen Sie hier die Pipette ❶, ist eine Farbaufnahme ebenfalls möglich – sogar außerhalb des Fotos.

Sobald Sie eine Farbe definiert haben, werden die Schieberegler im Farbwähler automatisch verstellt. Eine eingestellte Farbe lässt sich aber auch speichern, indem Sie den Schalter ❷ betätigen. Daraufhin wird sie dem Bereich der Farbliste (Schnellstart-Buttons ❸) hinzugefügt. Benötigen Sie die Farbe irgendwann erneut, reicht ein Mausklick auf einen der Farbbuttons.

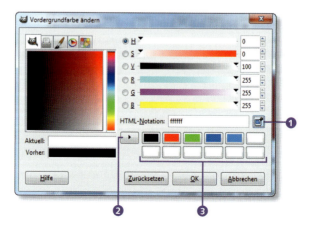

Abbildung 3.6 ▶
Die Farbaufnahme kann direkt aus dem Farbwähler heraus erfolgen.

80

3.2 Farbpaletten

Was aber, wenn Sie sich künstlerisch betätigen wollen und in kürzester Zeit Zugriff auf zahlreiche Farben haben wollen? Es wäre ja wirklich umständlich, jedes Mal eine neue Vordergrundfarbe definieren zu müssen. Für diesen Fall bringt GIMP noch eine überaus interessante Palette mit. Um sie sichtbar zu machen, gehen Sie auf Fenster • Andockbare Dialoge • Farben. Hier finden Sie alles, was Sie auch aus dem herkömmlichen Farbwähler heraus kennen, wie z. B. die Farbskala für die grobe Farbaufnahme ❺, die Feinabstimmung ❹, die Schalter für Vorder- und Hintergrundfarbe ❽, die Aufnahmepipette ❼ und sogar Tasten für die Einstellung der drei Grundfarben Rot, Grün und Blau ❻.

Register

Andere Farbbereiche wie z. B. CMYK-Farbe oder die Farbpaletten (siehe nebenstehenden Abschnitt) lassen sich aus dem Farbwähler heraus bequem aufrufen, indem Sie einen der Reiter oberhalb des großen Farbquadrats betätigen. Der linke Reiter bringt Sie stets zur Standardansicht zurück.

RGB-Schalter

Betätigen Sie einen der drei Grundfarben-Schalter ❻, wird im Spektralbalken ❺ die gewählte Grundfarbe ganz oben angezeigt. Nach unten hin verläuft diese Farbe dann in Richtung Schwarz.

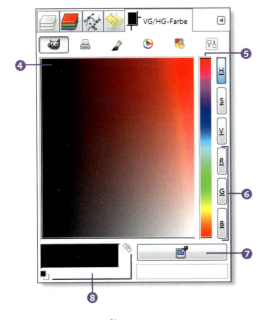

◄ Abbildung 3.7
Vorder- und Hintergrundfarbe als ständig geöffnete Palette

Paletteneditor

Eine weitere nützliche Palette aktivieren Sie über Fenster • Andockbare Dialoge • Paletten. Hierüber erreichen Sie eine prall gefüllte Sammlung unterschiedlichster Farbpaletten. Wollen Sie eine der angebotenen Paletten benutzen, doppelklicken Sie auf die gewünschte Zeile. Die Folge: Es öffnet sich eine neue Palette mit Farbsammlungen. Suchen Sie die Farbe mittels Mausklick aus, um sie als Vordergrundfarbe zu definieren.

3 Malen und färben

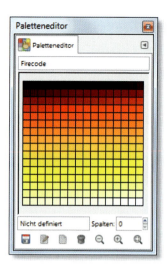

Abbildung 3.8 ▶
Die »Palettenbox« enthält zahlreiche Farbzusammenstellungen.

Abbildung 3.9 ▶▶
Hier wurde beispielhaft die Palette »Firecode« per Doppelklick geöffnet.

3.3 Pinsel und Füllwerkzeuge

Wer malen möchte, der benötigt auch Pinsel. Denn mit der bloßen Auswahl der korrekten Vordergrundfarbe ist es ja nicht getan. Irgendwie muss die Farbe ja auch auf das Bild gelangen.

Die Malwerkzeuge

Bevor wir uns mit der Praxis befassen, werden wir uns die grundlegenden Funktionen der Farbwerkzeuge ansehen. Folgendes müssen Sie bei der Arbeit mit den verschiedenen Malwerkzeugen allerdings unbedingt beachten: Malen Sie zum Beispiel mit dem Pinsel und roter Farbe auf Ihr Bild, werden die Pixel des Bildes direkt verändert. Speichern Sie das Bild ab, haben Sie quasi keine Möglichkeit mehr, den Pinselstrich wieder zu entfernen. (Es sei denn, Sie nutzen aufwendige Korrekturfunktionen.) Diese Art der Bildmanipulation wird auch als »destruktiv« bezeichnet. Wollen Sie »non-destruktiv« arbeiten, müssen Sie auf einer eigenen Ebene arbeiten (siehe dazu das Kapitel 5 oder den Abschnitt »Destruktiv oder non-destruktiv?« auf Seite 217).

Füllen | Shortcut ⇧+B. Das Füllen-Werkzeug entfaltet seine Stärken vor allem dann, wenn es darum geht, Bildbereiche umzufärben. Ziehen Sie eine Auswahl auf, und klicken Sie anschließend mit dem Füllen-Werkzeug in die Auswahl hinein. In diesem Fall wird die Auswahl mit der Vordergrundfarbe gefüllt. Halten Sie [Strg] gedrückt, füllt sich die Auswahl mit der Hintergrundfarbe.

Falls Sie zur Füllung ein Muster bevorzugen, sollten Sie den gleichnamigen Radio-Button ❶ im Werkzeugkasten aktivieren. Ehe Sie in die Auswahl hineinklicken, lässt sich das gewünschte Muster noch über die Taste ❷ anpassen. Noch ein Hinweis: Sollte keine Auswahl geöffnet sein und führen Sie den Mausklick auf einem Bild aus, wird dieser Farbbereich mit der aktuellen Vordergrundfarbe gefüllt. Damit lassen sich bisweilen interessante Effekte erzielen.

▲ Abbildung 3.10
Legen Sie das gewünschte Muster fest.

◄ Abbildung 3.11
Mut zur Veränderung! Ein Mausklick ins Foto bei aktiviertem Fülleimer und gelber Vordergrundfarbe überdeckt nur Teile des Bildes.

Farbverlauf | Shortcut [L]. Das Werkzeug FARBVERLAUF erzeugt einen weichen, laminaren Übergang von der Vordergrundfarbe zur Hintergrundfarbe. Klicken Sie dazu auf das Bild, halten Sie die Maustaste gedrückt, und bewegen Sie die Maus zur Seite. Anschließend lassen Sie los. Über die Richtung der Linie wird nun ein Verlauf von der Vordergrund- zur Hintergrundfarbe produziert. Dabei gilt: Je kürzer die Linie, desto härter der Übergang zwischen den beiden Farben. Wenn Sie möchten, dass der Verlauf exakt gerade ist, halten Sie während des Ziehens [Strg] gedrückt.

3 Malen und färben

Mit Verläufen maskieren

Dem Verlauf kommt eine besondere Bedeutung beim Maskieren von Ebenen zu. Dabei geht es nicht um die Erzeugung von Farben, sondern um Übergänge zwischen sichtbaren und nicht sichtbaren Bereichen eines Bildes. Was dahintersteckt, erfahren Sie im Abschnitt »Verlaufsmasken« auf Seite 138.

Zur Erzeugung eines Verlaufs gehen Sie so vor: Zunächst stellen Sie Vorder- und Hintergrundfarbe ein, wählen dann im unteren Bereich des Werkzeugkastens die Form ❶ (z. B. LINEAR, KREISFÖRMIG, QUADRATISCH) und ziehen zuletzt die bereits angesprochene Linie über das Bild.

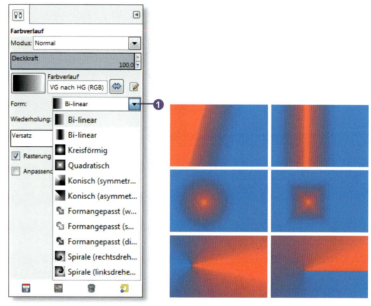

▲ **Abbildung 3.12**
Mit dem Steuerelement FORM legen Sie fest, wie der Verlauf am Ende aussehen soll.

▲ **Abbildung 3.13**
Sechs mögliche Verläufe – oben (von links nach rechts): LINEAR und BILINEAR; Mitte: KREISFÖRMIG und QUADRATISCH; unten: KONISCH (SYMMETRISCH) und KONISCH (ASYMMETRISCH)

Stift | Shortcut N. Halten Sie die Maustaste gedrückt, um mit dem STIFT eine Freihand-Linie in Vordergrundfarbe zu erzeugen. Wünschen Sie exakt gerade Linien, müssen Sie ⇧ gedrückt halten und an jedem Knick lediglich einen kurzen Mausklick ausführen. Den Stift-Durchmesser stellen Sie mit dem Steuerelement GRÖSSE im Werkzeugkasten ein.

Pinsel | Shortcut P. Der PINSEL funktioniert prinzipiell wie der STIFT, wobei sich mit dem PINSEL weichere Kanten erzeugen lassen. (Siehe hierzu auch den nächsten Abschnitt, »Malwerkzeug einstellen«.)

84

Radierer | Shortcut ⇧+E. Mit dem RADIERER lassen sich zuvor gezeichnete Linien oder Objekte ganz oder teilweise entfernen. Wischen Sie dazu mit gedrückter Maustaste darüber. Tipp: Wenn Sie ⇧ gedrückt halten und statt zu wischen nur einzelne Punkte setzen, lassen sich exakte Geraden aus einem Objekt herausradieren.

Sprühpistole | Shortcut A. Die SPRÜHPISTOLE funktioniert prinzipiell genauso wie der PINSEL. Allerdings sind das Handling sowie das Ergebnis einer echten Sprühpistole weitgehend nachempfunden. So reagiert das Werkzeug beispielsweise drucksensitiv. Klicken Sie nur kurz auf das Bild, wird weniger Farbe aufgetragen, als wenn Sie die Maustaste länger betätigen. (Am besten lässt sich das nachvollziehen, indem Sie die Pinselspitze über das Steuerelement GRÖSSE zuvor vergrößern.) Die Sensitivität wird auch bei Bewegungen nachempfunden. Je schneller Sie das Werkzeug bewegen, desto weniger Farbe wird aufgetragen.

◂ **Abbildung 3.14**
Unten wurde das Werkzeug sehr viel schneller bewegt als oben.

Tinte | Shortcut K. Dieses Werkzeug kann auch als Füllhalter oder Kalligraphiepinsel bezeichnet werden. Auf diese Weise erzeugte Striche muten an, als seien sie mit einem Füllfederhalter gezeichnet worden.

Malwerkzeug einstellen

Nachdem Sie eines der Farb- bzw. Malwerkzeuge (STIFT, PINSEL, SPRÜHPISTOLE, TINTE und auch RADIERER) ausgewählt haben, können Sie es mit Hilfe der Werkzeugeinstellungen im unteren Bereich des Werkzeugkastens näher definieren. Hier ist zunächst einmal die Zeile PINSEL interessant (gleich unterhalb des Deck-

3 Malen und färben

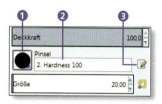

▲ **Abbildung 3.15**
Bei »100« verfügt die Spitze über maximale Härte.

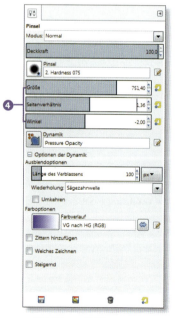

▲ **Abbildung 3.16**
Die drei Schieberegler erlauben eine detailreiche Einstellung.

kraft-Reglers), mit der sich eine Vorauswahl treffen lässt. Ein Klick auf das Symbol ❶ auf der linken Seite offenbart eine Liste potentieller Spitzen. Der Name des Pinsels taucht nach Anwahl im Eingabefeld ❷ daneben auf. Es gilt seit GIMP 2.8: Pinsel, auf denen eine Härte (»Hardness«) kleiner 100 angegeben ist, verfügen über weiche Ränder. Je kleiner die Zahl, desto größer der Übergang, sprich: desto weicher die Spitze. Erst bei einer »Hardness« (Härte) von 100 sind die Ränder der Spitze wirklich klar konturiert.

Interessant ist auch noch das kleine Blatt-Symbol ❸ in dieser Zeile (ganz rechts). Ein Klick darauf bringt Sie nämlich direkt zum Pinsel-Editor. Nähere Hinweise dazu gibt es im Abschnitt »Der Pinsel-Editor im Detail« ab Seite 93 dieses Kapitels.)

Neu in GIMP 2.8 ist zudem, dass sich zum Schieberegler GRÖSSE (vor GIMP 2.8 SKALIEREN) jetzt auch SEITENVERHÄLTNIS und WINKEL ❹ hinzugesellen. Mit GRÖSSE regeln Sie den Durchmesser des Pinsels, während das SEITENVERHÄLTNIS eine Stauchung oder Streckung ermöglicht. Hier gilt grundsätzlich: Bei einem Wert von 1,00 ist der Pinsel exakt kreisförmig. Höhere Werte ziehen den Pinsel in die Breite und verringern gleichzeitig seine Höhe. Das ist genau umgekehrt, wenn Sie den Regler nach links ziehen und so mit Werten kleiner 1,00 bestücken. Der WINKEL letztendlich ist nur dann interessant, wenn Sie ein SEITENVERHÄLTNIS < > 1,00 einstellen. Dann nämlich lässt sich die Spitze stufenlos drehen. Weitere wichtige Einstelloptionen bei den Malwerkzeugen sind:

▸ MODUS: Wirkungsweise des Werkzeugs. Nur im Modus NORMAL ist die Farbe vollkommen deckend. Weitere Hinweise zu den Modi finden Sie in Kapitel 5, »Ebenen«, ab Seite 134.)

▸ DECKKRAFT: Hiermit regeln Sie, wie stark deckend das Werkzeug arbeiten soll. Bei 100 % wird voller Farbauftrag erreicht, bei 0 % ist das Ergebnis vollkommen transparent.

▸ OPTIONEN DER DYNAMIK: Während des Malens mit dem PINSEL ist die Deckkraft entlang des Malstriches geringer (siehe auch den folgenden Abschnitt).

▸ ZITTERN HINZUFÜGEN: Der Pinselstrich erfolgt auf seiner Länge nicht mehr durchgehend gerade, sondern bewegt sich quer zur Zeichenrichtung permanent mit. Der Regler MENGE, der nach Aktivierung der Checkbox auftaucht, regelt die Intensität des Zitterns.

▸ WEICHES ZEICHNEN: Die Striche werden weicher.

▸ STEIGERND: Diese Option sorgt dafür, dass die Deckkraft beim mehrfachen Überpinseln einer bestimmten Stelle kontinuierlich erhöht wird. Sinnvoll ist dies eigentlich nur, wenn Sie mit verringerter DECKKRAFT arbeiten.

Pinseldynamiken

Lassen Sie mich noch einmal kurz auf den in Version 2.8 stark erweiterten Bereich DYNAMIK eingehen. Hier können Sie zahllose Definitionen in Sachen Wirkungsweise eines Pinsels treffen. Die meisten der dort angebotenen Funktionen lassen sich nur mit einem Grafiktablett erreichen, einige aber auch mit der Maus. (Leider fehlte zum Zeitpunkt der Erstellung dieses Buches eine deutsche Übersetzung. Ob diese nachgereicht wird, ist fraglich, denn auch die Pinselspitzen haben seit Jahren keine deutsche Entsprechung bekommen.)

Betätigen Sie das kleine Plus-Symbol vor OPTIONEN DER DYNAMIK (nach einem Klick mutiert es zum Minus-Symbol) ❻, lässt sich festlegen, wie ein Pinselstrich zum Ende hin verblassen soll ❼ (Grafiktablett). Weitere Einstellbereiche gibt es unter ❺. Dann wäre da noch das Blatt-Symbol ❽ eine Erwähnung wert. Dieses ist dem Button ❺ vorzuziehen, da hierüber der EDITOR FÜR ZEICHENDYNAMIK zugänglich wird; und der hat es in sich. Die Maler unter Ihnen werden ihre helle Freude daran haben.

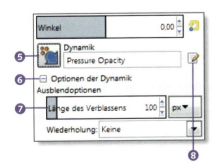

◂◂ **Abbildung 3.17**
Mit der Dynamik bestimmen Sie, wie der Pinsel während seiner Benutzung reagieren soll.

◂ **Abbildung 3.18**
Hier lassen sich zahllose zusätzliche Funktionen aktivieren.

3 Malen und färben

Die Kästchen sind ausgegraut und nicht anwählbar? Dann muss die Funktion zuerst aktiviert werden. Das geht über BEARBEITEN • EINSTELLUNGEN. Setzen Sie einen Klick auf das Plus-Symbol ❶ vor dem Eintrag ORDNER ganz unten links. Scrollen Sie etwas weiter herunter und betätigen Sie DYNAMIK ❷. Zuletzt aktivieren Sie alle in der Mitte des Fensters gelistete Checkboxen ❸. Bestätigen Sie mit OK und starten Sie GIMP neu.

Abbildung 3.19 ▶
Damit sich alle Pinselspitzen einstellen lassen, aktivieren Sie die angebotenen Checkboxen.

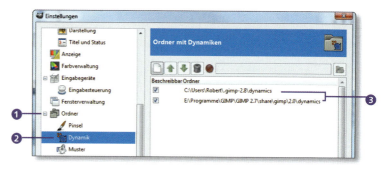

▲ **Abbildung 3.20**
Oben: Normaler Pinselstrich. Mitte: Die Deckkraft ist zufällig gewählt (mal stärker, mal schwächer). Unten: Der Pinsel wird dünner, je schneller das Eingabegerät bewegt wird.

Danach lassen sich durch Aktivierung der verschiedenen Checkboxen unterschiedliche Resultate erzielen. Ein paar Beispiele: Aktivieren Sie in der Zeile DECKKRAFT (oberste) die Checkbox ZUFALL, bedeutet das: GIMP entscheidet per Zufallsgenerator, welche Stärke gerade verwendet wird. Wenn Sie zusätzlich noch festlegen, dass die GRÖSSE durch die GESCHWINDIGKEIT beeinflusst werden soll (zweite Checkbox in Zeile 2), erreichen Sie mit unterschiedlichen Malgeschwindigkeiten auch unterschiedliche Pinselgrößen.

Feinabstimmung

Im Pulldown-Menü oberhalb der Checkboxen (standardmäßig steht dieses auf ABBILDUNGSMATRIX) kann auf bestimmte Funktionen umgeschaltet werden (z. B. DECKKRAFT). Danach lassen sich die Auswirkungen auf die Deckkraft während des Malens mittels Kurve präzise steuern.

3.4 Der Pinsel-Editor

Der Pinsel-Editor befindet sich in der Regel bereits auf der Arbeitsoberfläche (und zwar im Palettenbereich) und muss nicht extra aktiviert werden. Sollte er wider Erwarten nicht zu finden sein, betätigen Sie [Strg]+[⇧]+[B] oder gehen über FENSTER • ANDOCKBARE DIALOGE • PINSEL.

Über den Pinsel-Editor haben Sie bequem Zugriff auf die zahlreichen vorinstallierten Pinselspitzen von GIMP. Die Anzeige im Editor gibt dabei Aufschluss über die Art des Farbauftrags der jeweiligen Spitze. Hier unterscheidet man nämlich zwischen normalen, farbigen und animierten Pinselspitzen.

Der Pinsel-Editor 3.4

Normale Pinselspitzen

Suchen Sie zunächst ein Malwerkzeug aus (z. B. den PINSEL), und wählen Sie anschließend im Pinsel-Editor die gewünschte Pinselspitze (das geht im Übrigen auch im Feld PINSEL des Werkzeugkastens). Zuletzt stellen Sie den Pinsel im unteren Bereich des Werkzeugkastens wunschgemäß ein. Wenn Sie jetzt mit gedrückter Maustaste über das Bild oder eine neue, leere Datei fahren, wird die Farbe in der aktuell eingestellten Vordergrundfarbe aufgetragen.

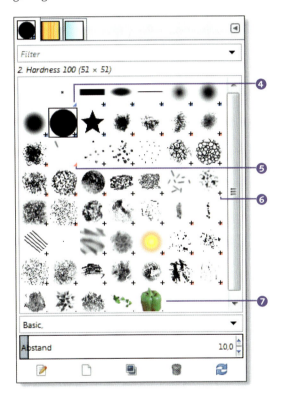

◄ Abbildung 3.21
Der Pinsel-Editor

Dies gilt zumindest für die normalen Pinselspitzen, also jene, die innerhalb des Pinsel-Editors schwarz oder grau sind. Wenn eine Spitze an ihrer unteren rechten Ecke mit einem kleinen blauen Dreieck ❹ versehen ist, heißt das: Der Pinsel wird in seiner tatsächlichen Größe dargestellt. Ist dort ein Kreuz ❻ zu sehen, wird die Spitze kleiner dargestellt, kann aber durch Anklicken und Festhalten der Maus in Originalgröße angezeigt werden. Die rote Ecke ❺ indes deutet auf animierte Spitzen hin. Dazu gleich mehr.

89

Farbige Pinselspitzen

Weiter unten finden sich aber auch noch farbige Symbole ❼. Auch dabei handelt es sich um Pinselspitzen. Bei diesen Spitzen ist es in der Regel unerheblich, welche Vordergrundfarbe eingestellt ist; sie behalten ihre eigenen Farben bei. Das ist zum Beispiel bei der Paprikaschote (PEPPER) oder dem Wein (VINE) der Fall.

◄ **Abbildung 3.22**
Normale und farbige Spitzen können Sie wahllos kombinieren.

Animierte Pinselspitzen

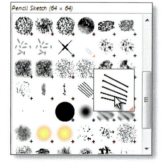

▲ **Abbildung 3.23**
Das überlagernde Symbol zeigt, in welcher Art und Weise die Animation stattfindet.

Zunächst einmal ist eine herkömmliche Pinselspitze starr, das bedeutet: Sie verändert ihre Struktur während des Malens nicht. Das ist bei den »animierten« Spitzen anders. Diese können sich z. B. während des Malens drehen oder ihre Dichte oder ihre Größe verändern. Eine animierte Spitze erkennen Sie stets an einem roten Dreieck in der unteren rechten Ecke. Klicken Sie eines dieser Werkzeuge innerhalb des Pinsel-Editors an, und halten Sie die Maustaste gedrückt. Daraufhin zeigt sich eine kleine Animation, die die Veränderung der Spitze während des Malens repräsentiert. Sämtliche Einstellungen nehmen Sie wie gewohnt im unteren Bereich des Werkzeugkastens vor.

Pinselspitzen anpassen

Nun ist es ja ganz nett, dass GIMP mit zahlreichen unterschiedlichen Pinselspitzen aufwartet und Sie diese zudem individuell im Werkzeugkasten einstellen können. So verändern Sie beispielsweise den Durchmesser der Spitze, indem Sie den Regler GRÖSSE entsprechend verschieben. Woher bekommen Sie aber neue, zusätzliche Pinselspitzen? Spitzen können Sie aus dem Internet herunterladen, mit Freunden und Bekannten tauschen, oder selbst welche erstellen. Hierbei müssen Sie wiederum unterscheiden, ob Sie eine Spitze auf Grundlage einer bereits vorhandenen produzieren wollen (also eine modifizierte) oder eine komplett neue Spitze. Beides bespreche ich in diesem Kapitel, wobei wir aber mit der ersten Variante beginnen.

Abstand verändern

Jede Spitze kann mit Hilfe des Reglers ABSTAND (im Pinsel-Editor) verändert werden. Vergrößern Sie den Abstand, entstehen zwischen den einzelnen Pinselobjekten größere Lücken.

Schritt für Schritt
Eine modifizierte Pinselspitze erstellen

Zunächst suchen Sie im Pinsel-Editor eine Spitze aus, die als Grundlage dienen soll. Diese speichern wir dann in diesem kurzen Workshop modifiziert ab.

1 Spitze aussuchen

Markieren Sie die gewünschte Spitze im Pinsel-Editor mit einfachem Mausklick ❷ – im Beispiel ist das »Hardness 050 (51 × 51)« ❶. Danach betätigen Sie die Schaltfläche EINEN NEUEN PINSEL ERSTELLEN ❸ in der Fußleiste der Palette.

Benennung von Pinselspitzen

Leider sind die Pinselspitzen in GIMP nicht auf allen Systemen gleich benannt. So findet sich statt »Hardness 050 (51 × 51)« manchmal die Bezeichnung »Round Fuzzy« oder »Circle Fuzzy«. Es kann also sein, dass die Bezeichnung auch bei Ihnen abweicht. Vergleichen Sie dann bitte einfach die Einstellungen, um die richtige Pinselspitze zu finden.

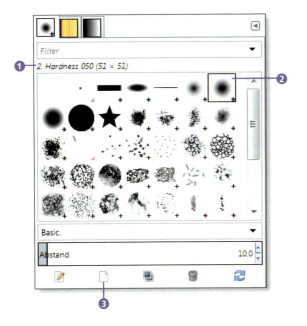

◄ **Abbildung 3.24**
Der neue Pinsel wird auf Grundlage des zuvor markierten erstellt.

2 Namen vergeben

Zunächst sollten Sie der Spitze eine aussagekräftige Bezeichnung verpassen. Im Beispiel verwenden wir »Weicher Stern«.

3 Spitze einstellen

Als Nächstes können Sie die einzelnen Parameter im unteren Bereich des Dialogs verändern. Klicken Sie in der Zeile FORM zunächst auf das Symbol ganz rechts (die Raute). Vergrößern Sie den RADIUS auf etwa 20, und ziehen Sie den Regler SPITZEN so weit nach rechts, bis im nebenstehenden Eingabefeld die Zahl 8 erscheint. Zuletzt nehmen Sie die HÄRTE noch auf etwa 0,35 zurück. Beides funktioniert am besten mit der Feineinstellung (siehe Seite 55).

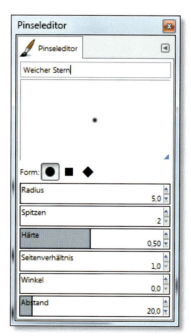

▲ Abbildung 3.25
Benennen Sie Ihre Spitzen aussagekräftig.

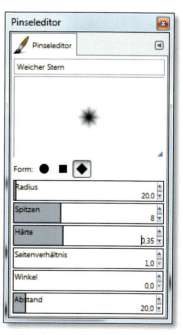

▲ Abbildung 3.26
Fertig ist die Spitze.

4 Spitze fertigstellen

Sie müssen jetzt nichts weiter tun, als den Dialog zu schließen. Fortan gesellt sich Ihre neu erstellte Spitze zu den anderen und kann dort aktiviert werden, wann immer sie benötigt wird.

3.4 Der Pinsel-Editor

◀ **Abbildung 3.27**
Ein neuer Stern am Spitzen-Himmel

5 Optional: Spitze editieren

Sollten Sie irgendwann feststellen, dass Sie die Spitze doch noch einmal überarbeiten müssen, betätigen Sie den linken Button in der Fußleiste des Pinsel-Editors (DIESEN PINSEL BEARBEITEN). Alternativ reicht auch ein Doppelklick auf die Spitzenminiatur. Jetzt können Sie die zuvor getroffenen Einstellungen ändern.

Der Pinsel-Editor im Detail

Für den Fall, dass Sie nicht ganz sicher sind, was der eine oder andere Schieberegler innerhalb des Pinsel-Editors bewirkt, hier noch einmal eine kurze Zusammenfassung:

▸ FORM: Wählen Sie aus einer der drei Grundformen Kreis, Quadrat und Raute die Form, die der gewünschten Spitze am ehesten entspricht.
▸ RADIUS: Hierüber verändern Sie die Größe der Pinselspitze (wobei Sie einen Radius festlegen müssen). Ein Beispiel: Legen Sie eine runde Spitze mit einem RADIUS von 50 Pixeln an, um einen Durchmesser von 100 Pixeln zu erhalten.
▸ SPITZEN: Bei Verwendung von Quadrat und Raute können Sie die Anzahl der Ecken (Spitzen) festlegen, über die der Pinsel verfügen soll (siehe vorangegangenen Workshop).
▸ HÄRTE: Bestimmen Sie, ob die Spitze eine härtere oder weichere Kante haben soll. Je mehr Sie sich dem Wert 0,00 nähern, desto weicher wird der Rand der Spitze. Bei einem Wert von 1,00 ist die Pinselkante hart.
▸ SEITENVERHÄLTNIS: Wer exzentrische Formen mag, kann mit Hilfe dieses Reglers die Spitze seitlich verzerren. Ein Wert grö-

Vorhandene Spitzen editieren

Die oben beschriebene Vorgehensweise funktioniert übrigens nur mit neu erstellten Spitzen. Wenn Sie den Pinsel-Editor einer Original-GIMP-Spitze mit PINSEL BEARBEITEN öffnen, erscheinen alle Steuerelemente ausgegraut. Das soll sicherstellen, dass der ursprüngliche Fundus erhalten bleibt. Wenn Sie also eine Originalsspitze ändern wollen, müssen Sie grundsätzlich zunächst eine neue Spitze erstellen.

▲ **Abbildung 3.28**
Bei Originalspitzen sind alle Steuerelemente deaktiviert.

3 Malen und färben

ßer 0 zieht die Spitze in die Breite, ohne ihre Höhe zu verändern. (Beachten Sie in diesem Zusammenhang auch den Regler WINKEL.)

▶ WINKEL: Hiermit lässt sich die Spitze drehen. Eine derartige Aktion ergibt meist nur dann Sinn, wenn Sie die Spitze zuvor mit Hilfe des Reglers SEITENVERHÄLTNIS verändert haben.

▶ ABSTAND: Beeinflussen Sie die Abstände, die während des Malens mit der Spitze zwischen zwei Pinselobjekten berücksichtigt werden sollen. (Hinweis: Der ABSTAND lässt sich auch nach Fertigstellung der Spitze noch über den gleichnamigen Regler innerhalb des Pinsel-Editors verändern.)

Pinsel weitergeben

Eventuell abweichende Bezeichnung

Sollten Sie bereits eine Vorgängerversion installiert haben (z. B. GIMP 2.7), so legt die Anwendung je nach Betriebssystem eventuell keinen neuen Versionsordner an. In diesem Fall lautet der Ordnername dann nicht GIMP-2.8, sondern trägt den Namen der zuletzt installierten Version.

Sicher interessieren Sie sich dafür, wo auf Ihrem Rechner denn die Pinsel überhaupt gelagert sind. Nun, darauf gibt es mehrere Antworten. Auch hier ist nämlich zwischen Original- und erzeugten Spitzen zu unterscheiden. Die vorhandenen Pinsel, also die von Hause aus mitgelieferten, befinden sich unter …

▶ **Windows**: [LAUFWERKSBUCHSTABE]:/PROGRAMME/GIMP/ GIMP(VERSIONSNUMMER)/SHARE/GIMP/2.0/BRUSHES/

▶ **Mac**: Hier müssen Sie zunächst in den Programmordner gehen (APPLICATIONS) und dann einen Rechtsklick auf GIMP 2. APP setzen. Im Kontextmenü wählen Sie PAKETINHALT ANZEIGEN. Danach geht es so weiter: CONTENTS/RESOURCES/SHARE/ GIMP/2.0/BRUSHES.

Dort befinden sich Dateien mit den Endungen *.vbr*, die die Standardpinsel repräsentieren, und *.gbr*, die für farbige Pinsel stehen. Außerdem lassen sich Endungen des Typs *.gih* ausfindig machen. Das sind die animierten Spitzen.

Selbsterstellte Pinsel werden im Gegensatz zu den mitgelieferten standardmäßig in den Benutzerdaten abgelegt. Der Pfad zum Pinsel, den wir im letzten Workshop angelegt haben, heißt gemeinhin so:

▶ **Windows**: [LAUFWERKSBUCHSTABE STAMMLAUFWERK]:/BENUTZER/[BENUTZERNAME]/.GIMP-2.8/BRUSHES/WEICHER-STERN.VBR

▶ **Mac**: MAC/LIBRARY/APPLICATION SUPPORT/GIMP/BRUSHES/ WEICHER-STERN.VBR

Externe Pinsel integrieren

Sollten Sie den Pinsel im vorangegangenen Workshop nicht produziert haben, aber dennoch an seinem Besitz interessiert sein, dann überweisen Sie mir bitte ... nein, natürlich nicht. Sie finden ihn auf der Buch-DVD im Ordner PLUG-INS UND SKRIPTE, Unterordner BRUSHES, und dürfen ihn gern in den Zielordner Ihrer persönlichen GIMP-Installation integrieren (siehe den oben angegebenen Pfad). Allerdings sollten Sie GIMP schließen und wieder öffnen, damit der Pinsel auch innerhalb des Pinsel-Editors angezeigt wird.

Eigene Pinselspitzen erstellen

Nicht immer will man sich nun aber an dem orientieren, was andere schon gemacht haben. Kein Problem – Ihrer Kreativität in Sachen Pinselspitzen sind in GIMP keine Grenzen gesetzt, denn Sie können auch ohne Problem komplett bei Null beginnen und eine eigene Pinselspitze kreieren.

»Weicher-Stern.vbr«

Schritt für Schritt
Eine komplett neue Pinselspitze erstellen

Nachdem Sie im vorangegangenen Workshop eine Pinselspitze modifiziert haben, interessiert es Sie doch bestimmt auch, wie Sie eine komplett neue Spitze erstellen – und zwar ohne Zuhilfenahme einer bereits vorhandenen.

1   Neue Datei erzeugen
Zunächst benötigen Sie eine neue Bilddatei, weshalb Sie über DATEI • NEU gehen sollten. Im Bereich BILDGRÖSSE legen Sie 250 × 250 px fest. Klicken Sie zudem auf das kleine Plus-Symbol vor ERWEITERTE EINSTELLUNGEN.

2   Hintergrund ändern
Bevor Sie den Dialog nun mit OK verlassen, müssen Sie unbedingt noch die FÜLLUNG verändern (damit gemeint ist die Farbe des Hintergrunds). Diese darf nämlich in unserem Beispiel nicht farbig sein. Klicken Sie auf das nebenstehende Selektionsfeld, und

Beide Werte ändern

Solange das Ketten-Symbol rechts neben den Eingabefeldern für Breite und Höhe aktiv ist (Standardeinstellung), wird bei Eingabe eines der beiden Werte der andere synchron verändert. Diese Änderung »sehen« Sie allerdings erst, nachdem Sie das Eingabefeld verlassen haben (z. B. mit Betätigung von ⇥).

stellen Sie dort TRANSPARENZ ein. (Wenn Sie mögen, dürfen Sie sich auch im Bereich KOMMENTAR noch verewigen.)

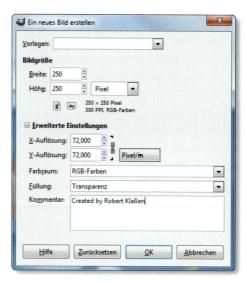

Abbildung 3.29 ▶
Das sind die korrekten Einstellungen zur Erzeugung einer Pinselspitze.

3 Form erzeugen

Jetzt geht es an die Produktion der Spitze. Stellen Sie eine beliebige Pinselspitze ein, und malen Sie damit auf der transparenten Fläche des Bildes. (Hier habe ich die zuvor erzeugte Spitze »Weicher Stern« verwendet.)

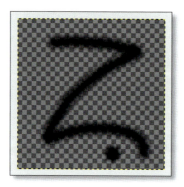

Nehmen Sie doch, was Sie wollen!

Sie müssen nicht unbedingt Pinselstriche verwenden. Sie könnten auch Formen und sogar Teile eines Fotos einfügen. Allerdings muss sich alles, was später die Pinselspitze ausmachen soll, auf der Arbeitsfläche befinden.

Abbildung 3.30 ▶
So könnte die neue Spitze aussehen.

4 In Pinsel umwandeln

Nun haben Sie zwar ein wunderschönes Bild erzeugt, aber mit einem Pinsel hat das noch nicht viel zu tun. Deswegen müssen Sie nun noch so vorgehen: Wählen Sie die gesamte Fläche aus (entweder [Strg]+[A] oder AUSWAHL • ALLES), und befördern Sie den Inhalt in die Zwischenablage. Entweder drücken Sie dazu [Strg]+[C], oder Sie betätigen BEARBEITEN • KOPIEREN. Anschließend entscheiden Sie sich für BEARBEITEN • EINFÜGEN ALS • NEUER PINSEL.

5 Pinsel anlegen

Danach haben Sie noch einen allerletzten Dialog zu bewältigen. Darin sollten Sie die Spitze zunächst aussagekräftig benennen (PINSELNAME) sowie über DATEINAME festlegen, wie die Spitze auf der Festplatte heißen soll. Mein Tipp: Lassen Sie Leerzeichen, Umlaute und dergleichen weg, und verzichten Sie auch auf Großschreibung. (Dann gibt es beim Austausch von Pinselspitzen mit anderen Usern zumeist keine Probleme.) Stellen Sie zuletzt noch den ABSTAND ein, und betätigen Sie anschließend OK.

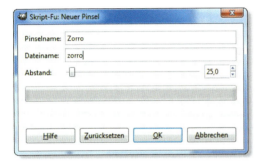

◀ **Abbildung 3.31**
Voilà, der Zorro-Pinsel ist fertig.

Nun wird der Pinsel kurz gespeichert und sogleich ausgewählt. Jetzt müssen Sie nur noch eine neue Datei erzeugen oder ein Foto öffnen und können gleich loslegen.

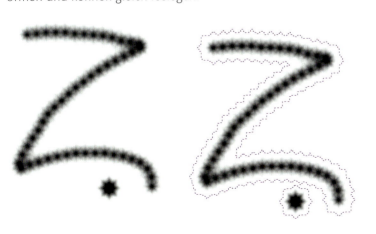

◀ **Abbildung 3.32**
Jeder Mausklick und jeder Wisch projiziert die neue Spitze auf das Dokument.

3 Malen und färben

»zorro.gbr« integrieren

Wollen Sie den besagten Pinsel von der beiliegenden DVD integrieren? Dann ziehen Sie ihn in den oben angegebenen Ordner BRUSHES auf Ihrem Computer. Weitere Hinweise zur Integration von Pinseln finden Sie im Abschnitt »Externe Pinsel integrieren« auf Seite 95.

6 Pinsel wiederfinden

Der Pinsel wird im Übrigen dauerhaft angelegt. Sie müssen also nicht befürchten, dass er nur temporär zur Verfügung steht (so wie das bei Kopien in der Zwischenablage ja gewöhnlich der Fall ist). Selbst wenn Sie GIMP schließen und wieder öffnen, bleibt der Pinsel erhalten. Und wo ist die Pinseldatei abgeblieben? Sie befindet sich in Ihrem persönlichen Pinselverzeichnis, dessen Pfad Sie ja bereits kennen, und nennt sich »zorro.gbr«.

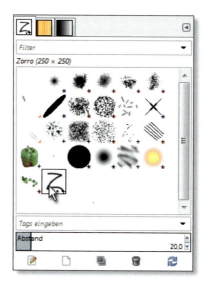

Abbildung 3.33 ▶
Auch nach einem Neustart ist der Pinsel noch vorhanden – allerdings wurde er alphabetisch eingeordnet.

3.5 Muster

Ähnlich wie Farben und Formen eines Pinsels lassen sich auch zuvor definierte Muster problemlos auf eine Bildebene (oder einen zuvor erzeugten Auswahlbereich) auftragen. Aber wie Sie sich denken können, ist damit noch längst nicht Schluss – denn selbstverständlich sind Sie mit GIMP auch imstande, eigene Muster zu produzieren.

Muster-Grundlagen

Raster- und Listenansicht

In der standardmäßig aktivierten Rasteransicht ❺ sehen Sie lediglich kleine Quadrate. Wenn Sie jedoch gleichzeitig die Bezeichnungen der einzelnen Muster einsehen wollen, schalten Sie um auf die Listenansicht ❹.

Sie haben verschiedene Möglichkeiten, eine Bildebene mit Mustern zu versehen. Die einfachste ist zweifellos die Tastenkombination Strg + ⇧ + . . Alternativ entscheiden Sie sich für BEAR-

BEITEN • MIT MUSTER FÜLLEN. Allerdings haben Sie hier keinen Einfluss darauf, welches Muster erzeugt wird.

Deswegen ist diese Methode nur dann interessant, wenn Sie zuvor das gewünschte Muster eingestellt haben. Und das geht so: Aktivieren Sie das Füllen-Werkzeug ([⇧]+[B]), und betätigen Sie den Radio-Button MUSTER ❶ weiter unten im Werkzeugkasten. Wenn Sie jetzt noch auf das aktuell eingestellte Muster ❷ klicken, erhalten Sie eine Palette mit weiteren Vorgaben, von denen Sie eine beliebige Miniatur anklicken können (im Beispiel »Dried mud« ❸). Da das Füllen-Tool bereits aktiv ist, können Sie einen einfarbigen Hintergrund damit anklicken und die Fläche füllen. Ebenfalls denkbar ist, dass Sie zuvor eine neue Ebene erzeugen und/oder eine Auswahl aufziehen. Dann erstreckt sich die Füllung lediglich auf den ausgewählten Bereich. (Mehr zu Auswahlen finden Sie im folgenden Kapitel.)

Ein Muster klonen

Ohne der Thematik jetzt schon vorgreifen zu wollen (das Klonen-Werkzeug bespreche ich ausführlich in Abschnitt 10.1, »Klonen – Bildbereiche vervielfältigen«), soll an dieser Stelle der Hinweis nicht fehlen, dass sich auch das Klonen-Werkzeug auf Muster umstellen lässt. Damit können Sie dann Muster punktuell in das Bild »hineinstempeln« bzw. »hineinmalen«.

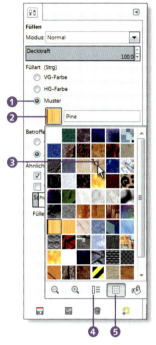

▲ **Abbildung 3.34**
GIMP bringt von Hause aus schon jede Menge Muster mit.

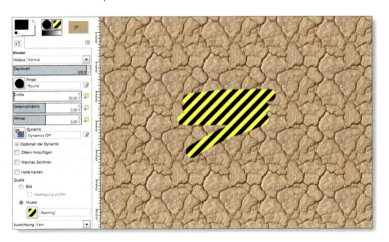

▲ **Abbildung 3.35**
Hier wird das Kaffee-Muster »Java« mit dem Klonen-Tool aufgetragen.

3 Malen und färben

Ein Muster erzeugen

Arbeiten Sie ein wenig mit den zur Verfügung stehenden Mustern. Sie werden überrascht sein, was sich damit so alles herstellen lässt. Genau wie bei den Pinseln wollen wir hier aber noch eins draufsetzen, indem wir eigene Muster erzeugen.

Schritt für Schritt
Ein eigenes Muster erzeugen

Erst durch die Tatsache, dass sich in GIMP auch eigene Muster anlegen lassen, werden Sie wirklich unabhängig bei der Produktion von Mustern, Hintergründen und Flächen.

1 Neue Datei erzeugen
Zuallererst benötigen Sie wieder eine neue, leere Datei. Gehen Sie daher über DATEI • NEU, und erstellen Sie eine Datei in der Größe von 500 × 500 Px. Öffnen Sie ERWEITERTE EINSTELLUNGEN, setzen Sie die AUFLÖSUNG auf 300 PIXEL/IN, und setzen Sie die FÜLLUNG auf WEISS. Bestätigen Sie mit OK.

Abbildung 3.36 ▶
Diese Parameter sollen für das neue Muster gelten.

2 Pinsel einstellen
Aktivieren Sie das Pinsel-Werkzeug, und wählen Sie die Spitze SPARKS, die im MODUS: NORMAL bei 100% DECKKRAFT und einer

100

GRÖSSE von 60,00 ❷ vorliegen sollte. Das ist die Standardgröße. Sollte ein anderer Wert ausgewiesen sein (weil Sie vielleicht zuvor mit einer anderen Pinselspitzen-Größe gearbeitet haben), betätigen Sie den Button GRÖSSE AUF DIE NATIVE GRÖSSE DES PINSELS ZURÜCKSETZEN ❶.

3   Bild ausmalen

Fahren Sie jetzt mit gedrückter Maustaste kreuz und quer über das Foto, und sorgen Sie so dafür, dass immer mehr Luftbläschen erzeugt werden. Lediglich am Rand sollten Sie diese nach Möglichkeit richtig fett auftragen, so dass keine weißen Bereiche mehr übrig bleiben.

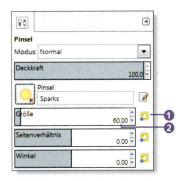

▲ Abbildung 3.37
Die Spitze »Sparks« ist genau die richtige.

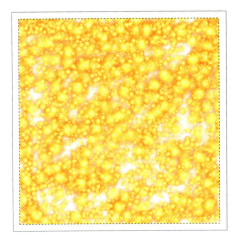

◄ Abbildung 3.38
Eine derartige Anordnung der Luftbläschen ist für unser Muster vollkommen in Ordnung.

4   Speicherort auswählen

Jetzt gilt es noch, die Datei zu speichern. Dazu gehen Sie zunächst über DATEI • EXPORTIEREN. Jetzt müssen Sie noch den Zielordner aussuchen. Dazu sollten Sie Ihre persönlichen GIMP-Einstellungen verwenden. Der Pfad unter Windows lautet: [LAUFWERKS-BUCHSTABE DES STAMMLAUFWERKS]:/BENUTZER/[BENUTZERNAME]/.GIMP-2.8/. Darin enthalten ist ein Ordner mit dem Namen PATTERNS. Genau dort wollen wir das gute Stück nun ablegen. Mac-User gehen indes über MAC/LIBRARY/APPLICATION SUPPORT/GIMP/PATTERNS.

Bevor Sie jetzt aber auf EXPORTIEREN klicken, müssen Sie die Musterdatei noch ordentlich benennen (im Beispiel »sparklings«) und mit der Dateiendung *.pat* versehen. Letzteres erledigen Sie

Kachelung beachten

Ein Muster besteht in GIMP zwar prinzipiell nur aus einer einzelnen Bilddatei, jedoch werden die Bilder wiederholt, wenn die Arbeitsfläche größer ist als das Muster. Da das Muster aus diesem Grund bei Bedarf gekachelt wird, kommt es zwischen den einzelnen Kacheln zu unschönen Übergängen. Deswegen ist es sinnvoll, die Ränder nach Möglichkeit entweder komplett frei zu lassen oder sie vollständig zu übermalen.

3 Malen und färben

Alternativer Speicherort
Alternativ zum zuvor genannten Speicherort können Sie auch den Programmordner von GIMP benutzen. Sie finden ihn auf dem Laufwerk, auf dem GIMP installiert ist, unter PROGRAMME\GIMP\GIMP-2.8\SHARE\GIMP\2.0\PATTERNS. (Manchmal findet sich der PATTERNS-Ordner auch unter PROGRAMME\GIMP 2\SHARE\GIMP\2.0\PATTERNS)

entweder durch Direkteingabe im Feld NAME oder mit Hilfe der Anwahl von GIMP-MUSTER (PAT) aus der DATEITYP-Liste.

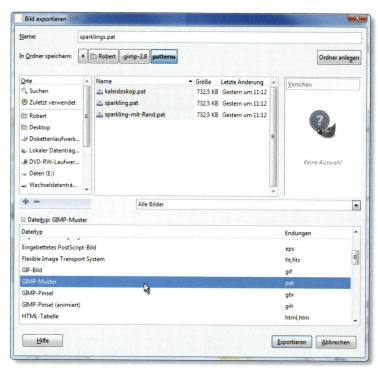

▲ Abbildung 3.39
GIMP-Muster (sogenannte »Patterns«) tragen die Dateiendung .pat.

Andere Formate möglich
Neben .pat-Dateien dürfen Sie auch andere Formate wie z. B. JPEG, GIF, BMP, TIFF oder PNG verwenden. Allerdings entspricht die Dateiendung .pat einem Standard, der es Ihnen erlaubt, Musterdateien an der Endung zu erkennen. Und da bestimmte Patterns sogar aus anderen Programmen wie z. B. Photoshop integriert werden können, ist es sinnvoll, die Konvention einzuhalten und bei .pat zu bleiben.

5 Dialog bestätigen

Nun fragt GIMP noch einmal nach einer BESCHREIBUNG, wobei »GIMP Pattern« vorgegeben wird. Falls Ihnen das nicht aussagekräftig genug ist, wählen Sie eine sprechendere Beschreibung. Bestätigen Sie mit EXPORTIEREN.

▲ Abbildung 3.40
GIMP fragt nach einer Beschreibung für das Muster.

102

6 GIMP aktualisieren

Nun müssen Sie die Anwendung noch aktualisieren. Anderenfalls kann das neue Muster nämlich nicht angezeigt werden. Dazu können Sie GIMP komplett schließen und anschließend erneut starten, oder Sie öffnen nach Aktivierung der MUSTER-Palette die kleine Dreieck-Schaltfläche rechts (Palettenmenü). Im nächsten Schritt gehen Sie auf MUSTERMENÜ • MUSTER NEU LADEN.

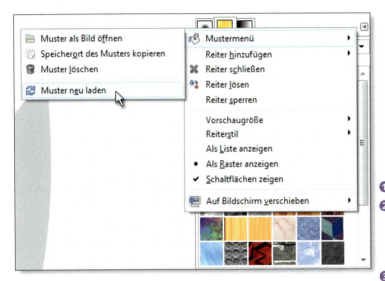

◄ Abbildung 3.41
Bevor es weitergeht, aktualisieren Sie die MUSTER-Palette.

7 Muster benutzen

Erzeugen Sie eine neue Datei (beispielsweise 2.000 × 2.000 Pixel bei 72 PIXEL/IN), und aktivieren Sie das Füllen-Werkzeug. Schalten Sie es um auf MUSTER ❶, und öffnen Sie die Liste aller Muster, indem Sie auf das kleine Vorschau-Quadrat ❷ klicken. Dort in der Liste sollten Sie dann auch das neue Pattern finden ❸. Sobald Sie diesen Button betätigen, wird auch die zuvor vergebene Beschreibung angezeigt.

▲ Abbildung 3.42
Genau dort verbirgt sich das neue Muster.

8 Bildfläche füllen

Zuletzt klicken Sie mit dem Füllen-Werkzeug einmal auf die soeben erzeugte Bildfläche – und schon ist das Muster aufgebracht. Wenn Sie mögen, erzeugen Sie noch ein zweites Muster. Lassen Sie beim Erstellen des Patterns aber diesmal den Rand frei. Das ist eine interessante Alternative.

3 Malen und färben

Abbildung 3.43 ▶
So etwa sieht das Muster aus, wenn Sie die Schritte exakt nachvollzogen haben.

Abbildung 3.44 ▶▶
Hätten Sie vorab die Ränder freigelassen, würde sich das Muster nun derart darstellen.

Muster nachbearbeiten

Die Problematik bei Mustern und den damit verbundenen Kacheln wird deutlich, wenn Sie sich die letzten beiden Abbildungen ansehen. Die Musterbildung findet sich übrigens nicht nur in »unserem« Muster, sondern auch in allen bereits in GIMP integrierten. (Dort sind sie zum Teil noch erheblich auffälliger.) Daher ist grundsätzlich zu empfehlen, die Übergänge nach Füllung der Fläche noch mit einem Klonen-Werkzeug zu überarbeiten. Hinweise zum Klonen-Werkzeug finden Sie in Abschnitt 10.1, »Klonen – Bildbereiche vervielfältigen«.

Abbildung 3.45 ▶
Nach der Bearbeitung mit dem Kopierstempel sieht die Fläche viel unregelmäßiger und somit natürlicher aus.

Auswählen und freistellen
Bildelemente gekonnt voneinander trennen

- Wie funktionieren die Auswahlwerkzeuge?
- Wie kombiniere ich Auswahlbereiche?
- Wie werden Objekte freigestellt?
- Wie verbinde ich Bilder miteinander?
- Wie funktioniert die Schnellmaskierung?
- Wie gehe ich mit dem Auswahl-Editor um?

4 Auswählen und freistellen

Meist sind es nur bestimmte Bereiche eines Fotos, die wirklich interessant sind. Wenn Sie diese Bereiche erhalten und alle anderen entfernen wollen, müssen Sie Auswahlen einsetzen. »Freistellen« nennt sich das Trennen von relevanten und redundanten Bildelementen. Die erforderlichen Techniken dazu beschreibe ich in diesem Kapitel.

4.1 Die Auswahlwerkzeuge

Wie Sie ja bereits dem Werkzeug-Überblick aus Kapitel 2 entnehmen konnten, dienen Auswahlwerkzeuge zumeist dazu, bestimmte Bereiche eines Fotos auszusuchen, zu markieren und separiert von den nicht ausgewählten Bereichen zu bearbeiten.

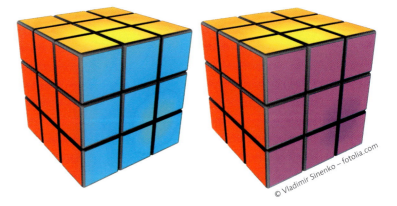

Abbildung 4.1 ▶
Falls Sie, wie hier, nur die Frontflächen des Würfels verändern wollten, müssten Sie von diesen Bereichen vorab eine Auswahl erzeugen.

Zunächst wollen wir einen Blick auf die unterschiedlichen Tools werfen, die für solche Zwecke bereitgestellt werden. Sie wählen sie entweder per Klick auf das Icon im Werkzeugkasten oder per Shortcut aus, klicken dann auf das Bild, halten die Maustaste gedrückt und ziehen die Maus ein wenig zur Seite. Sobald Sie loslassen, steht die Auswahl.

Die Auswahlwerkzeuge 4.1

Rechteckige Auswahl

Mit diesem Werkzeug – Shortcut [R] – lassen sich einzelne rechteckige oder quadratische Bildelemente auswählen. Die nicht ausgewählten Bereiche (außerhalb der Auswahl) bleiben dadurch von einer weiteren Bearbeitung ausgenommen.

Und so erzeugen Sie eine Auswahl: Klicken Sie auf das Bild, halten Sie die Maustaste gedrückt, und verschieben Sie die Maus. Wenn der dadurch erzeugte Rahmen (der sogenannte Auswahlrahmen) Ihren Wünschen entspricht, lassen Sie die Maustaste los.

Wenn Sie beim Aufziehen des Rechtecks übrigens [⇧] gedrückt halten, erzeugen Sie immer ein Rechteck im Seitenverhältnis der Datei. Verantwortlich dafür sind die Einstellungen im Bereich FEST ❶. Wollen Sie anstelle eines Rechtecks ein exaktes Quadrat produzieren, aktivieren Sie FEST und drücken [⇧], *bevor* Sie mit dem Aufziehen der Auswahl beginnen. Bei festgehaltener Taste [Alt] lässt sich die fertige Auswahl nach Wunsch mit gedrückter Maustaste verschieben.

Auswahl aufheben

Grundsätzlich lassen sich sämtliche Auswahlen wieder aufheben, indem Sie die Tastenkombination [Strg]+[⇧]+[A] drücken oder im Menü des Bildfensters AUSWAHL • NICHTS betätigen.

▲ Abbildung 4.2
Bevor Sie eine Auswahl erstellen, müssen Sie in den Werkzeugeinstellungen festlegen, über welche Eigenschaften die Auswahl verfügen soll.

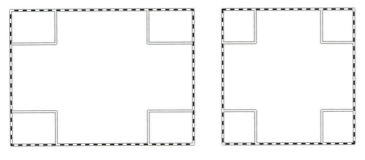

▲ Abbildung 4.3
Sie können ein Rechteck oder ein exaktes Quadrat erzeugen.

Wollen Sie die Auswahl nachträglich verändern (vergrößern oder verkleinern), klicken Sie in eine der quadratischen Ecken und verziehen die Auswahl (erneut mit gedrückter linker Maustaste) nach Wunsch.

Elliptische Auswahl

Mit dem Werkzeug ELLIPTISCHE AUSWAHL – Shortcut [E] – erzeugen Sie eine Auswahl in Form einer Ellipse. [⇧] beim Aufziehen der Ellipse bewirkt, dass Sie einen exakten Kreis produzieren.

107

Auch hier müssen Sie die Taste drücken, bevor Sie mit dem Aufziehen beginnen. Verschieben Sie den Kreis oder die Ellipse, indem Sie [Alt] gedrückt halten und die Maus mit gedrückter Maustaste entsprechend bewegen. Auch bei elliptischen Auswahlen zeigen sich quadratische Ecken, mit denen Sie den Kreis bzw. die Ellipse nachträglich verändern können.

Freie Auswahl

Mit diesem Werkzeug – Shortcut [F] – lassen sich Formen erzeugen, die mit einer Rechteck- oder Ellipsen-Auswahl nicht erstellt werden können. Wegen seines Icons im Programm wird es auch oft als »Lasso« bezeichnet. Wenn Sie die Maustaste gedrückt halten und dann über das Bild fahren, wird eine freihändige Auswahl erzeugt. Lassen Sie die Maustaste erst dann wieder los, wenn Sie den Ausgangspunkt erreicht haben (der Mauszeiger wird dann um zwei ineinander verschlungene Kreise erweitert), oder führen Sie nach dem Loslassen noch einen Doppelklick aus, damit sich die Auswahl schließt. – Führen Sie hingegen nur kurze Mausklicks aus und bewegen die Maustaste anschließend weiter, werden Sie eine Auswahl mit Geraden erzeugen.

Abbildung 4.4 ▶
Die rechte Auswahl ist noch offen. Führen Sie in diesem Fall einen letzten Mausklick am Startpunkt ❶ aus.

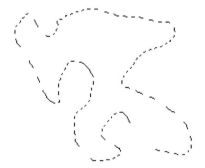
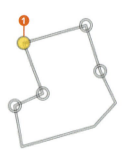

Zauberstab

Klicken Sie mit dem Zauberstab – Shortcut [U] – auf die Farbfläche eines Bildes, um diesen Farbton sowie angrenzende Farbbereiche aufzunehmen und in eine Auswahl zu konvertieren. Halten Sie [⇧] gedrückt und klicken Sie auf nicht ausgewählte Bereiche, um weitere Farbbereiche aufzunehmen. So lässt sich eine bereits vorhandene Auswahl komplettieren. Mit ⟨Alt⟩ können Sie die Auswahl zudem verschieben.

◄ **Abbildung 4.5**
Lückenhafte Auswahlen sehen aus wie blinkende diagonale Linien.

Nach Farbe auswählen

Dieses Werkzeug – Shortcut ⟨⇧⟩+⟨O⟩ – funktioniert ähnlich wie der ZAUBERSTAB, wobei hier allerdings nicht nur die Farben aufgenommen werden, die an die Klickstelle angrenzen, sondern alle ähnlichen Farben innerhalb des Bildes.

Magnetische Schere

Die MAGNETISCHE SCHERE – Shortcut ⟨I⟩ – ist in der Lage, selbstständig eine Kante zu finden und entlang dieser eine Auswahl zu erzeugen. Klicken Sie mit diesem Werkzeug eine kontrastierende Kante (also erkennbare Farbunterschiede) in kleinen Abständen an, und vervollständigen Sie so die Kontur. Auch hier können Sie die Auswahl später schießen, indem Sie den Ausgangspunkt erneut markieren. (Der Mauszeiger wird dann um zwei ineinander verschlungene Kreise erweitert.) Falls die Kontur nicht korrekt verlaufen ist, positionieren Sie einen bereits platzierten Punkt per Drag & Drop neu.

4 Auswählen und freistellen

Abbildung 4.6 ▶
Der Pfad hangelt sich automatisch an der Kontur entlang.

Vordergrundauswahl

Dieses Werkzeug – (ohne Shortcut) – eignet sich zum Extrahieren bestimmter Bildobjekte. Nach Aktivierung des Werkzeugs müssen Sie zunächst eine Auswahl anlegen ❶. Im nächsten Schritt überfahren Sie den Bereich, der erhalten bleiben soll ❷. (Solange die Maustaste gedrückt ist, zeichnet der Auswahlpinsel mit aktuell eingestellter Vordergrundfarbe.) Sollten Sie feststellen, dass Sie versehentlich zu viel übermalt haben – also Bereiche mit aufgenommen haben, die eigentlich gar nicht in die Auswahl gehören –, halten Sie [Strg] gedrückt und übermalen die Stelle noch einmal. (Der Pinsel malt dabei mit aktuell gewählter Hintergrundfarbe.) Sobald Sie die [↵]-Taste drücken, beginnt GIMP mit der Extrahierung, die je nach Bildgröße mehr oder weniger Zeit in Anspruch nehmen kann.

Abbildung 4.7 ▶
Die Extrahierung geschieht in drei Schritten.

4.2 Auswahlgrundlagen

GIMP stellt Ihnen also eine Menge an verschiedenen Auswahlwerkzeugen zur Verfügung. Darüber hinaus gibt es aber Möglichkeiten, einmal erstellte Auswahlen zu verfeinern und zu modifizieren.

Auswahlen kombinieren

Sicher ist Ihnen bereits aufgefallen, dass sich generell nur eine einzige Auswahl erstellen lässt. Erzeugen Sie eine zweite, wird die erste auf wundersame Weise gelöscht. Das soll natürlich nicht sein, denn immerhin soll es ja auch möglich sein, Auswahlen zu kombinieren. Deswegen ist der Modus besonders wichtig, der sich im unteren Bereich des Werkzeugkastens befindet.

Ist dort der erste Schalter (Aktuelle Auswahl ersetzen ❸) aktiv, werden Sie immer nur eine einzige Auswahl produzieren können. Schalten Sie jedoch um auf Zur aktuellen Auswahl hinzufügen ❹, ist dieses Problem gelöst. Jetzt können Sie so viele Auswahlen erzeugen, wie Sie wollen. Doch Vorsicht: Wechseln Sie das Auswahlwerkzeug, kann es sein, dass für dieses noch der erste Schalter aktiv ist. Deswegen sollten Sie nach jedem Werkzeugwechsel prüfen, ob tatsächlich der zweite Button gedrückt ist. In diesem Fall lassen sich dann übrigens auch, um nur ein Beispiel zu nennen, rechteckige und elliptische Auswahlen beliebig miteinander kombinieren.

◀ Abbildung 4.8
Wenn die zweite Taste gedrückt ist, lassen sich beliebige Auswahlen kombinieren.

- Von der aktuellen Auswahl abziehen ❺: Wenn der dritte Button aktiv ist, entfernen Sie mit einer neuen Auswahl Bereiche von einer bereits vorhandenen.
- Auswahlschnittmenge bilden ❻: Ziehen Sie eine neue Auswahl über Teilen einer bereits vorhandenen auf, bleibt schluss-

endlich nur das erhalten, was innerhalb beider Auswahlen gelegen hat – die Schnittmenge also.

Auswahl füllen

Lassen Sie uns anhand eines einfachen Beispiels ansehen, was Sie mit einer Auswahl machen können und wie Sie eine Auswahlfläche mit einer Farbe füllen. Wer also noch nie mit einer Auswahl gearbeitet hat, der wird mit dem folgenden Mini-Workshop einen ersten Kontakt mit einer solchen aufnehmen.

Schritt für Schritt
Eine Auswahl färben

Das Beispiel soll aufzeigen, wie Sie Auswahl und Farbe miteinander kombinieren.

1 Neue Datei erzeugen

Erzeugen Sie zunächst eine neue Datei (DATEI • NEU). Die Abmessungen spielen keine Rolle, wobei Sie jedoch ein Minimum von 400 × 400 px nicht unterschreiten sollten.

2 Hintergrund färben

Klicken Sie im Werkzeugkasten auf die Farbfläche für die Vordergrundfarbe, und legen Sie hier eine Farbe Ihrer Wahl fest (im Beispiel: R = 0, G = 120, B = 255). Bestätigen Sie mit OK. Danach aktivieren Sie das Füllen-Werkzeug und klicken damit einmal auf das Bild. Daraufhin sollte sich der gesamte Hintergrund blau einfärben.

3 Auswahl erzeugen und füllen

Produzieren Sie jetzt eine Auswahl (hier Quadrat und Kreis kombiniert), und stellen Sie eine andere Vordergrundfarbe ein (z. B. Grün). Danach aktivieren Sie abermals das Füllen-Tool und klicken in die Auswahl hinein.

»Erste Auswahl.png« im Ordner ERGEBNISSE

4 Auswahl aufheben

Zuletzt müssen Sie die Auswahl noch aufheben, indem Sie [Strg]+[⇧]+[A] betätigen oder im Menü AUSWAHL • NICHTS aufrufen. (Das Resultat finden Sie der Vollständigkeit halber unter dem Namen »Erste Auswahl.png« im Ordner ERGEBNISSE.)

◀ Abbildung 4.9
Der zuvor ausgewählte Bereich ist gefüllt, und die Auswahl wurde anschließend aufgehoben (sprich: deaktiviert).

Weiche Auswahlkanten

Es bleibt zu bemängeln, dass die Kanten scharf und hart sind. Was ist zu tun, wenn die Übergänge eher weich sein sollen? Dazu verfügen sämtliche Auswahlwerkzeuge über die Checkbox KANTEN AUSBLENDEN. Allerdings müssen Sie stets daran denken, diese Option zu aktivieren, *bevor* Sie die Auswahl erzeugen. Ansonsten funktioniert es nicht. – Sobald Sie die Checkbox betätigen, taucht darunter ein Schieberegler auf, mit dessen Hilfe Sie den RADIUS des Übergangs beeinflussen. Hier gilt: Je größer der Wert, desto weicher der Übergang.

Abgerundete Ecken (nur Rechteck-Werkzeug)

Das Aktivieren der Checkbox ABGERUNDETE ECKEN hat ebenfalls zur Folge, dass sich ein Regler RADIUS zeigt. Mit ihm bestimmen Sie dann, wie stark die Ecken eines Quadrats abgerundet werden sollen. Damit allein werden aber keine weichen Übergänge definiert. Im Gegenteil: Die Kante bleibt hart. Allerdings lässt sich die Funktion jederzeit mit KANTEN AUSBLENDEN kombinieren.

◀ Abbildung 4.10
Nach Aktivierung von KANTEN AUSBLENDEN wird der Regler RADIUS sichtbar.

◀ Abbildung 4.11
Hier sehen Sie schön den weichen Übergang bei noch aktiver Auswahlkante.

Auswahl in bestimmter Größe

Mit den bislang beschriebenen Möglichkeiten sind Sie leider nicht in der Lage, eine Auswahl in einer ganz bestimmten Größe oder einem zuvor festgelegten Seitenverhältnis anzulegen. Deswegen sind den Grundform-Werkzeugen Rechteck und Ellipse auch entsprechende Steuerelemente beigelegt worden. Damit gelingt das Einhalten bestimmter Abmessungen. Voraussetzung ist aber auch hier, dass Sie die Einstellungen vornehmen, *bevor* Sie die Auswahl erzeugen. Beginnen Sie damit, die Checkbox FEST ❶ zu aktivieren. Denn nur das gewährleistet, dass die folgenden Einstellungen auch tatsächlich übernommen werden.

Als Nächstes bestimmen Sie über das Pulldown-Menü ❸, ob Sie ein SEITENVERHÄLTNIS, die GRÖSSE oder nur BREITE bzw. HÖHE angeben wollen. Schalten Sie um auf GRÖSSE, lässt sich sowohl die Breite als auch die Höhe festlegen. Das ist die exakteste Art der Größenbestimmung.

Legen Sie in ❸ die BREITE oder die HÖHE an, ist die jeweils andere Maßeinheit frei wählbar. Wenn Sie also beispielsweise bestimmen, dass die Auswahl nur 100 Pixel breit werden darf, würde dies beim Aufziehen der Auswahl genau eingehalten. Die HÖHE ließe sich hingegen frei wählen.

Im Eingabefeld unterhalb ❷ geben Sie dann das Maß ein, das anschließend verwendet werden soll. Mit den Tasten HOCHFORMAT und QUERFORMAT ❹ können Sie die Ausrichtung noch ändern. Das funktioniert sogar nachträglich. Ebenso lassen sich die unterhalb befindlichen Steuerelemente (POSITION) ebenfalls nachträglich noch bedienen. So können Sie die Auswahl nach der Erzeugung noch punktgenau verschieben.

▲ **Abbildung 4.12**
Die Checkbox findet sich nur innerhalb der beiden ersten Auswahl-Tools.

Bildbereiche auswählen und transferieren

Sie haben zwischenzeitlich erfahren, dass Sie Auswahlbereiche einfärben und verändern können. Doch jetzt ist es an der Zeit, einen direkten Bezug zur Fotografie herzustellen. Denn immerhin wollen Sie ja auch die Reize einer bewussten Bildmanipulation mit Hilfe von Auswahlen kennenlernen. Dazu möchte ich Ihnen zwei aufeinander aufbauende Workshops anbieten. Im ersten werden wir eine Blume freistellen, die wir dann im zweiten auf ein anderes Bild projiziert werden.

Auswahlgrundlagen 4.2

Schritt für Schritt
Eine Blume freistellen und in ein anderes Bild montieren

Nehmen Sie sich zunächst die Datei »Histogramm.jpg« vor. Bei diesem Foto soll die Blüte mitsamt Stängel vom Hintergrund abgelöst werden. Nun haben Sie verschiedene Möglichkeiten, diese Aufgabe zu lösen. Sie könnten beispielsweise mit der MAGNETISCHEN SCHERE um die Blüte herumfahren und mit zahlreichen Mausklicks eine Umrandung erzeugen. Doch das ist viel zu aufwendig.

»Histogramm.jpg«

◀ **Abbildung 4.13**
So sähe die Umrandung aus, wenn Sie die MAGNETISCHE SCHERE genommen hätten. Das ist zwar eine Möglichkeit, dauert aber viel zu lange.

Magnetische Schere

Wenn Sie dieses Werkzeug einsetzen, müssen Sie zahlreiche Mausklicks entlang der Kante setzen. Sollte die Linie nicht so verlaufen, wie Sie das wünschen, können Sie jederzeit Zwischenpunkte platzieren, was für eine Korrektur der Linienführung sorgt. Wenn Sie fertig sind (wieder am ersten Punkt angekommen), klicken Sie einmal in den inneren Bereich der Umrandung. Das führt dazu, dass diese in eine Auswahl umgewandelt wird.

1 Werkzeug einstellen

Wir verwenden hier zunächst das Werkzeug NACH FARBE AUSWÄHLEN ❼. Bevor Sie es anwenden, sollten Sie noch folgende Einstellungen vornehmen: Aktivieren Sie (sofern nicht bereits geschehen) KANTEN GLÄTTEN ❽. Das sorgt für schöne Rundungen an den ausgewählten Bereichen. Dann ziehen Sie den Regler SCHWELLWERT ❻ auf etwa 20 bis 23. Zuletzt aktivieren Sie den Taster ZUR AKTUELLEN AUSWAHL HINZUFÜGEN ❺, den Sie im Bereich MODUS finden.

115

4 Auswählen und freistellen

> **Schwellwert**
>
> Damit legen Sie fest, wie ähnlich die Farben sein dürfen bzw. müssen, um aufgenommen zu werden (z. B. Hellblau zu Mittelblau). Je geringer der Wert, desto weniger ähnliche Farben werden mit aufgenommen.

Abbildung 4.14 ▶
Mit diesen Einstellungen kann es weitergehen.

2 Erste Auswahl erzeugen

Auch an dieser Stelle gibt es wieder zwei mögliche Vorgehensweisen. Entweder Sie nehmen das Objekt selbst auf, oder Sie konzentrieren sich zunächst auf den Hintergrund. Letzteres erscheint hier einfacher, da das Blau gleichmäßiger ist als das Weiß der Blüte. Deswegen sollten Sie jetzt einmal ziemlich weit oben links auf den Hintergrund klicken.

Abbildung 4.15 ▶
Der obere Teil des Hintergrunds ist bereits ausgewählt.

116

3 Auswahl komplettieren

Da Sie ja im Vorfeld bereits den Modus geändert hatten (Zur aktuellen Auswahl hinzufügen), müssen Sie nicht befürchten, dass die ursprüngliche Auswahl verlorengeht, wenn Sie jetzt weitere Bereiche per Mausklick selektieren. Klicken Sie also auf unterschiedliche Stellen des Hintergrunds (auch das Weiß der Wolken nicht vergessen!), bis Ihre Auswahl in etwa so aussieht wie in Abbildung 4.16.

Auswahl korrigieren

Sollten Sie sich einmal »verklickt« haben, widerrufen Sie den letzten Schritt mit [Strg]+[Z] oder wählen Bearbeiten • Rückgängig. Eine weitere Alternative wäre, kurzzeitig den Modus zu wechseln (Von der aktuellen Auswahl abziehen) bzw. [Strg] gedrückt zu halten und die fälschlicherweise mit aufgenommenen Farbbereiche erneut anzuklicken.

◀ Abbildung 4.16
Der Himmel ist komplett ausgewählt.

4 Das Gras hinzufügen

Jetzt soll das Gras noch zur Auswahl hinzugefügt werden, da wir es ebenfalls nicht mehr benötigen. Hier machen wir es uns jedoch ganz einfach: Aktivieren Sie das Auswahlrechteck im Modus Zur aktuellen Auswahl hinzufügen, und ziehen Sie kleine Rechtecke vom Himmel aus in Richtung untere Bildbegrenzung.

◀ Abbildung 4.17
So verschwindet auch das Gras Stück für Stück.

Wiederholen Sie diesen Schritt auch an anderen Stellen des Grases. Achten Sie jedoch stets darauf, dass Sie das neue Rechteck außerhalb des aktiven Rechteckrahmens aufziehen, da Sie den Auswahlrahmen ansonsten nur verschieben würden. Alternativ klicken Sie kurz auf den grauen Rahmen außerhalb des Bildes. Das verwirft die letzte Auswahlkontur. Je mehr Sie sich der Blume nähern, desto vorsichtiger müssen Sie vorgehen; denn immerhin soll dem Blütenstängel ja nichts passieren. Eventuell arbeiten Sie dicht am Stängel besser mit einer Auswahlellipse (ebenfalls im Hinzufügen-Modus).

Abbildung 4.18 ▶
Am Ende sollte die Auswahl so aussehen.

5 Auswahl umkehren

Natürlich haben wir der Einfachheit halber alle Bereiche aufgenommen, die *nicht* benötigt werden (nämlich den Himmel). Deswegen muss die Auswahl nun noch umgekehrt werden. Dazu gehen Sie auf AUSWAHL • INVERTIEREN oder betätigen [Strg]+[I].

»Auswahlmaske.xcf« im Ordner ERGEBNISSE

Die fertige Auswahl finden Sie im ERGEBNISSE-Ordner. Dort heißt die Datei »Auswahlmaske.xcf«. Bevor Sie diese jedoch benutzen, sollten Sie den Abschnitt »Auswahl speichern« auf Seite 120 lesen.

6 Auswahlbereich kopieren

Jetzt sorgen Sie dafür, dass der ausgewählte Bereich in die Zwischenablage befördert wird. Das gelingt mit Hilfe von BEARBEITEN • KOPIEREN oder [Strg]+[C].

Auswahlgrundlagen **4.2**

7 Auswahl übertragen

Öffnen Sie das Foto »Rad.jpg«, und gehen Sie in das Menü BEARBEITEN. Entscheiden Sie sich für EINFÜGEN ALS • NEUE EBENE.

»Rad.jpg«

◀ **Abbildung 4.19**
Die ausgewählte Blüte taucht oben links im Foto auf.

Als neues Bild einfügen

Wenn Sie BEARBEITEN • EINFÜGEN ALS • NEUES BILD wählen, wird eine komplett neue Datei erzeugt, in der nur der ausgewählte Bereich zu finden ist. Der Hintergrund ist transparent, was Sie am Schachbrettmuster erkennen). Wenn Sie zusätzlich eine solche Bilddatei anlegen und das Ergebnis speichern, können Sie das Objekt auch in Zukunft schnell einsetzen, ohne es vorab freistellen zu müssen.

8 Blüte verschieben

Zuletzt aktivieren Sie das Verschieben-Werkzeug, klicken damit auf die Blüte, halten die Maustaste gedrückt und bewegen das Objekt an die gewünschte Position. Ich schlage vor, es so anzuordnen, dass es eine Einheit mit den kargen Grashalmen rechts neben dem Rad bildet.

9 Optional: Ebenen vereinen

Nun besteht unser Bild aus zwei Ebenen, nämlich dem Rad und der Blüte. Da wir uns zum gegenwärtigen Zeitpunkt jedoch noch keine Gedanken um Ebenen machen wollen, erzeugen wir aus beiden Teilen ein zusammenhängendes Bild. Entscheiden Sie sich für EBENE • NACH UNTEN VEREINEN. Dadurch ist die Blüte auch fortan gegen unbeabsichtigtes Verschieben geschützt. (Hinweise zu Ebenen finden Sie in Kapitel 5.)

»Rad-bearbeitet.jpg« im Ordner ERGEBNISSE

◀ **Abbildung 4.20**
Ein Hoffnungsschimmer! Die fertige Montage finden Sie im ERGEBNISSE-Ordner unter der Bezeichnung »Rad-bearbeitet.jpg«.

4 Auswählen und freistellen

▲ **Abbildung 4.21**
Hier ist eine Maske entstanden.

Auswahl speichern

Grundsätzlich ist es sinnvoll, eine komplizierte Auswahl auch zu speichern. Stellen Sie sich vor, Sie benötigen die Auswahl später noch einmal. Dann müssten Sie sie ja erst wieder mühsam erzeugen. Um dem zu entgehen, legen Sie erzeugte Auswahlbereiche als Kanal an. Und das geht so: Klicken Sie bei aktivierter Auswahl auf AUSWAHL • IN KANAL SPEICHERN. Danach können Sie die Auswahl über AUSWAHL • NICHTS verwerfen.

Gehen Sie anschließend einmal in die Kanäle-Palette (FENSTER • ANDOCKBARE DIALOGE • KANÄLE). Dort finden Sie dann neben den standardmäßig vorhandenen Farbkanälen (ROT, GRÜN und BLAU) einen weiteren Eintrag (AUSWAHLMASKE-KOPIE ❶).

In einer Maske bedeuten Schwarz und Weiß grundsätzlich: Was weiß ist, gehört dazu, was schwarz ist, bleibt außen vor. Sie erkennen also bereits an der Kontur, dass es sich bei dieser Maske um die Auswahl der Blüte handelt. Klicken Sie nun mit rechts auf diese Zeile ❶, können Sie zunächst einmal die KANALEIGENSCHAFTEN anwählen und dem Kanal einen aussagekräftigeren Namen geben. Darüber hinaus besteht die Möglichkeit, nach einem Rechtsklick AUSWAHL AUS KANAL zu selektieren. Genau das führt nämlich dazu, dass die zuvor mühsam erzeugte Auswahl im Bild wieder auftaucht. Nicht schlecht, oder?

◀ **Abbildung 4.22**
Auswahlkanäle sollten Sie sinnvoll betiteln.

▲ **Abbildung 4.23**
Mit diesem Befehl holen Sie die Auswahl wieder ins Bild zurück.

Bitte berücksichtigen Sie, dass Sie das Bild im hauseigenen Format *XCF* abspeichern müssen. *JPEG* beispielsweise unterstützt das Exportieren von zusätzlichen Kanälen nicht. Wenn Sie es dennoch versuchen, wird die Maske zerstört. Das Ergebnis ist davon abhängig, ob die Maske innerhalb der Kanäle-Palette vor dem Exportieren ausgewählt war oder nicht. Wenn nicht, wird die Bilddatei ohne Maske und Auswahl gespeichert. War die Maske hingegen ausgewählt, löst GIMP die Kanal-Datei auf und erzeugt ein Schwarzweißfoto in Form des ausgewählten Kanals. Anstelle einer RGB-Datei erhalten Sie jedoch nur ein Graustufen-Foto. Schauen Sie sich einmal »Maske.jpg« im ERGEBNISSE-Ordner an; dort wird es deutlich. Anstelle der RGB-Kanäle gibt es dort nur noch einen Graustufen-Kanal ❷. – Also lieber in *XCF* speichern!

»Maske.jpg« im Ordner ERGEBNISSE

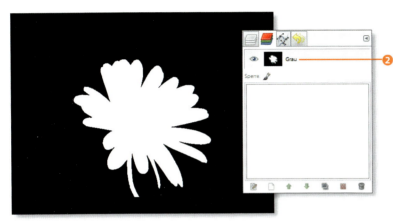

◀ **Abbildung 4.24**
Beim Exportieren wurden nicht nur die Grundfarben-Kanäle, sondern auch die Bildinhalte entfernt.

4.3 Die Schnellmaske

Mitunter ist es erforderlich, eine Auswahl auch nach ihrer Fertigstellung noch zu korrigieren. Nun ließe sich beispielsweise mit dem Werkzeug FREIE AUSWAHL arbeiten, das es ermöglicht, weitere Bereiche hinzuzufügen oder bereits aufgenommene wieder zu subtrahieren. Doch mitunter sind genau diese Stellen so empfindlich, dass hier eher der PINSEL weiterhelfen könnte als irgendein Auswahlwerkzeug. Für diese Fälle verfügt GIMP über eine sogenannte Schnellmaske. Diese rufen Sie auf, indem Sie entweder ⇧+Q drücken oder auf das kleine Quadrat unten links am Foto klicken.

◀ **Abbildung 4.25**
Hier erreichen Sie die Schnellmaske. Sobald Sie darauf klicken, mutiert der Schalter zu einem roten Rahmen. Das bedeutet: Schnellmaske aktiv!

4 Auswählen und freistellen

▲ **Abbildung 4.26**
Ändern Sie bei Bedarf die Maskenfarbe.

Innerhalb der Schnellmaske werden nicht ausgewählte Bereiche teiltransparent rot überdeckt. Nun kann es sein, dass gerade die rote Farbe überhaupt nicht passt. (Stellen Sie sich vor, Sie wollen ein Feuerwehrauto freistellen.) In diesem Fall weisen Sie den nicht ausgewählten Bereichen eine andere Farbe zu, indem Sie mit rechts auf den Schnellmaske-Taster klicken. Im Kontextmenü entscheiden Sie sich dann für FARBE UND DECKKRAFT FESTLEGEN. Klicken Sie im Folgedialog auf die Farbfläche, öffnet sich der Farbwähler, der eine neue Farbzuweisung ermöglicht.

Abbildung 4.27 ▶
Ein Klick auf diese Fläche bringt Sie in den bereits bekannten Farbwähler.

Schwarz und Weiß vertauschen

Sie können schnell zwischen schwarzer und weißer Vordergrundfarbe wechseln, indem Sie ⌧ drücken. So müssen Sie das Bild nicht extra verlassen, um im Werkzeugkasten umzuschalten. Sollten Schwarz und Weiß gerade nicht eingestellt sein, reicht die Betätigung von ⒟ auf Ihrer Tastatur.

Zuletzt müssen wir noch klären, wie Sie die Auswahlbereiche ausdehnen oder verringern. Dazu nehmen Sie das Pinsel-Werkzeug und malen mit weißer Vordergrundfarbe über die Bildbereiche, die Sie demaskieren wollen, und mit schwarzer Vordergrundfarbe, wenn Sie maskieren möchten. Zuletzt klicken Sie abermals auf das kleine Maskierungsquadrat unten rechts, um von der Schnellmaske zur Auswahl zurückzukehren.

Abbildung 4.28 ▶
Rot eingefärbte Bereiche gehören nicht zur Auswahl, können aber mit weißer Vordergrundfarbe hinzugefügt werden.

4.4 Der Auswahleditor

Zuletzt möchte ich noch kurz den AUSWAHLEDITOR ansprechen, den Sie über das Menü AUSWAHL erreichen. Mit ihm lässt sich eine vorhandene Auswahl zwar nur bedingt bearbeiten, jedoch finden Sie dort jederzeit eine aktuelle Maskenansicht der vorhandenen Auswahl (nicht im Schnellmasken-Modus, sondern nur im Auswahlmodus) sowie zahlreiche Schaltflächen, die die Arbeit mit Auswahlen erleichtern.

Aufnahme in der Maskenansicht

Die Maskenansicht im Auswahleditor eignet sich sogar zur Aufnahme von Farbbereichen innerhalb des Bildes. Dazu reicht es, wenn sie in die Maske klicken. Wollen Sie weitere Farbbereiche hinzufügen, müssen Sie jetzt allerdings ⇧ gedrückt halten. Ansonsten wird die ursprüngliche Auswahl wieder verworfen.

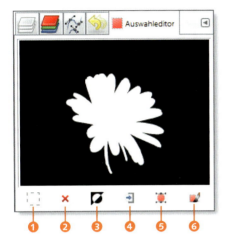

◄ Abbildung 4.29
Die aktuelle Auswahl wird hier als Maske angezeigt.

❶ ALLES AUSWÄHLEN: Die gesamte Bildfläche wird ausgewählt.
❷ DIE AUSWAHL VERWERFEN: Die vorhandene Auswahl wird verworfen.
❸ DIE AUSWAHL INVERTIEREN: Die vorhandene Auswahl wird umgekehrt. Dabei werden ausgewählte und nicht ausgewählte Bereiche miteinander getauscht.
❹ AUSWAHL IN KANAL SPEICHERN: Eine vorhandene Auswahl wird innerhalb der Kanäle-Palette als separater Kanal angelegt.
❺ PFAD AUS AUSWAHL: Die Auswahl wird in einen Pfad konvertiert (siehe dazu auch Kapitel 12). Ein Klick auf diesen Button bei gehaltener Umschalttaste bewirkt, dass erweiterte Einstellungen bei der Konvertierung von der Auswahl zum Pfad bereitgestellt werden.
❻ AM UMRISS DER AUSWAHL ENTLANGZEICHNEN: Hiermit füllen Sie die Auswahlkante, ohne dass gleichzeitig das Auswahlinnere gefüllt wird.

Ebenen

Einstieg in die Bildkomposition

- ▶ Was sind Ebenen?
- ▶ Wie funktioniert die Ebenen-Palette?
- ▶ Was passiert, wenn ich den Ebenenmodus ändere?
- ▶ Wie werden Ebenen maskiert?
- ▶ Wie erzeuge ich Verlaufsmasken?
- ▶ Was sind Ebenengruppen?
- ▶ Wie erstelle ich ein ansprechendes Filmposter?

5 Ebenen

Senna ist eine junge Frau mit übersinnlichen Kräften. Sie kann kraft ihrer Gedanken Energie erzeugen und Zeitreisen unternehmen. So weit der Inhalt jenes Films, zu dem Sie am Ende dieses Kapitels ein effektvolles Filmplakat erzeugen werden. Dazu müssen Sie sich aber vorab mit den Ebenentechniken vertraut machen.

5.1 Ebenengrundlagen

Ebenen sind das Herzstück einer jeden Bildkomposition. Mit dieser Technik, die die digitale Bildbearbeitung mehr beeinflusst hat als jede andere Errungenschaft, ist es letztendlich möglich, Objekte miteinander zu verbinden, Bilder zu korrigieren und individuelle Gestaltung bis ins Letzte auszureizen. Sie merken: Ich gerate ins Schwärmen. Und zwar nicht ohne Grund, wie Sie später noch sehen werden.

Was sind Ebenen?

Ebenen muss man sich vorstellen wie übereinander angeordnete Klarsichtfolien. Auf der einen Folie ist ein bestimmter Gegenstand aufgebracht, auf der nächsten ein anderes Objekt. Schaut man nun durch alle Folien hindurch, ergibt sich ein Gesamtbild beider Elemente. Und das Beste ist: Man kann beide Elemente unabhängig voneinander bearbeiten, verschieben, vergrößern, verzerren und sogar maskieren.

Nun ist insgesamt etwas mehr nötig, als nur einzelne Fotos übereinander zu platzieren. Das Problem ist nämlich, dass ein oben liegendes Foto das darunter befindliche schlicht und ergreifend überdeckt. Erst Transparenzen oder die sogenannten Ebenenmodi machen ein Foto an einer bestimmten Stelle »durchsichtig« und geben den Blick auf die untere Bildebene frei. – Sie sehen schon: So einfach loslegen können Sie nicht, wenn es um Ebenen geht. Deswegen wollen wir uns zunächst wieder ein wenig der Theorie widmen. Aber es lohnt sich. Denn am Ende werden Sie mit vier überaus interessanten Workshops entlohnt, bei denen es darum geht, ein ansprechendes Filmplakat zu erstellen. Und das macht richtig Spaß. Ich glaube, am Ende des Kapitels werden Sie von Ebenen und Masken genauso begeistert sein wie ich. (Außerdem werden zwischendurch ein paar kleine Workshops Ihre Aufmerksamkeit fordern.)

◄ **Abbildung 5.1**
Mehrere übereinanderliegende Bildfolien können für ein interessantes Gesamtbild sorgen.

Die Ebenen-Palette

Werfen Sie einen Blick auf die Ebenen-Palette, die sich gewöhnlich oben im Dock befindet (Reiter ganz links). Sollte sie nicht sichtbar sein, drücken Sie [Strg]+[L] (L steht übrigens für engl. »layer« = Lage, Schicht, Ebene), oder gehen Sie über FENSTER • ANDOCKBARE DIALOGE • EBENEN. Nun sieht die Ebenen-Palette wirklich leer und uninteressant aus, wenn kein Bild geöffnet ist. Das ändert sich aber, wenn Sie ein Foto bereitstellen (DATEI • ÖFFNEN). (Im Beispiel habe ich »Scharfzeichnen_01.jpg« verwendet und wahllos drei neue Ebenen erzeugt.)

»Scharfzeichnen_01.jpg«

Dass die Ebenen-Palette gerade den Vorzug gegenüber den anderen Paletten genießt, wird auch durch den Reiter ❶ symbolisiert, über den Sie die Ebenen-Palette jederzeit wieder nach vorn stellen können. Kommen wir zum Foto. Dieses besteht im Original nur aus einer einzigen Ebene. Das ist bei Digitalfotos die Regel, da alles, was von der Kamera aufgenommen wird, auf einer einzigen Folie abgelegt wird. Die Ebenen-Palette stellt allerdings zahlreiche Möglichkeiten zur Verfügung:

5 Ebenen

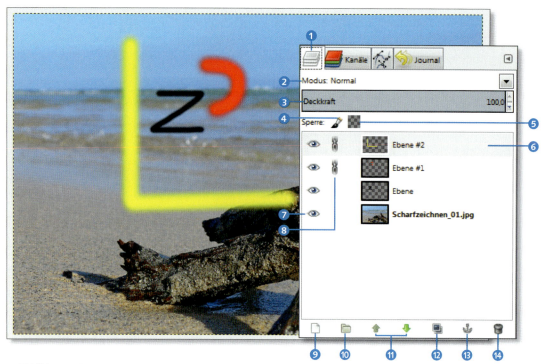

▲ **Abbildung 5.2**
Das Foto besteht aus vier Ebenen.

❷ MODUS: Hiermit können Sie die Wirkungsweise der Ebene im Zusammenhang mit darunter befindlichen Ebenen beeinflussen. (Das spreche ich später in diesem Kapitel sowie in Kapitel 7 noch an.)

❸ DECKKRAFT: Schieben Sie den Regler nach links, nimmt die Sichtbarkeit der Ebene ab. Bei 0 % ist sie komplett unsichtbar.

❹ PIXEL SPERREN: Nicht transparente Bereiche einer Ebene werden bei Aktivierung dieser Funktion gegen Bearbeitung geschützt. (Die Ebene kann dennoch verschoben werden.)

❺ ALPHAKANAL SPERREN: Transparente Bereiche einer Ebene sind gegen Bearbeitung (z. B. Farbauftrag) geschützt. Allerdings lässt sich die Ebene trotzdem noch verschieben.

❻ Aktuell ausgewählte Ebene: Mittels Mausklick lässt sich eine Ebene markieren. Diese können Sie dann anschließend bearbeiten.

❼ EBENE DEAKTIVIEREN: Die Ebene wird beim Klick auf das Augen-Symbol unsichtbar (das Augen-Symbol erlischt). Ein erneuter Klick auf diese Schaltfläche macht die Ebene wieder sichtbar.

❽ EBENEN VERKETTEN: Alle Ebenen, deren Ketten-Symbol eingeschaltet ist, können gemeinsam bewegt werden.

❾ NEUE EBENE ERSTELLEN: Dieser Button erstellt eine neue Ebene oberhalb der aktuell ausgewählten. Dabei wird ein Dialog angeboten, mit dessen Hilfe sich neben dem Namen der Ebene auch deren Breite und Höhe sowie die gewünschte EBENENFÜLLART (z. B. WEISS oder TRANSPARENZ) festlegen lassen. Sie können den Dialog auch übergehen, indem Sie ⇧ gedrückt halten, während Sie auf das Blatt-Symbol klicken. In diesem Fall werden die letzten Einstellparameter des Dialogs automatisch auf die neue Ebene angewendet.

❿ NEUE EBENENGRUPPE ERSTELLEN: Hierüber lassen sich Ebenen in Gruppen zusammenfassen. Diese neue Funktion erkläre ich weiter unten im Abschnitt »Ebenengruppen« auf Seite 130.

⓫ EBENE UM EINEN SCHRITT ANHEBEN/ABSENKEN: Die aktuell markierte Ebene wird um eine Position nach oben bzw. nach unten verschoben. (Eine Ebene lässt sich jedoch grundsätzlich auch per Drag & Drop an eine andere Position ziehen.)

⓬ EIN DUPLIKAT DIESER EBENE ERSTELLEN: Die gesamte Ebene wird kopiert und deckungsgleich über der derzeit aktiven Ebene angeordnet.

⓭ SCHWEBENDE AUSWAHL VERANKERN: Der Inhalt einer schwebenden Ebene (siehe Abschnitt »Schwebende Ebenen, schwebende Auswahlen« auf Seite 130) kann durch Klick auf den Anker wieder mit der Ebene verschmolzen werden, aus der die Auswahl ursprünglich entstand.

⓮ EBENE LÖSCHEN: Die derzeit markierte Ebene wird entfernt.

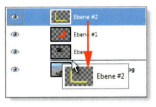

▲ Abbildung 5.3
Hier wird gerade NEUE EBENE #2 unter EBENE verschoben.

Ebenen umbenennen

Ebenenbezeichnungen wie NEUE EBENE #1 oder dergleichen ergeben ja nicht allzu viel Sinn – zumindest dann nicht, wenn Sie es mit einer Fülle von Ebenen zu tun haben. Deswegen ist es möglich, Ebenen logisch zu benennen. Klicken Sie mit rechts auf eine Ebene, gefolgt von EBENENEIGENSCHAFTEN, oder setzen Sie einen Doppelklick auf die Ebenenminiatur. Im Folgedialog lässt sich dann unter EBENENNAME eine bessere Bezeichnung zuweisen.

Dialog umgehen

Wenn Sie nicht wollen, dass sich zur Änderung des Namens ein Dialog öffnet, platzieren Sie einen Doppelklick direkt auf dem Namen der Ebene. Dieser wird dadurch komplett markiert und kann nun direkt via Tastatur geändert werden.

Abbildung 5.4 ▶
So ist es besser. Benennen Sie die Ebenen logisch.

Ebenengruppen

Lange hat die Fangemeinde darauf gewartet; mit GIMP 2.8 ist es endlich Realität geworden: Ebenen lassen sich nun auch in Gruppen zusammenfassen. So erhalten Sie die Übersicht innerhalb der Ebenen-Palette und können zusammengehörende Ebenen in einer Art Ordnersystem verwalten.

Und das geht so: Klicken Sie auf das kleine Ordner-Symbol in der Fußleiste der Ebenen-Palette, oder entscheiden Sie sich nach einem Rechtsklick auf eine Ebene (oder einen freien Bereich) für NEUE EBENENGRUPPE. Danach müssen Sie die gewünschten Ebenen nur noch per Drag & Drop einsortieren. Achten Sie darauf, dass sich dabei ein kleiner Rahmen (Punktlinien) um die Ebenengruppe herum bildet. Jetzt lassen Sie los. Genauso einfach lässt sich eine Ebene auch übrigens mit der Maus wieder aus dem Ordner herausziehen. – Und jetzt zur Platzersparnis: Schließen Sie den Ordner, indem Sie auf das kleine Minus-Symbol klicken, das dem Ordner vorangestellt ist. Ein erneuter Klick darauf (die Schaltfläche ist jetzt zum Plus-Symbol mutiert) öffnet die Ablage wieder.

Gruppen benennen

Um eine Ebenengruppe zu benennen, gehen Sie genauso vor wie oben unter »Ebenen umbenennen« beschrieben.

Abbildung 5.5 ▶
Sobald der gepunktete Rahmen auftaucht, können Sie loslassen.

Schwebende Ebenen, schwebende Auswahlen

Stellen Sie sich vor, Sie wollen z. B. einem bestimmten Teil eines Fotos die Farbe entziehen, während der Rest des Bildes farbig bleiben soll. Dann haben Sie die Möglichkeit, eine Auswahl anzulegen und genau diesen Bereich als schwebende Auswahl anzuordnen. Das machen Sie, indem Sie zunächst eine vorhandene Ebene in der Ebenen-Palette anwählen, danach mit rechts in die fertige Auswahl klicken und im Kontextmenü Auswahl • Schwebend wählen. Daraufhin wird temporär eine schwebende Ebene erzeugt.

Nun können Sie sich daranmachen, dieser schwebenden Ebene die Farbe zu entziehen (z. B. Farben • Farbton/Sättigung und den Regler Sättigung ganz nach links schieben). Zuletzt klicken Sie bei aktivierter schwebender Ebene (eine andere Ebene ließe sich zu diesem Zeitpunkt auch gar nicht aktivieren) auf das Anker-Symbol in der Fußleiste. Die Folge: Die Ebene wird wieder aufgelöst, wobei der entfärbte Teil des Fotos auf der Ursprungsebene erhalten bleibt.

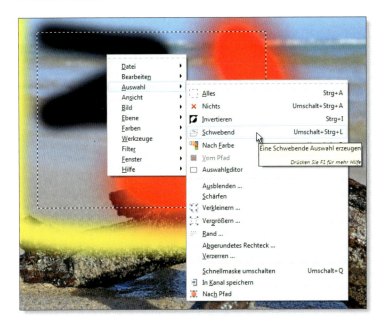

◀ **Abbildung 5.6**
So wandeln Sie eine Auswahl in eine schwebende Ebene um.

▲ **Abbildung 5.7**
Die schwebende Ebene ist nur temporärer Natur und muss nach der Bearbeitung der Auswahl wieder aufgelöst werden.

5.2 Bildebenen erzeugen – Basiswissen Fotomontage

Kurze Bestandsaufnahme: Wir haben also jede Menge Bilder, die alle aus einer einzelnen Ebene bestehen. Wie gelingt es nun, ver-

»Ebenen_01.jpg«,
»Ebenen_02.jpg«

schiedene Fotos in einem Bilddokument zusammenzufügen? Hier gibt es wieder zahlreiche Möglichkeiten. Öffnen Sie dazu doch einmal die beiden Fotos »Ebenen_01.jpg« und »Ebenen_02.jpg«.

▲ **Abbildung 5.8**
Diese Aufnahme von der Praia da Falésia in Portugal …

▲ **Abbildung 5.9**
… soll mit diesem Porträt verbunden werden.

Nun könnten Sie rein theoretisch Bild 01 markieren und in die Zwischenablage befördern (Strg+C oder BEARBEITEN • KOPIEREN). Wenn Sie dann auf Bild 02 gehen und dort den Inhalt der Zwischenablage wieder einfügen (Strg+V oder BEARBEITEN • EINFÜGEN), erhalten Sie genau das, was ich zuvor angesprochen habe – nämlich eine schwebende Auswahl bzw. Ebene.

Jetzt könnten Sie das eine oder andere mit der Ebene anstellen, müssten diese am Ende aber wieder mit dem Hintergrund verankern. Zurück bliebe wieder nur eine einzelne Ebene. Daher gehen wir einen anderen Weg – genauer gesagt *einen* von drei möglichen.

▶ Möglichkeit 1: Sie kopieren Bild 01 in die Zwischenablage, gehen dann zu Bild 02 und wählen aus dem Menü BEARBEITEN • EINFÜGEN ALS • NEUE EBENE.

▶ Möglichkeit 2: Sie klicken auf die Ebene HINTERGRUND (innerhalb der Ebenen-Palette von Bild 01) und ziehen diese Ebene auf Bild 02. Dort angekommen, lassen Sie die Maustaste los. Diese Vorgehensweise empfiehlt sich besonders, wenn Sie nicht im Einzelfenster-Modus arbeiten.

▶ Möglichkeit 3: Sie öffnen Bild 01 erst gar nicht, sondern wählen im Menü von Bild 02 DATEI • ALS EBENEN ÖFFNEN und suchen im Folgedialog Bild 01 aus.

▲ **Abbildung 5.10**
Die Kopie wird als schwebende Ebene eingefügt.

Egal, wie Sie sich entschieden haben: Am Ende werden beide Ebenen übereinanderliegen. Je nach gewählter Methode kann jedoch die Benennung der obersten Ebene unterschiedlich ausfallen (z. B. »Zwischenablage« oder »Ebene_01.jpg«).

◄ **Abbildung 5.11**
Beide Fotos befinden sich nun in einem Bilddokument – und zwar jedes Foto als eigene Ebene.

Ebenendeckkraft

Ziehen Sie jetzt bei markierter oberster Ebene den DECKKRAFT-Regler nach links, bis ein Wert von 50,0 angezeigt wird.

▼ **Abbildung 5.12**
Klicken Sie in die Mitte der DECKKRAFT-Schiene, und ziehen Sie mit gedrückter Maustaste nach links oder rechts, bis ein Wert von etwa 50 erreicht ist.

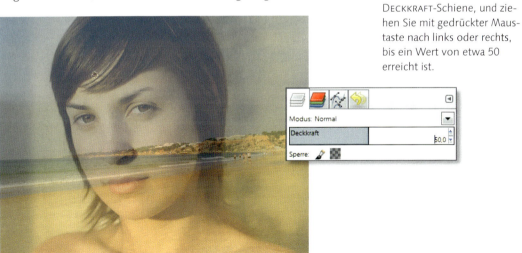

▲ **Abbildung 5.13**
Nach Reduktion der DECKKRAFT scheint die untere Ebene (Porträt) durch. Beide Bildebenen sind damit zu sehen.

5 Ebenen

▲ **Abbildung 5.14**
Von Hause aus bringt GIMP zahlreiche Ebenenmodi mit.

Abbildung 5.15 ▶
Oben links: DIVISION, oben rechts: WEICHE KANTEN, unten links: FASER EXTRAHIEREN, unten rechts: FARBE

Ebenenmodus

Allerdings haben Sie auch andere Möglichkeiten, Ebenen ineinander wirken zu lassen, als die bloße Verringerung der Deckkraft. Setzen Sie die DECKKRAFT doch vorab bitte wieder auf 100 %. Klicken Sie anschließend einmal auf die Zeile MODUS: NORMAL in der Ebenen-Palette, und stellen Sie um auf DIVISION. Erstaunlich, oder? Jetzt verschmelzen beide Ebenen optisch zu einer, obwohl die oberste Ebene (mit voller Deckkraft) die untere eigentlich überdecken müsste. Und damit sind wir mitten im Thema Ebenenmodi. Experimentieren Sie ein wenig mit den verschiedenen Möglichkeiten. Einige Ebenenmodi erzeugen ganz interessante Kombinationen.

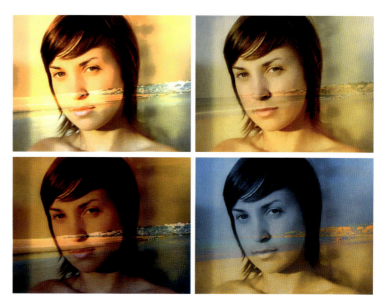

Was passiert bei der Modusänderung? Sobald Sie einen anderen Modus als NORMAL wählen, ist die Ebene nicht mehr deckend, sondern wird mit der darunter befindlichen verrechnet. Welche Art der Verrechnung (sprich: welcher Algorithmus) dabei zum Tragen kommt, ist bei jedem Modus unterschiedlich. Bei der MULTIPLIKATION beispielsweise werden die Farbwerte der oberen Ebene mit der darunter befindlichen multipliziert und durch 255 dividiert. Somit wird prinzipiell ein dunkleres Resultat erzielt.

Die umgekehrte Wirkung (also eine Erhellung) wird durch den Modus BILDSCHIRM realisiert. Die Farbwerte werden dabei umgekehrt (invertiert), indem man sie von 255 subtrahiert und dann multipliziert, wobei das Resultat schlussendlich abermals invertiert wird. Interessant ist bei beiden Modi, dass reines Schwarz und reines Weiß nicht verändert werden. Das bedeutet: Schwarz wird nicht heller und weiß nicht dunkler. Mit diesen Methoden lässt sich ein Foto auch aufhellen (BILDSCHIRM) bzw. abdunkeln (MULTIPLIKATION), wie Sie in Kapitel 7, »Farben und Tonwerte korrigieren«, noch sehen werden.

Ebenenmasken

Bei den Methoden, die Sie bisher kennengelernt haben, ist stets die gesamte Ebene involviert. Nun kommt es aber auch häufig vor, dass nur Teile einer Ebene erhalten bleiben sollen, während andere Bereiche vielleicht verschwinden müssen. In diesem Fall müssen Sie die Ebene maskieren.

Schritt für Schritt
Eine Ebene maskieren

Stellen Sie noch einmal die gleiche Ebenenkomposition zusammen, die ich eingangs bereits angesprochen habe (siehe Seite 131). Sorgen Sie also dafür, dass die Ebene des Bildes »Ebenen_01.jpg« in das Foto »Ebenen_02.jpg« integriert wird. Sollten Sie die Komposition noch nicht erstellt haben, dürfen Sie auch gerne »Ebenen-verbunden.xcf« aus dem ERGEBNISSE-Ordner benutzen.

1 Modus ändern
Stellen Sie den MODUS der obersten Ebene innerhalb der Ebenen-Palette um auf WEICHE KANTEN. Dabei müssen Sie sicherstellen, dass auch tatsächlich die oberste Ebene (ZWISCHENABLAGE) aktiviert ist. Jetzt sehen Sie beide Bildteile ineinander verblendet.

2 Maske erzeugen
Setzen Sie anschließend einen rechten Mausklick auf die obere Ebene, und entscheiden Sie sich für den Kontexteintrag EBENENMASKE HINZUFÜGEN. Alternativ können Sie auch über das Menü gehen. Hier heißt es dann: EBENE • MASKE • EBENENMASKE HIN-

> **Experimentieren Sie!**
>
> Nun ist es schier unmöglich, alle verschiedenen Modi und ihre Algorithmen gleich zu verstehen. Zudem erreichen Sie mit verschiedenen Bildebenen auch stets unterschiedliche Resultate. Deswegen kann ich an dieser Stelle nur die Empfehlung aussprechen, mit den Modi zu experimentieren. Wollen Sie detailliertere Informationen zu sämtlichen Ebenenmodi, kann ich Ihnen die Webseite http://docs.gimp.org/de//gimp-concepts-layer-modes.html empfehlen.

»Ebenen_01.jpg«, »Ebenen_02.jpg« oder »Ebenen-verbunden.xcf« aus dem ERGEBNISSE-Ordner

5 Ebenen

Schwarz (volle Transparenz)

Sollten Sie SCHWARZ (VOLLE TRANSPARENZ) einstellen, wird die komplette Ebene unsichtbar, also maskiert. WEISS (VOLLE DECKKRAFT) hingegen lässt die Ebene vollkommen sichtbar.

ZUFÜGEN. Im folgenden Dialog sorgen Sie dafür, dass der Radio-Button WEISS (VOLLE DECKKRAFT) ❶ ausgewählt ist, ehe Sie auf HINZUFÜGEN ❷ klicken.

◀ **Abbildung 5.16**
Mit dieser Einstellung bleibt die Ebene komplett sichtbar.

3 Farbwähler einstellen

Nun gilt es, einen ganz wichtigen Grundsatz zu beherzigen: Alles, was weiß ist, ist sichtbar; alles, was schwarz ist, ist unsichtbar! Das mag zunächst verwirrend sein, doch wird sich dieses Prinzip sogleich erschließen. Werfen Sie einen Blick auf den Bereich für die Vordergrund- und Hintergrundfarbe innerhalb des Werkzeugkastens. Diesen haben Sie ja bereits in Kapitel 1 auf Seite 39 kennengelernt. Drücken Sie [D] auf Ihrer Tastatur. Das macht Schwarz zur Vordergrundfarbe und Weiß zur Hintergrundfarbe. Alternativ klicken Sie auf ❸. Jetzt müssen Sie noch wissen, dass Sie mit jedem Klick auf ❹ oder mit Betätigung von [X] auf Ihrer Tastatur Vorder- und Hintergrundfarbe miteinander vertauschen. Probieren Sie es aus; sorgen Sie jedoch am Ende dafür, dass Schwarz als Vordergrundfarbe definiert ist ❺.

▲ **Abbildung 5.17**
Die Farben Schwarz und Weiß spielen eine ausschlaggebende Rolle beim Maskieren.

4 Pinsel aktivieren

Aktivieren Sie jetzt das Pinsel-Werkzeug, und nehmen Sie die Spitze HARDNESS 050 bei einer GRÖSSE von etwa 50. Man könnte annehmen, dass Sie bei Anwendung des Werkzeugs jetzt schwarze Farbe auf die oberste Bildebene auftragen werden. Doch das ist nicht so. Immerhin haben Sie vorab eine Maske erzeugt.

136

5.2 Bildebenen erzeugen – Basiswissen Fotomontage

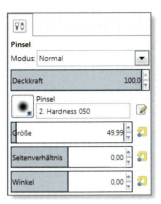

◄ **Abbildung 5.18**
So in etwa sollten Sie den Pinsel einstellen.

5 Ebene maskieren

Malen Sie mit gedrückter Maustaste vollflächig über das Gesicht der jungen Dame. Dabei werden Sie feststellen, dass die störenden Strukturen des überlagernden Fotos (Strand) in diesen Bereichen verschwinden; sie werden buchstäblich maskiert. Sie dürfen übrigens ruhig mehrfach absetzen (die Maustaste loslassen) und neu ansetzen.

6 Optional: Demaskieren

Sollten Sie versehentlich einmal Teile des Hintergrunds maskiert haben – kein Problem: Drücken Sie X (das macht Weiß zur Vordergrundfarbe), und überfahren Sie die Stelle erneut. Danach drücken Sie abermals X oder betätigen den 90°-Pfeil ❹, was Schwarz wieder nach vorn stellt. Jetzt können Sie weiter maskieren.

Das ebenenbasierte Endergebnis inklusive Maskierung finden Sie übrigens im ERGEBNISSE-Ordner unter dem Namen »Ebenen-fertig.xcf«.

»Ebenen-fertig.xcf« im Ordner ERGEBNISSE

◄ **Abbildung 5.19**
Das Gesicht (das sich ja immerhin auf der unteren Ebene befindet) wird im Bereich der Maskierung nun nicht mehr überlagert.

5 Ebenen

▲ **Abbildung 5.20**
Ebenen- und Maskenminiatur befinden sich direkt nebeneinander.

▲ **Abbildung 5.21**
Hier ist noch die Bildminiatur aktiv (weißer Rahmen). In diesem Fall muss vor der Maskierung noch ein Mausklick auf die rechte Miniatur (Maskenminiatur) erfolgen.

Automatische Maskenaktivierung

Unmittelbar nach Erzeugung einer Ebenenmaske müssen Sie sich um die Auswahl der Maske keine Gedanken machen. Diese wird dann nämlich automatisch selektiert – und bleibt so lange aktiv, bis Sie die Ebenenminiatur oder eine andere Ebene anklicken.

Fassen wir zusammen: Wenn Sie mit Schwarz oder Weiß auf einer Bildebene malen, tragen Sie dort Farbe auf. Malen Sie aber mit Schwarz auf einer Maskierung, machen Sie Bereiche der Ebene unsichtbar. Im Gegenzug können Sie mit weißer Farbe maskierte Bereiche wieder sichtbar machen. Wo ist nun der Unterschied zwischen Ebene und Ebenenmaske? Den sehen Sie in der Ebenen-Palette. Die Miniatur ❶ steht dabei für die Ebene und die Maskenminiatur ❷ für die Maskierung. Und auch dort gilt: Was schwarz ist, ist im Bild nicht sichtbar.

Damit stehen Sie natürlich in der Verpflichtung, genau aufzupassen, was denn nun gerade angewählt ist. Denn beide Miniaturen können mit einem Mausklick ausgewählt werden. Was ausgewählt ist, wird mit einem weißen Rahmen versehen. Dies ist jedoch bei einer weißen Maske mitunter schwer zu sehen. Wenn Sie nicht sicher sind und beabsichtigen, zu maskieren, sollten Sie vorsichtshalber noch einen Mausklick auf die Ebenenmaske setzen, ehe Sie ans Werk gehen.

Verlaufsmasken

Beim Thema Maskierung dürfen die Verlaufsmasken nicht fehlen. Da Sie ja, wie Sie bereits wissen, beim Maskieren mit den Farben Schwarz und Weiß arbeiten, ist auch der Schwarzweißverlauf ein ausgesprochen interessantes Hilfsmittel. Dazu ein Beispiel: Öffnen Sie doch noch einmal die Datei »Ebenen-verbunden.xcf«. Weisen Sie der obersten Ebene eine Ebenenmaske zu, und aktivieren Sie anschließend das Verlaufswerkzeug mit der Form Linear ❸.

Abbildung 5.22 ▶
Der lineare Schwarzweißverlauf ist optimal zur Maskierung geeignet.

Danach klicken Sie in etwa an Position ❹ auf das Bild, halten die Maustaste gedrückt und ziehen so weit nach rechts, bis Sie in etwa ❺ erreicht haben. Wenn Sie dabei `Strg` gedrückt halten, werden Sie eine exakt horizontale Linie ziehen. Lassen Sie die Maustaste anschließend los.

Übergang festlegen

Je länger die Linie ist, desto weicher (breiter) wird der Übergang von Schwarz zu Weiß sein. Eine sehr kurze Linie erzeugt hingegen einen harten Übergang.

◀ **Abbildung 5.23**
Die Linie bestimmt, wie der Verlauf im Anschluss aussehen soll.

Sie sehen, dass auch jetzt gilt: Wo Schwarz ist, ist die oberste Ebene unsichtbar (links). Wo Weiß ist, ist die oberste Ebene sichtbar. Und der Übergang? Nun, der gestaltet sich in Graustufen. Das bedeutet: Je heller das Grau, desto mehr ist sichtbar; je dunkler das Grau, desto mehr wird verdeckt.

▲ **Abbildung 5.24**
Hier haben wir es mit einer klassischen Verlaufsmaske zu tun.

Ebenen speichern

Bevor wir zur Vereinigung von Ebenen kommen, noch ein wichtiger Hinweis: Ebenen bleiben nur dann erhalten, wenn Sie Ihr Dokument im hauseigenen Format *XCF* speichern oder das Photoshop-Format *PSD* benutzen. Setzen Sie beispielsweise *TIFF*, *BMP* oder *JPEG* ein, werden die Ebenen aufgelöst, was das Foto auf eine Ebene reduziert. Das wäre natürlich fatal, da Sie später mit den einzelnen Ebenen nicht mehr arbeiten könnten. Benutzen Sie deswegen immer ein ebenenbasiertes Format. (*TIFF* ist zwar ein solches, wird aber derzeit von GIMP noch nicht dahingehend unterstützt.) Öffnen Sie die aus GIMP heraus gespeicherte ebenenbasierte *TIFF*-Datei in einer anderen Software, die Ebenen unterstützt (z. B. Adobe Photoshop), sind dort sämtliche Ebenen untrennbar zu einer verschmolzen.

Abbildung 5.25 ▶
Beim Export als TIFF fragt GIMP lediglich nach, ob das Foto komprimiert werden soll.

TIFF-Kompression

TIFF ist ein verlustfreies Kompressionsverfahren, das darüber hinaus permanent verlustfrei nachgespeichert werden kann. Sie können im Dialog zwar andere Kompressionsverfahren anwählen. Diese haben sogar eine noch größere Kompression zur Folge. Im Gegenzug dauert das Öffnen eines solchen Fotos aber auch länger. Es wird empfohlen, KEINE angewählt zu lassen.

Ebenen vereinen

Jetzt fehlt noch die Vereinigung von Ebenen. Immerhin werden die Dateien immer größer, je mehr Ebenen im Bild vorhanden sind. Aus diesem Grund lassen sich Ebenen, die nicht mehr separat bearbeitet werden müssen, vereinen. Wenn Sie eine übergeordnete Ebene in der Ebenen-Palette mit rechter Maustaste markieren und dann aus dem Kontextmenü NACH UNTEN VEREINEN wählen, wird aus der aktuellen sowie der unterhalb befindlichen eine einzelne Ebene. Entscheiden Sie sich hingegen für den Eintrag BILD ZUSAMMENFÜGEN, werden alle Ebenen zu einer Hintergrundebene verschmolzen.

5.3 Ebenen in der Praxis – ein Filmplakat gestalten

Wie versprochen, geht es nun an das Plakat für einen fiktiven Film. Er trägt den Namen »About Senna« und erzählt die Geschichte eines Mädchens mit übersinnlichen Kräften. Ich wünsche Ihnen gute Unterhaltung und vor allem gutes Gelingen bei der Ebenenmontage.

Schritt für Schritt
Ebenen einsetzen (Filmplakat I)

Anders als bei den bisherigen Beispielen dieses Kapitels starten Sie hier nicht mit einer Bilddatei, sondern legen zunächst eine neue, leere Datei an. Danach fügen Sie Schritt für Schritt die einzelnen Bildelemente hinzu.

1 Datei anlegen
Stellen Sie die Vordergrundfarbe zunächst auf Schwarz. Sie wissen ja: Die Taste [D] wirkt hier wahre Wunder. Erzeugen Sie anschließend eine neue Datei ([Strg]+[N]), und stellen Sie die Maßeinheit um auf Millimeter ❷. Vergeben Sie die Abmessungen BREITE 165 mm, HÖHE 260 mm ❶ bei einer AUFLÖSUNG ❹ von 300 PIXEL/IN (dazu müssen Sie ERWEITERTE EINSTELLUNGEN ❸ öffnen). Den FARBRAUM stellen Sie auf RGB-FARBEN ❺ und die FÜLLUNG auf VORDERGRUNDFARBE ❻. Bestätigen Sie mit OK.

Abweichungen möglich!

Die Abmessungen BREITE und HÖHE werden sich geringfügig verändern. Das liegt daran, dass GIMP die Kantenlängen an die Auflösung anpassen muss, wobei es zu geringfügigen Differenzen kommen kann.

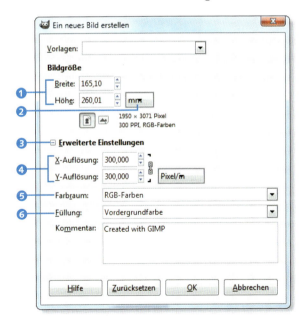

◄ Abbildung 5.26
Das ist der erste Schritt auf dem Weg zum Filmplakat.

2 Ebenen hinzufügen
Jetzt benötigen wir zwei Bilddateien. Diese werden wir direkt aus dem vorhandenen Dokument heraus hinzufügen. Das geht über DATEI • ALS EBENEN ÖFFNEN. Klicken Sie auf FILMPLAKAT _ 01.JPG,

»Filmplakat_01.jpg«,
»Filmplakat_02.jpg«

danach bei gehaltener Taste ⌈Strg⌉ auf Filmplakat _ 02.jpg und anschließend auf Öffnen.

▲ Abbildung 5.27
»Filmplakat_01.jpg« wird die Model-Ebene.

▲ Abbildung 5.28
»Filmplakat_02.jpg« sorgt im wahrsten Sinne des Wortes für enorme Spannung.

3 Modus ändern

Die Ebene mit dem Blitz sollte jetzt ganz oben stehen. Ist das nicht der Fall, korrigieren Sie das durch Verschieben der Ebene innerhalb der Ebenen-Palette. Danach setzen Sie den Modus dieser Ebene auf Faser mischen.

4 Ebene duplizieren

Wählen Sie die Ebene Filmplakat_01.jpg (die Model-Ebene) mit rechter Maustaste an, und entscheiden Sie sich im Kontextmenü für Ebene duplizieren. (Alternativ gehen Sie über Ebene • Ebene duplizieren.)

Ebenen in der Praxis – ein Filmplakat gestalten   **5.3**

5 Auswahl erzeugen

Zoomen Sie etwas ein. Aktivieren Sie das LASSO (FREIE AUSWAHL F), und kreisen Sie damit die Ebene des Mädchens ein. Allerdings lassen Sie die rechte Seite (jenseits des Hauptblitzes) außen vor. Beginnen Sie außerhalb des gelben Ebenenrahmens (an Punkt ❶). Den zweiten Punkt setzen Sie an ❷. Danach fahren Sie über den Hauptblitz, wobei Sie darauf achten müssen, dass die Lasso-Linie niemals außerhalb des Blitzes zu sehen ist. Bei jeder Richtungsänderung muss ein Mausklick erfolgen. Zuletzt setzen Sie noch Punkte an ❸ und ❹ und schließen die Auswahl durch Klick auf ❶. Die fertige Auswahl sollte aussehen wie in Abbildung 5.30.

◄ **Abbildung 5.29**
Das ist der aktuelle Zustand der Ebenen-Palette.

◄ **Abbildung 5.30**
Solange Sie noch nicht erneut auf ❶ geklickt haben, ist auch noch keine Auswahllinie zu erkennen.

6 Auswahl speichern

Da Sie die Auswahl später noch einmal benötigen, speichern Sie sie, indem Sie AUSWAHL • IN KANAL SPEICHERN betätigen. Dadurch wechseln Sie automatisch zur Kanäle-Palette (anstelle der Ebenen-Palette), wo jetzt die AUSWAHLMASKE-KOPIE zu sehen ist.

7 Ebenenmaske hinzufügen

Wechseln Sie wieder zur Ebenen-Palette. Aktivieren Sie die zweite Ebene von oben (FILMPLAKAT_01.JPG-KOPIE) mit einem Rechtsklick, und entscheiden Sie sich für EBENENMASKE HINZUFÜGEN. Im Folgedialog klicken Sie auf den Radio-Button AUSWAHL, ehe Sie mit HINZUFÜGEN bestätigen. Zuletzt heben Sie die Auswahl auf (AUSWAHL • NICHTS).

▲ **Abbildung 5.31**
Die Auswahl wird als Maske archiviert.

143

5 Ebenen

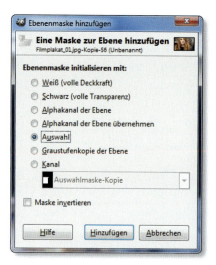

Abbildung 5.32 ▶
Die Auswahl soll als Maskierung dienen.

Schritt für Schritt
Ebenenmodi ändern (Filmplakat II)

»Plakat_01.xcf« im Ordner ERGEBNISSE

Sollten Sie Workshop I nicht durchgearbeitet haben, können Sie jetzt mit »Plakat_01.xcf« aus dem ERGEBNISSE-Ordner fortfahren.

1 Ebene verschieben und duplizieren
Die im letzten Schritt des vorangegangenen Workshops erstellte Ebene ziehen Sie jetzt in der Ebenen-Palette ganz nach oben. Duplizieren Sie diese Ebene anschließend, und stellen Sie den MODUS der jetzt obersten Ebene auf FASER MISCHEN. Zuletzt reduzieren Sie die DECKKRAFT der Ebene auf ca. 60 %.

2 Auswahl reaktivieren
Nun wechseln Sie auf die Kanäle-Palette und klicken mit der rechten Maustaste auf die Zeile AUSWAHLMASKE-KOPIE. Im Kontextmenü selektieren Sie den Eintrag AUSWAHL AUS KANAL. Da wir für den folgenden Schritt aber nicht den Bereich dieser Auswahl, sondern alle anderen Bereiche benötigen, muss die Auswahl noch umgekehrt werden – das bedeutet: Ausgewählte und nicht ausgewählte Bereiche müssen miteinander vertauscht werden. Das gelingt mit AUSWAHL • INVERTIEREN oder mittels [Strg]+[I].

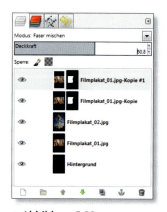

▲ **Abbildung 5.33**
Langsam wird es voll in der Ebenen-Palette.

144

3 Ebene bearbeiten

Kehren Sie zurück zur Ebenen-Palette, und selektieren Sie die zweite Ebene von unten (FILMPLAKAT_01.JPG). Begeben Sie sich in das Menü FARBEN • FARBTON/SÄTTIGUNG, und setzen Sie dort die SÄTTIGUNG ❷ ganz nach links sowie die HELLIGKEIT ❶ auf –50. Bestätigen Sie mit OK, und heben Sie die Auswahl auf.

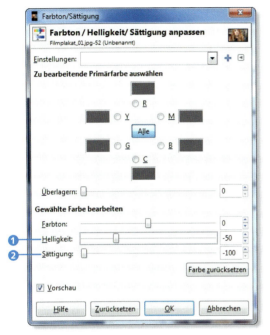

▲ Abbildung 5.34
HELLIGKEIT und SÄTTIGUNG müssen noch bearbeitet werden.

▲ Abbildung 5.35
Das ist das Ergebnis von Workshop II.

Schritt für Schritt
Mit Ebenenmasken arbeiten (Filmplakat III)

Sie wollen gleich mit diesem Workshop einsteigen? Dann habe ich eine gute Nachricht für Sie: Im ERGEBNISSE-Ordner können Sie auf »Plakat_02.xcf« zurückgreifen.

»Plakat_02.xcf« im ERGEBNISSE-Ordner

1 Ebenenmaske hinzufügen

Setzen Sie in der Ebenen-Palette einen Mausklick auf die Ebene FILMPLAKAT_02.JPG, und fügen Sie eine Ebenenmaske hinzu. Im

Dialogfenster entscheiden Sie sich für WEISS (VOLLE DECKKRAFT), ehe Sie auf HINZUFÜGEN klicken.

2 Pinsel einstellen

Aktivieren Sie den PINSEL [P], und spendieren Sie ihm eine große, weiche Spitze, z. B. HARDNESS 050, GRÖSSE etwa 200.

3 Ebene maskieren

Wischen Sie bei gedrückter Maustaste über die obere rechte Ecke der Model-Ebene. Dabei wird der Hintergrund teilweise schwarzweiß. Arbeiten Sie die Ecke heraus, wobei Sie weder den Blitz noch Haare oder Schulter berühren sollten. Nach Betätigung von [X] können Sie eventuelle Maskierungsfehler wieder ausmerzen. Außerdem müssen Sie hier nicht 100%ig exakt arbeiten.

▲ **Abbildung 5.36**
Die Ecke verliert ihre blaue Überlagerung.

4 Blitz maskieren

Lassen Sie die Ebenenmaske der Blitz-Ebene noch aktiviert, und übermalen Sie die Enden des Blitzes oben und unten mit kurzen Mausklicks. So entsteht ein weicher Übergang zum Hintergrund. Mit diesem Zwischenergebnis – in Abbildung 5.37 zu sehen – geht es dann in die letzte Runde.

▲ **Abbildung 5.37**
Das wird ja immer besser …

Ebenen in der Praxis – ein Filmplakat gestalten 5.3

Schritt für Schritt
Text hinzufügen (Filmplakat IV)

Sie sollten jetzt mit Ihrem Ergebnis aus Workshop III weiterarbeiten. Alternativ steht »Plakat_03.xcf« aus dem ERGEBNISSE-Ordner für Sie bereit.

»Plakat_03.xcf« im Ordner ERGEBNISSE

»Filmplakat-Present.gif«,
»Filmplakat-Text.gif«,
»Filmplakat-Titel.gif«,
»Filmplakat-Untertitel.gif«

1 Textebenen hinzufügen
Da wir dem Thema Text ein eigenes Kapitel widmen (Kapitel 13), müssen Sie sich um die Erzeugung der Texte gar nicht kümmern. Nein, die sind sogar alle schon fertig. Ist das nicht ein Service?

Aktivieren Sie nun die oberste Ebene, und gehen Sie danach über DATEI • ALS EBENEN ÖFFNEN. Hier fügen Sie die vier »Filmplakat-...«-Dateien mit den Endungen *.gif* hinzu (also »Filmplakat-Present«, »-Text«, »-Titel« und »-Untertitel«). Klicken Sie dazu auf die oberste Datei, halten Sie ⇧ gedrückt, und betätigen Sie die unterste, gefolgt von ÖFFNEN.

2 Werkzeug einstellen
Da die Ebenen nun alle in der Mitte des Bildes gelandet sind, müssen Sie sie noch auf Position schieben. Aktivieren Sie dazu das Verschieben-Werkzeug [M], und stellen Sie es um auf AKTIVE EBENE VERSCHIEBEN ❶. Dadurch müssen Sie die gewünschte Ebene zwar in der Ebenen-Palette auswählen, vermeiden allerdings, dass Sie unbeabsichtigt die falsche Ebene verziehen.

3 Erste Ebene verschieben
Markieren Sie (in der Ebenen-Palette!) die Ebene FILMPLAKAT-PRESENT.GIF. Danach klicken Sie auf das Bild, halten [Strg] gedrückt (das erlaubt nur das Verschieben in *eine* Richtung) und schieben die Maus weit nach oben. Wenn Sie oberhalb des Blitzes angekommen sind, lassen Sie die Maustaste und danach [Strg] los.

Ebene oder Hilfslinie auswählen
Wenn Sie den oberen Radio-Button aktiv lassen, können Sie eine Ebene durch Anklicken innerhalb der Bilddatei auswählen. Das ist zwar prinzipiell ganz praktisch, da hier aber mehrere Ebenen übereinanderliegen, ist die Gefahr viel zu groß, dass Sie die falsche Ebene erwischen und diese dann unbeabsichtigt verschieben.

◀ Abbildung 5.38
Bei dieser Einstellung erfolgt die Wahl der Ebene ausschließlich in der Ebenen-Palette.

147

Abbildung 5.39 ▶
Dort soll der oberste Text landen.

4 Weitere Texte anordnen

Aktivieren Sie die Ebene FILMPLAKAT-TEXT.GIF, und ziehen Sie sie wie beschrieben (mit [Strg]) weit nach unten. Danach nehmen Sie sich FILMPLAKAT-TITEL.GIF vor und ziehen das gute Stück so weit nach unten, dass seine Unterkante mit der Unterkante der Model-Ebene übereinstimmt. Die Feinabstimmung gelingt hier prima mit den Pfeiltasten Ihrer Tastatur. Zuletzt platzieren Sie noch FILMPLAKAT-UNTERTITEL.GIF zwischen Model-Ebene und oberstem Text – und fertig ist der Aufmacher für den Mega-Blockbuster des Jahres.

Ebenenreihenfolge ändern

Nun kann es passieren, dass Teile des Textes durch andere Ebenen verdeckt werden. In diesem Fall ziehen Sie die verdeckte Textebene in der Ebenen-Palette ganz nach oben. Sobald sie oberhalb der Bildebenen liegt, ist sie auch voll sichtbar.

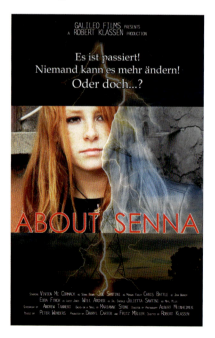

Abbildung 5.40 ▶
Ein Film, der Kinogeschichte schreibt. Jetzt fehlen nur noch die Oscars.

Zuschneiden, skalieren und transformieren

Bilder vergrößern, verkleinern und zurechtrücken

- Wie funktionieren die Transformationswerkzeuge?
- Wie verändere ich die Größe eines Fotos?
- Wie lässt sich die Arbeitsfläche vergrößern?
- Wie korrigiere ich die Perspektive eines Fotos korrigiert?
- Wie kann ich einen schiefen Horizont begradigen?
- Wie »repariere« ich stürzende Kanten?

6 Zuschneiden, skalieren und transformieren

Je nachdem, wofür Sie Ihre Fotos einsetzen, muss deren Größe zuvor oft angepasst werden. Manchmal muss aber auch die Arbeitsfläche (sprich: Leinwand) etwas größer werden, um weitere Bildelemente hinzufügen zu können. Was in solchen Fällen zu tun ist, verraten die folgenden Seiten. Am Ende des Kapitels sehen Sie, wie Sie schiefe oder schräge Bilder buchstäblich in Form ziehen.

6.1 Transformationswerkzeuge

Es existieren viele Möglichkeiten, Objekte oder sogar ganze Bilder in der Größe zu verändern. Zunächst werfen wir einen Blick auf die Objekte. Diese lassen sich nämlich prima mit den zahlreichen Werkzeugen bearbeiten, die GIMP dafür breit hält.

Zuschneiden | Shortcut ⇧+C. Mit dem Zuschneiden-Werkzeug lassen sich unerwünschte Bildbereiche entfernen (freistellen). Im ersten Schritt ziehen Sie mit gedrückter Maustaste einen Rahmen auf. Dieser Rahmen soll alle Bereiche enthalten, die im Bild erhalten bleiben sollen. Danach klicken Sie mit der Maus in den Rahmen hinein. Das hat zur Folge, dass alle jenseits des Rahmens befindlichen Bildelemente entfernt werden.

Abbildung 6.1 ▶
Mit dem Zuschneiden-Werkzeug verändern Sie den Bildausschnitt.

Transformationswerkzeuge **6.1**

Drehen | Shortcut ⇧+R. Wählen Sie zunächst die zu drehende Ebene bzw. das Objekt aus. Schalten Sie danach auf das Drehen-Werkzeug um. Im weiteren Verlauf haben Sie zwei Möglichkeiten:
- Erstens: Markieren Sie das Objekt mit einem kurzen Mausklick. Dies hat zur Folge, dass der Drehen-Dialog geöffnet wird.
- Zweitens: Klicken Sie das Objekt außerhalb der Mitte an, und halten Sie die Maustaste gedrückt. Auch in diesem Fall wird der Drehen-Dialog geöffnet, jedoch können Sie das Objekt (mit immer noch gehaltener Maustaste) rotieren lassen.

◀ **Abbildung 6.2**
Der Drehen-Dialog öffnet sich automatisch.

Direkt transformieren
Für alle in diesem Abschnitt angesprochenen Werkzeuge gilt: Sobald Sie die Maustaste loslassen, erhalten Sie einen Rahmen, der sich noch individuell ausgestalten lässt. Zudem öffnet sich ein entsprechender Dialog. Wollen Sie all das umgehen? Dann halten Sie ⇧ gedrückt. Das hat zur Folge, dass sich das Element, sobald Sie die Maustaste loslassen, sofort und ohne Zwischendialog verändert.

Innerhalb des Drehen-Dialogs stellen Sie den Winkel über das gleichnamige Steuerelement ❶ oder den Schieberegler ❷ nach Wunsch ein. Schließen Sie die Aktion ab, indem Sie auf ROTIEREN klicken.

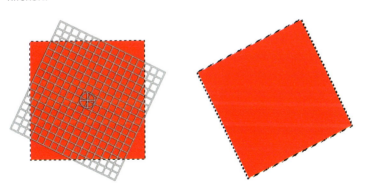

◀ **Abbildung 6.3**
Hier sehen Sie eine aktive (links) sowie eine abgeschlossene Rotation (rechts).

Skalieren | Shortcut ⇧+T. Dieses Tool hat die Aufgabe, Objekte zu vergrößern oder zu verkleinern. Des Weiteren lassen sich Objekte damit proportional verzerren. Nachdem Sie die gewünschte Ebene ausgewählt haben, markieren Sie das Objekt mit dem Skalieren-Tool. Sie erhalten nun acht Anfasser (Quadrate am Rand), die Sie mit gedrückter Maustaste nach Wunsch ver-

151

6 Zuschneiden, skalieren und transformieren

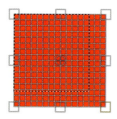

▲ **Abbildung 6.4**
Die Quadrate können Sie nach Wunsch verschieben.

schieben. Halten Sie [Strg] gedrückt, und ziehen Sie dann einen der vier Eckanfasser, wird das Objekt proportional skaliert. Am Ende müssen Sie zunächst die Maustaste und erst danach [Strg] loslassen.

Benutzen Sie eines der vier übrigen Quadrate (jeweils in der Mitte der Seitenränder) oder die Eckanfasser ohne [Strg], verziehen Sie das Objekt unproportional. Schließen Sie die Aktion ab, indem Sie im automatisch erscheinenden Dialog auf SKALIEREN klicken, oder drücken Sie die [↵]-Taste auf Ihrer Tastatur.

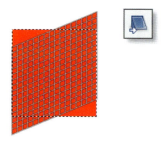

▲ **Abbildung 6.5**
So sieht ein zu scherendes Objekt während der Bearbeitung aus.

Scheren | Shortcut [⇧]+[S]. Dieses Werkzeug hat die Aufgabe, Objekte zu verziehen. Klicken Sie das Objekt kurz an, und stellen Sie die SCHERNEIGUNG X (= horizontal) bzw. Y (= vertikal) über die entsprechenden Steuerelemente im Scheren-Dialog ein. Alternativ klicken Sie das Objekt an, halten die Maustaste gedrückt und scheren das Objekt direkt im Bildfenster, indem Sie die Maus entsprechend verschieben. In beiden Fällen schließen Sie die Aktion mit einem Klick auf SCHEREN oder [↵]-Taste ab.

Abbildung 6.6 ▶
Legen Sie die gewünschte SCHERNEIGUNG fest.

Perspektive | Shortcut [⇧]+[P]. Das Tool funktioniert prinzipiell so wie das Scheren-Werkzeug. Allerdings erreichen Sie hiermit eine Perspektivverzerrung des Objekts. Das wirkt, als werde das Objekt im 3D-Raum gekippt.

Abbildung 6.7 ▶
Dieses Objekt wurde an den beiden oberen Ecken verschoben. Jetzt fehlt nur noch die Bestätigung über TRANSFORMATION oder die [↵]-Taste.

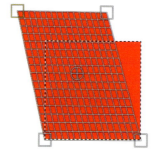

152

Spiegeln | Shortcut ⇧+F. Wenn Sie ein Objekt horizontal spiegeln wollen, klicken Sie es ganz einfach an. Soll die Spiegelung vertikal erfolgen, halten Sie zum Zeitpunkt des Mausklicks Strg gedrückt. Jeder Klick spiegelt das Objekt erneut um 180°.

▲ **Abbildung 6.8**
Wenn Sie das Objekt vertikal spiegeln wollen (unten), müssen Sie Strg gedrückt halten.

Käfig-Transformation | Shortcut ⇧+G. Dieses in GIMP 2.8 neu integrierte Tool erlaubt die Verformung von Gegenständen mit Hilfe eines Auswahlrahmens. Am Ende dieses Kapitels finden Sie einen Workshop dazu (Seite 163).

6.2 Bildgröße und Arbeitsfläche

Bei allen zuvor genannten Methoden bleibt die ursprüngliche Größe des Bildes erhalten. Wenn Sie also ein Foto beispielsweise herunterskalieren, wird lediglich die Ebene verkleinert, nicht aber das gesamte Bilddokument. (Dieses wird in GIMP übrigens als »Leinwand« bezeichnet.) Der Rest der Leinwand wird dabei transparent.

6 Zuschneiden, skalieren und transformieren

Abbildung 6.9 ▶
Die Ebene ist kleiner geworden, wobei die ursprünglichen Abmessungen des Fotos erhalten geblieben sind.

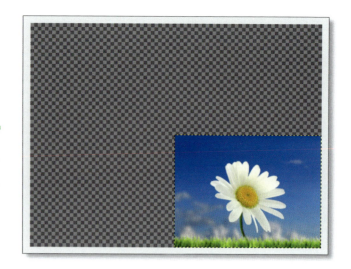

Leinwand anpassen

Wenn Sie ein Objekt wie beschrieben skaliert und die Skalierung zudem bestätigt haben, können Sie auch BILD • LEINWAND AN EBENEN ANPASSEN einstellen. Dabei ist die finale Größe des Bildes aber eher Glücksache. Genauer geht es mit der im nächsten Abschnitt, »Die Leinwandgröße verändern«, beschriebenen Methode.

Unproportional skalieren

Falls Sie ein Foto einmal unproportional skalieren wollen, müssen Sie zunächst dafür sorgen, dass das Seitenverhältnis Breite zu Höhe aufgehoben wird. Dazu klicken Sie auf das Ketten-Symbol ❶. Danach können Sie BREITE und HÖHE unabhängig voneinander eingeben.

Bildgröße verändern

Wollen Sie ein Foto insgesamt vergrößern oder verkleinern und dazu noch bestimmte Abmessungen einhalten, müssen Sie den Weg über BILD • BILD SKALIEREN gehen. Hier haben Sie dann die Möglichkeit, die neuen Werte festzulegen. Dabei gilt: Solange das Ketten-Symbol ❶ aktiv ist, müssen Sie nur eine der Größenangaben (BREITE oder HÖHE ❷) verändern. Dazu setzen Sie einen Doppelklick in eines der Eingabefelder (der aktuelle Wert wird dann markiert) und geben die neue Größe ein. Verlassen Sie das Eingabefeld mit ⇥, damit GIMP den anderen Wert proportional anpassen kann.

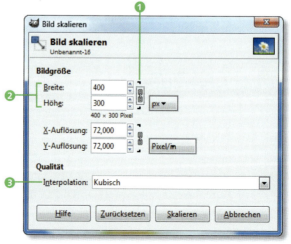

Abbildung 6.10 ▶
Mit dem Dialogfeld geht die Skalierung viel genauer.

Interpolation

Ein wichtiges Thema in diesem Zusammenhang ist die Interpolationsmethode ❸. Dazu müssen Sie sich vergegenwärtigen, dass bei einer Vergrößerung Pixel hinzugerechnet und bei einer Verkleinerung Pixel aus dem Bild entfernt werden müssen (zumindest solange die Auflösung erhalten bleibt). Beides bedeutet Qualitätsverluste.

- Die beste Art, ein Foto zu verändern, ist die Methode KUBISCH.
- KEINE und LINEAR eignen sich nur bedingt, da die Algorithmen hier oberflächlichere, wenngleich schnellere Ergebnisse zutage fördern.
- Bei sehr drastischen Veränderungen ist SINC (LANCZOS3) einen Versuch wert, da hier die Bildschärfe weniger Verluste erfährt.

Berechnungen verwenden

Eine interessante Neuerung von GIMP 2.8 ist, dass sich nun auch kleinere Berechnungen zur Angabe von Maßen verwenden lassen. Wenn Sie das Bild also beispielsweise um 50 Pixel in der Breite vergrößern wollen, müssen Sie nicht unbedingt das Endergebnis eintragen, sondern dürfen dem aktuell angezeigten Wert auch gerne »+ 50« anhängen. (Das ist übrigens in allen Dialogen möglich, in denen Maße verlangt werden.)

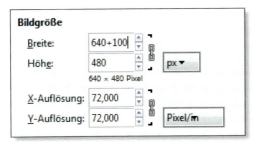

◀ **Abbildung 6.11**
Wenn das Ketten-Symbol aktiv ist, wird auch die Höhe proportional mit verändert, sobald Sie das Eingabefeld für die Breite verlassen.

Grundrechenarten

Bescheiden Sie sich aber bitte mit den Grundrechenarten. Addition (+), Subtraktion (–), Multiplikation (*) und Division (/) werden freilich problemlos angenommen.

Die Leinwandgröße verändern

Mitunter möchte man die Bildgröße verändern, wobei die Größe der Ebene eigentlich erhalten bleiben soll. Das ist häufig bei Kompositionen aus mehreren Bildern wünschenswert. Nun könnten Sie das mit dem Skalieren-Werkzeug machen, doch sind dann die Abmessungen eher zufällig. Wenn es also exakt sein soll, entschei-

6   Zuschneiden, skalieren und transformieren

den Sie sich für LEINWANDGRÖSSE. Den Befehl finden Sie ebenfalls im Menü BILD.

Hier ❶ lassen sich dann die neuen Abmessungen eingeben (Vergrößerung oder Verkleinerung). Unten in der Vorschau ❸ sehen Sie, wie sich die Änderung auswirken würde (hier bei einer Vergrößerung von 640 auf 1.200 Pixel BREITE). Nun können Sie die Bildebene innerhalb des Dokuments noch verschieben, indem Sie den VERSATZ ❷ ändern oder das Menü EBENENGRÖSSEN ÄNDERN ❹ benutzen. Hierbei gilt:

▸ KEINE: Die Größe der Bildebene bleibt erhalten, während sich die Gesamtgröße der Leinwand ändert.
▸ ALLE EBENEN: Die Ebenen nehmen die neuen Abmessungen der Leinwand an – werden also skaliert.
▸ EBENEN IN BILDGRÖSSE: Nur Ebenen, die der Bildgröße entsprechen, werden an die neue Leinwandgröße angepasst.
▸ ALLE SICHTBAREN EBENEN: Nur derzeit sichtbare Ebenen werden an die neue Leinwandgröße angepasst.
▸ ALLE VERKNÜPFTEN EBENEN: Nur in der Ebenen-Palette mit einem Kettensymbol verbundene Ebenen werden an die neue Leinwandgröße angepasst.

Ebene zentrieren

Durch Klick auf ZENTRIEREN ❺ verschieben Sie die Bildebene in die Mitte der Leinwand.

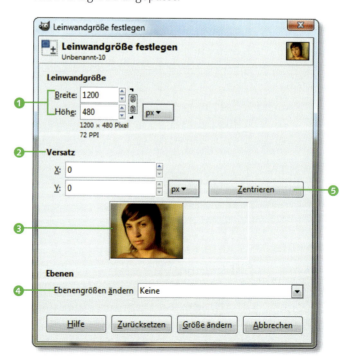

Abbildung 6.12 ▶
Die Arbeitsfläche wird vergrößert, wobei die Ebenengröße erhalten bleibt.

6.3 Perspektivische Korrekturen

Lassen Sie uns zur Praxis übergehen. Dazu nehmen wir eine perspektivische Änderung vor. Das erreichen Sie durch eine Verzerrung des Bildes.

Stürzende Kanten ausgleichen

Wenn Sie die Kamera neigen, beispielsweise um an einem Objekt hochzufotografieren, entstehen im Bild zwangsläufig die sogenannten stürzenden Kanten. Dabei laufen scheinbar gerade Konturen (wie Hauswände) nach oben hin konisch zusammen. Denn es gilt: Was weiter von der Kamera entfernt ist, ist logischerweise kleiner. Was das menschliche Auge keinesfalls als störend empfindet, fällt aber in einem zweidimensionalen Foto drastisch ins Gewicht. Deswegen erscheint es ab und an sinnvoll, stürzende Kanten zu beseitigen.

Nicht jede Kante zurechtrücken!

Sie sollten grundsätzlich maßvoll vorgehen. Wenn Sie ein imposantes Gebäude fotografieren, verleiht gerade die Perspektive dem Bild seinen besonderen Ausdruck. Das sollte nach Möglichkeit auch so bleiben. Bei Panoramen und leichten Verzerrungen hingegen können Sie schon mal etwas nachhelfen.

Schritt für Schritt
Perspektive korrigieren

Öffnen Sie das Foto »Perspektive.JPG«. Werfen Sie einen Blick auf den Rheinturm links und das Haus ganz rechts im Bild. Hier kommt es in besonderem Maße zu den beschriebenen stürzenden Kanten. (Dass die Gehry-Bauten in der Bildmitte – weiß und rötlich – tatsächlich schräge Fassaden haben, soll uns nicht weiter kümmern. Dort wenden wir die folgende Korrektur nämlich nicht an.)

»Perspektive.JPG«

◀ Abbildung 6.13
Windschiefe Häuser im Düsseldorfer Medienhafen? Das geht ja wohl nicht!

6 Zuschneiden, skalieren und transformieren

▲ **Abbildung 6.14**
Die Ebene soll transformiert werden.

Abbildung 6.15 ▶
Die erste Korrektur geht nach oben links.

1 Ansicht optimieren

Aktivieren Sie zunächst das Zoom-Werkzeug Z, und sorgen Sie damit für eine etwas verkleinerte Ansicht. Sie sollten außerhalb des Fotos graue Montagebereiche sehen können, da Sie das Foto gleich über seine eigenen Begrenzungen hinausziehen müssen.

2 Werkzeug einstellen

Aktivieren Sie das Perspektive-Tool über ⇧+P, und achten Sie darauf, dass im Bereich TRANSFORMATION des Werkzeugs der EBENE-Button ❶ aktiv ist. Alle anderen Einstellungen entnehmen Sie bitte Abbildung 6.14.

3 Erste Seite verziehen

Klicken Sie jetzt ziemlich weit oben links auf das Foto, und halten Sie die Maustaste gedrückt. Schieben Sie die Maus nach oben links, und beobachten Sie dabei den Fernsehturm. Wenn dieser sich etwas nach links neigt, lassen Sie los. (Er darf etwas mehr gekippt werden als nötig, da wir im nächsten Schritt wieder in die entgegengesetzte Richtung arbeiten.)

4 Zweite Seite verziehen

Es ist gut zu sehen, dass die rechte Seite durch diese Aktion noch schlimmer verzerrt worden ist. Deswegen klicken Sie das Foto jetzt noch einmal am oberen rechten Quadrat an und verschieben diese Ecke mit gedrückter Maustaste weiter nach oben rechts. (Der Fernsehturm kippt dabei ebenfalls etwas nach rechts. Aus diesem Grund hatten wir ihn im ersten Schritt ein wenig weiter nach links geneigt als nötig.)

5 Bild strecken

Am Ende schieben Sie beide Anfasser-Ecken ❸ und ❹ noch ein wenig nach oben, um einer Stauchung des Fotos in der Vertikalen entgegenzuwirken. Zuletzt bestätigen Sie mit TRANSFORMATION im Dialogfenster oder betätigen die ⏎-Taste.

Hilfslinien deaktivieren

Bei den Linien, die hier das Bild überlagern, handelt es sich um sogenannte Hilfslinien, die das Ausrichten erleichtern. Sie sind eine Neuerung in der Version 2.8. Falls sie bei der Ausrichtung stören, deaktivieren Sie sie, indem Sie das Pulldown-Menü HILFSLINIEN von ANZAHL DER LINIEN ❷ auf KEINE HILFSLINIEN umstellen.

▲ **Abbildung 6.16**
Das macht sehr viel mehr her, oder?

▲ **Abbildung 6.17**
Besonders beim Rheinturm fällt die Korrektur stark ins Gewicht.

▲ **Abbildung 6.18**
Wer sich von den Hilfslinien gestört fühlt, deaktiviert sie ganz einfach in den Werkzeugeinstellungen.

6 Zuschneiden, skalieren und transformieren

Horizont begradigen

Jetzt widmen wir uns einem zweiten Phänomen, das ebenfalls bei der Fotografie auftreten kann. Im vorangegangenen Beispiel war ja die Rede von einer nach oben gekippten Kamera. Im zweiten Beispiel schauen wir uns eine Aufnahme an, bei der die Kamera nicht exakt horizontal gehalten wurde. Dabei kommt es nicht selten zu schiefen Horizonten – und die will kein Mensch sehen.

Schritt für Schritt
Eine schiefe Horizontlinie geraderücken

»Horizont.jpg«

Zunächst einmal benötigen Sie die Bilddatei »Horizont.jpg« aus dem Ordner mit den Beispielfotos. Hier sehen Sie, was passieren kann, wenn man aus einem schaukelnden Boot heraus versucht, eine Skyline einzufangen. Schnell sorgen die Bewegungen des Bootes dafür, dass die Kamera ausgerechnet im Moment des Auslösens ungünstig gekippt wird. Mist!

Abbildung 6.19 ▶
Leider verrissen

▲ **Abbildung 6.20**
Sie benötigen im nächsten Schritt das Info-Fenster.

1 Maßband-Werkzeug aktivieren

Sie könnten das Foto jetzt nach Gutdünken mit Hilfe des Drehen-Werkzeugs verdrehen. Doch das ist zu ungenau. Außerdem bräuchten Sie dafür doch keinen Workshop, gell? Aktivieren Sie deshalb zunächst das Maßband (⇧+M). Zudem wählen Sie die einzige im Werkzeugkasten vorhandene Checkbox an, nämlich INFO-FENSTER VERWENDEN ❶.

160

Perspektivische Korrekturen **6.3**

2 Horizontlinie ziehen

Klicken Sie nun irgendwo links z. B. bei ❷ auf das Ufer oder auf eine Linie im Bild, die idealerweise waagerecht sein sollte. Lassen Sie die Taste nicht los, und bewegen Sie die Maus nach rechts. In Höhe der gleichen Linie (z. B. bei ❸) lassen Sie die Maustaste los.

◄ **Abbildung 6.21**
Hier könnten Sie Anfangs- und Endpunkt platzieren.

3 Winkel ablesen

Widmen Sie sich jetzt dem Maßband-Dialog, der ja durch das vorherige Aktivieren der Checkbox automatisch geöffnet wurde. Lesen Sie dort den Wert im Bereich Winkel ab. Hier sind es 2,78° (wobei Sie möglicherweise auf ein leicht verändertes Maß kommen). Merken Sie sich diesen Wert, oder schreiben Sie ihn auf. Sie benötigen ihn gleich noch.

Wert kopieren

Wer besonders clever vorgehen möchte, der markiert den angezeigten Wert für den Winkel und bugsiert ihn mit Strg+Z in die Zwischenablage. Im übernächsten Schritt (Winkel verändern) fügen Sie ihn dann mittels Tastenkombi Strg+V in das betreffende Eingabefeld ein.

◄ **Abbildung 6.22**
Hier steht, um wie viel Grad die Linie gedreht ist.

4 Drehen-Werkzeug aktivieren

Schließen Sie den Dialog, und suchen Sie das Drehen-Werkzeug aus. Setzen Sie die Beschneidung im Werkzeugkasten auf Auf Ergebnis beschneiden. Danach klicken Sie auf das Foto.

5 Winkel verändern

Wie von Geisterhand öffnet sich nun der Dialog Drehen. Tragen Sie hier den soeben abgelesenen Winkel ein (im Beispiel 2,78°).

Betätigen Sie den Button ROTIEREN. Wer den vorangegangenen Kasten gelesen hat, kann sich das Getippe natürlich sparen.

Abbildung 6.23 ▶
Jetzt erfolgt die Drehung.

6 Bild beschneiden

Ein letztes Problem bleibt: Entlang der Bildränder sind Transparenzen auszumachen. Doch die werden Sie schnell los, wenn Sie ins Menü gehen und BILD • LEINWAND AN EBENEN ANPASSEN selektieren.

Falsche Richtung?

Je nach Neigungsrichtung kann die Horizontlinie entweder gerade oder sogar noch schlimmer verdreht werden. Wenn das passiert, stellen Sie dem eingegebenen Wert bitte ein Minuszeichen voran. Dann wird der Winkel zur anderen Seite hin gedreht – und alles passt wieder.

Abbildung 6.24 ▶
Nun ist alles wieder in Ordnung.

6.4 Bildbereiche transformieren

Eine Neuerung in GIMP 2.8 stellt das bereits erwähnte Werkzeug KÄFIG-TRANSFORMATION dar, mit dessen Hilfe Sie Objekte punktuell verformen. Dazu erzeugen Sie zunächst einen Rahmen. Diesen ziehen Sie dann an zuvor festgelegten Punkten zurecht. Wie das genau funktioniert, verrät der folgende Workshop.

Probleme beim Transformieren

Um es jedoch gleich vorwegzunehmen: Nicht bei jedem Bild stellt sich der gewünschte Erfolg ein, da Sie im Prinzip nicht imstande sind, ein einzelnes Bildobjekt auszuwählen, sondern immer nur eine bestimmte Fläche.

Sollten sich also innerhalb des Transformationsrahmens Bildbereiche befinden, die nicht verformt werden sollen, müssen Sie mit verschiedenen Ebenen arbeiten. Hierbei sind die relevanten Bereiche zunächst von denen zu trennen, die unangetastet bleiben sollen. Das erreichen Sie, indem Sie zunächst das Objekt mit Hilfe einer Maske ausschneiden und den relevanten Teil anschließend vor den gewünschten Hintergrund setzen.

Im Klartext: Um das zu verformende Objekt herum befinden sich transparente Pixel. Wenn dieses Objekt nun verformt wird, geschieht das, ohne dass der Hintergrund in Mitleidenschaft gezogen wird.

Einfache Transformationen

Nun muss nicht jede Transformation gleich mit einer aufwendigen Komposition beginnen. Wenn sich im Hintergrund nämlich einheitliche Farben statt aufwendiger Objekte befinden, klappt es meist ohne sichtbare Montagespuren.

Schritt für Schritt
Ein Glas transformieren

Bei diesem Workshop soll ein zylindrisches Glas in eine Trapezform gezogen werden. Da wir die Transformation eher gering ausfallen lassen und der Hintergrund kaum strukturiert ist, wird die Montage am Ende nicht auffallen.

1 Bild öffnen
Öffnen Sie die Datei »Transformation.jpg«. Der Hintergrund ist schwarz und wird lediglich im unteren Drittel durch einen Verlauf (von Schwarz nach Grün nach Weiß) unterbrochen.

»Transformation.jpg«

6   Zuschneiden, skalieren und transformieren

▲ **Abbildung 6.25**
Zunächst erzeugen Sie den sogenannten Käfig.

2   Transformationsrahmen einstellen

Aktivieren Sie das Käfig-Transformation-Werkzeug (⇧+G), und setzen Sie einen Mausklick etwas außerhalb der linken oberen Ecke des Glases ❶ an. Platzieren Sie weitere Mausklicks an den Positionen ❷, ❸ und ❹, ehe Sie den Käfig durch erneuten Klick auf ❶ schließen. Mit den Punkten ❸ und ❹ sollten Sie dicht am Glas sowie oberhalb des Glasbodens und der Tablette bleiben.

3   Glas transformieren

Klicken Sie nun nacheinander auf die Punkte ❶ und ❷, und ziehen Sie sie etwas nach außen sowie nach oben. Der Käfig wird dabei trapezförmig. Nach kurzer Rechenzeit der Anwendung wird das Ergebnis präsentiert. Wenn Sie noch nicht zufrieden sind, verziehen Sie die Punkte noch weiter – immer und immer wieder, so lange, bis alles passt. Am Ende betätigen Sie ⏎-Taste.

▲ **Abbildung 6.26**
Die Punkte können Sie auch in mehreren Schritten anpassen.

▲ **Abbildung 6.27**
Aus dem zylindrischen Glas ist ein Trapez geworden.

Farben und Tonwerte korrigieren

GIMPs bunte Mischung

- Wie korrigiere ich Farbstiche?
- Was sagt ein Histogramm über ein Foto aus?
- Wie kann ich die Farben eines Bildes korrigieren?
- Wie funktioniert eine Tonwertkorrektur?
- Wie wird ein Foto mittels Werte-Dialog eingestellt?
- Wie korrigiere ich rote Augen?
- Wie lassen sich Ebenenmodi zur Farbkorrektur verwenden?

7 Farben und Tonwerte korrigieren

In diesem Kapitel dreht sich alles um Farben und die damit verbundenen Korrekturmöglichkeiten. Dabei ist es unerheblich, ob Ihr Foto zu blass ist, ob Sie einen Farbstich beseitigen wollen oder bestimmte Farbkanäle gezielt beeinflussen wollen. GIMP ist Ihnen in jeder Situation ein bestens ausgestatteter Helfer.

7.1 Automatische Farbverbesserungen

GIMP bringt eine Fülle von nützlichen Dialogen mit, die es erlauben, ein Bild nach den individuellen Bedürfnissen anzupassen. Hier können Sie ganz nach Ihren Wünschen einstellen, drehen, regulieren und ab und an auch manipulieren. Manchmal reicht es aber auch, wenn Sie die Entscheidung, wie ein Bild korrigiert werden muss, schlicht der Anwendung überlassen.

Farbstich entfernen

Zeitgemäße Fotokameras verfügen mittlerweile auch im Low-Budget-Segment bereits über einen recht ordentlich arbeitenden Weißabgleich. Dieser berücksichtigt beispielsweise, dass Farben nicht zu jeder Tageszeit gleich dargestellt werden. Entsprechendes gilt für Innenaufnahmen mit künstlicher Beleuchtung. Das bedeutet: Weiß ist nicht immer gleich Weiß.

Wie gesagt, so etwas gleicht die Kamera gewöhnlich aus. Es gibt jedoch zahlreiche Situationen, in denen der Weißabgleich nicht mehr korrekt funktioniert bzw. die Kamera die Aufnahmesituation *falsch einschätzt*. Die Folge: Farbstich! Ich weiß, das ist ein schlimmes Wort – zumal der Farbstich während des Fotografierens ja meist gar nicht auffällt.

Weißabgleich

Durch den Weißabgleich wird ein Unterschied zwischen dem menschlichen und dem Kamera-Auge ausgeglichen: Wir Menschen sehen Licht fast immer »weiß«, auch wenn es in Wirklichkeit sehr unterschiedliche Lichtfarben (»Temperaturen«) gibt. Diesen Ausgleich kann eine Kamera nicht immer leisten – auf dem fotografierten Bild manifestieren sich dann unterschiedliche Lichtfarben als Farbstiche.

Schritt für Schritt
Farbstich automatisch korrigieren

In Extremsituationen, wie z. B. bei greller Sonne, am Strand oder im Schnee, spielt der Weißabgleich der Kamera gerne mal verrückt. Nun sind derartige Fotos aber keinesfalls reif für den Papierkorb. Lassen Sie GIMP ran, und die Farben erstrahlen wieder im alten Glanz.

»Farbstich.jpg«

1 Foto öffnen
Öffnen Sie die Datei »Farbstich.jpg« aus den Beispieldateien. Das sieht doch wirklich schlimm aus, oder? Blauer Schnee – das geht gar nicht! Außer vielleicht als Titel für einen Heimatfilm.

2 Foto korrigieren
Gehen Sie in das Menü FARBEN, und entscheiden Sie sich für AUTOMATISCH • WEISSABGLEICH. Das war's schon. Mehr müssen Sie nicht machen. Das Ergebnis überzeugt:

◄ **Abbildung 7.1**
Das ging aber schnell. Mit zwei Mausklicks ist alles erledigt.

So leicht kann Bildkorrektur sein. Leider sind die Automatikfunktionen aber nicht immer empfehlenswert. GIMP kann ein Foto zwar analysieren, die Werte berechnen und gegebenenfalls justieren, ist aber beim besten Willen nicht imstande, die Schwachstellen der Aufnahme visuell auszumachen – so wie Sie das können.

▲ **Abbildung 7.2**
GIMPs automatische Farbverbesserungen

Deshalb kommt es bei den Automatikfunktionen nicht selten zu Fehlinterpretationen.

Sie sollten sich also von Anfang an mit dem Gedanken anfreunden, Ihre Fotos manuell zu korrigieren. Dennoch möchte ich die automatisierten Möglichkeiten vorab noch kurz ansprechen.

Abgleichen

Mit der Funktion FARBEN • AUTOMATISCH • ABGLEICHEN werden die Farbkanäle aufeinander abgestimmt. Das passiert in der Art, dass die Helligkeitsinformationen in allen Kanälen (Rot, Grün und Blau) möglichst identisch miteinander abgeglichen werden. Die Ergebnisse fallen allerdings höchst unterschiedlich aus. Deshalb ist es auch möglich, dass statt einer Verbesserung eine Verschlechterung erreicht wird. In diesem Fall drücken Sie [Strg]+[Z] und wählen lieber eine manuelle Korrektur. Dies gilt im Übrigen für alle Automatikkorrekturen, die über FARBEN • AUTOMATISCH zu erreichen sind.

Farbverbesserung

Hiermit wird prinzipiell die Sättigung (also die Leuchtkraft/Intensität der Farbe) verbessert. Die Farbwerte selbst sowie die Helligkeit werden bei dieser Aktion nicht verändert – auch wenn es im Ergebnis manchmal so aussieht. Für eine schnelle, unkomplizierte Farbkorrektur ist diese Routine durchaus geeignet.

HSV strecken

Diese Art der Bildmanipulation funktioniert wie die Kontrastspreizung (siehe folgenden Abschnitt), wobei hier allerdings im HSV-Farbmodell gearbeitet wird. HSV STRECKEN kann ebenso wie die Kontrastspreizung zu unerwünschten Ergebnissen führen.

Kontrastspreizung

Bei dieser Vorgehensweise werden die einzelnen Kanäle (Rot, Grün und Blau) so weit wie möglich gestreckt (siehe Abschnitt

»Die Tonwertspreizung« auf Seite 178). Helle Farben werden heller, während dunkle Farben mehr abdunkeln. Dadurch werden Farben verschoben, was zu unerwünschten Ergebnissen führen kann.

Normalisieren

Normalisieren entspricht am ehesten einer Tonwertkorrektur mit Pipetten. Der dunkelste Punkt eines Fotos wird dabei schwarz und der hellste weiß dargestellt. Meist erreichen Sie mit dieser Vorgehensweise ein gutes Ergebnis, wobei allerdings die Mitteltöne (alle Bereiche, die weder Schwarz noch weiß sind) besser werden, wenn Sie diese manuell anpassen (siehe dazu Abschnitt »Belichtung über Kurven einstellen« auf Seite 225).

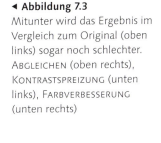

◀ **Abbildung 7.3**
Mitunter wird das Ergebnis im Vergleich zum Original (oben links) sogar noch schlechter. ABGLEICHEN (oben rechts), KONTRASTSPREIZUNG (unten links), FARBVERBESSERUNG (unten rechts)

Komplementärfarben

Als Komplementärfarben bezeichnet man Farben, die einer bestimmten Grundfarbe innerhalb des Farbkreises gegenüberliegen. Beim RGB-Farbraum liegt gegenüber von Rot beispielsweise Cyan. Grün liegt Magenta gegenüber, und Blau hat Gelb als Komplementärfarbe. (Siehe hierzu auch die Hinweise im Abschnitt »Der RGB-Farbraum« auf Seite 38.)

7.2 Farbabgleich

Was Farbstiche betrifft, setzt der Fachmann auch ganz gerne mal den Farbabgleich-Dialog ein. Mit diesem lassen sich nämlich bestimmte Farbbereiche in Richtung einer entsprechenden Komplementärfarbe verschieben. Neben der Bekämpfung eines Farb-

7 Farben und Tonwerte korrigieren

»Farbstich.jpg«

stichs können Sie so aber auch eine bewusste Farbveränderung innerhalb eines Fotos herbeiführen.

Bleiben wir aber bei den Farbstichen: Wenn Sie das soeben bearbeitete Foto (»Farbstich.jpg«) noch einmal in den Originalzustand versetzen (also den Farbstich wiederherstellen) und danach den Dialog FARBEN • FARBABGLEICH anwählen, finden Sie zunächst einmal drei Radio-Buttons ❶, mit deren Hilfe Sie die zu bearbeitenden Bereiche (SCHATTEN, MITTEN und GLANZLICHTER) anwählen. (Das sind übrigens jeweils die ganz dunklen, die mittleren und die hellen Bereiche eines Fotos. Doch dazu im folgenden Kapitel mehr.) Aktivieren Sie den Button GLANZLICHTER, und schieben Sie den untersten der drei Schieberegler ❷ nach links in Richtung GELB. (Das ist die Komplementärfarbe von Blau – und wir haben es im Bild ja mit einem Blaustich zu tun.) Wenn Sie auf einen Wert von etwa –12 gehen, verschwindet der Blaustich.

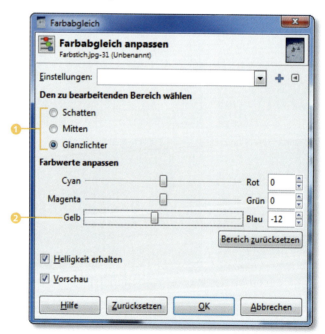

Abbildung 7.4 ▶
Mit Hilfe des Dialogs FARB-ABGLEICH erzielen Sie schnell und intuitiv gute Resultate.

7.3 Histogramm und Werte

Wenn Automatik-Korrekturfunktionen nicht zum gewünschten Resultat führen, müssen Sie die Fotos manuell anpassen. Dabei helfen einige Statistiken, die Ihnen eine Menge über Farben und Helligkeitswerte im Foto verraten.

Das Histogramm

Das Histogramm (FENSTER • ANDOCKBARE DIALOGE • HISTOGRAMM) verrät zunächst einmal, wie die Farb- und Helligkeitswerte im aktuellen Bild verteilt sind. Bei der Grafik in der Mitte ❸ gilt grundsätzlich Folgendes: Das Histogramm dehnt sich horizontal und vertikal aus. Horizontal werden die unterschiedlichen Helligkeitswerte ausgewiesen. Ganz links befinden sich die schwarzen Bildbereiche, ganz rechts die weißen. In der Mitte befindet sich neutrales Grau. Je weiter Sie nun horizontal nach links gehen, desto dunkler werden die Bildpixel; je weiter Sie nach rechts gehen, desto heller werden sie. Das allein reicht aber noch nicht. Daher spielt auch die Vertikalerhebung des Histogramms eine Rolle. Je höher nämlich das Histogramm an einer bestimmten Stelle ist, desto öfter ist dieser Ton im Bild vorhanden. (Für die einzelnen Farbkanäle bedeutet dies: Links ist die dunkle, rechts die helle Farbe.)

Wenn Sie sich zuvor noch nie mit dieser Thematik beschäftigt haben, ist das zunächst sehr verwirrend. Allerdings ist es ausgesprochen wichtig, den Hintergrund zu verinnerlichen. Lassen Sie uns deshalb ein Beispiel dazu anschauen.

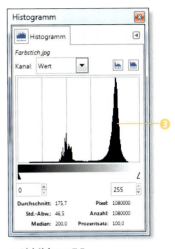

▲ **Abbildung 7.5**
Die Grafik in der Mitte verrät eine Menge über Farb- und Helligkeitswerte.

Schritt für Schritt
Histogramme interpretieren

Wenn Sie die Histogramme interpretieren können, wird die Bildkorrektur im wahrsten Sinne des Wortes zum Kinderspiel.

»Histogramm.jpg«

1 Dialog öffnen
Öffnen Sie zunächst die Datei »Histogramm.jpg«. Sollte der Histogramm-Dialog noch nicht geöffnet sein, zeigen Sie ihn jetzt über FENSTER • ANDOCKBARE DIALOGE • HISTOGRAMM an.

7   Farben und Tonwerte korrigieren

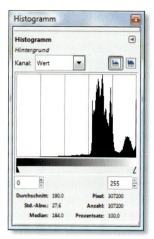

▲ **Abbildung 7.6**
Dieses Histogramm ist eine grafische Statistik …

▲ **Abbildung 7.7**
… dieses schönen Fotos.

2   Helligkeitsinformationen ablesen

Sie sehen es auf den ersten Blick: Im Foto ist kein reines Schwarz enthalten, weshalb der linke Bereich des Histogramms ❷ auch keinerlei vertikale Erhebungen aufweist. Gehen Sie weiter nach rechts (etwa in das vierte Fünftel ❸), finden sich die meisten Helligkeitswerte (das Histogramm erhebt sich hier beträchtlich). Dass Weiß sowie helle Töne ebenfalls vorhanden sind, zeigt sich durch die Erhebungen ganz rechts ❹. Das dürften auf jeden Fall die Blätter der Blume sein.

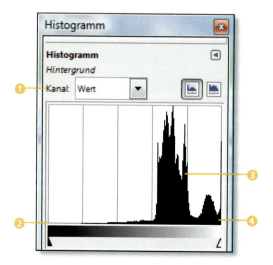

Abbildung 7.8 ▶
Das Bild ist sehr hell – die meisten Erhebungen sind ziemlich weit rechts zu finden.

172

3 Farben ermitteln

Wir wissen jetzt, dass das Bild aus sehr vielen hellen Pixeln besteht. Aber mal ehrlich: Das hätten wir auch ohne Histogramm gewusst, oder? Darum öffnen Sie doch jetzt einmal das Pulldown-Menü KANAL ❶. Stellen Sie hier um auf RGB.

Sich überschneidende Grundfarben

Grundsätzlich zeigt das RGB-Histogramm Rot, Grün und Blau gemeinsam an. An den Stellen jedoch, an denen sich die Farbkanäle überschneiden, werden zur besseren Kennzeichnung andere Farbwerte eingesetzt. Die Verlängerung von Rot nach rechts beispielsweise ist hier gelb dargestellt. So wird also in der Tat nicht der Gelb-Anteil des Fotos angezeigt, sondern der Rot-Anteil.

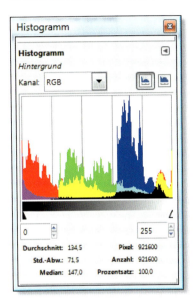

◀ Abbildung 7.9
Jetzt kommt Farbe ins Spiel.

Das Histogramm offenbart jetzt alle drei Grundfarben (Rot, Grün und Blau). Sie sehen auf den ersten Blick, dass es sich bei den Erhebungen im vierten Fünftel um Blau (sprich: um den Himmel) handelt. Dieses Blau wiederum muss sehr hell sein; anderenfalls wäre die Erhebung ja viel weiter links auszumachen.

4 Einzelnen Kanal anzeigen

Lassen Sie uns das kontrollieren! Gehen Sie noch einmal in das Menü KANAL, und stellen Sie um auf BLAU. Jetzt sehen Sie nur den Blau-Kanal, sonst nichts. Was schlussfolgern Sie nun aus diesem Histogramm? – Richtig: Neben den vielen hellen Blau-Anteilen sind auch ein paar sehr dunkle anzutreffen ❺ (siehe Abbildung 7.10). Immerhin erhebt sich das Histogramm auch am linken Rand.

5 Bereich einschränken

Nun ist das mit dem Histogramm so eine Sache: Sie können zwar hier eine Menge in Erfahrung bringen, einstellen lässt sich daran

7 Farben und Tonwerte korrigieren

jedoch nichts. Das Einzige, was Sie machen können, ist, die kleinen Regler ❽ und ❾ nach links oder rechts ziehen, um den Analysebereich zu reduzieren. Dadurch erhalten Sie andere Werte im unteren Bereich des Dialogs ❿.

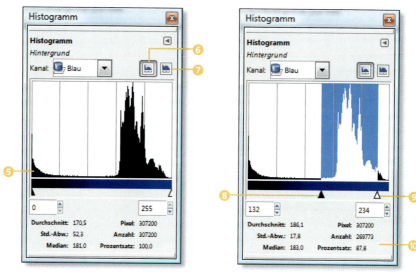

▲ **Abbildung 7.10**
Einige Blautöne scheinen sehr dunkel zu sein.

▲ **Abbildung 7.11**
Die statistischen Werte im unteren Bereich des Histogramms ändern sich.

Lineares und logarithmisches Histogramm

Sie können die Histogramm-Ansicht verändern. Während das LINEARE HISTOGRAMM ❻ Standard ist, stellt das LOGARITHMISCHE HISTOGRAMM ❼ den Verlauf dichter dar. Diese Einstellung sollten Sie nur dann verwenden, wenn das lineare Histogramm keine eindeutigen Ergebnisse liefert, zum Beispiel wenn einzelne Farben das Bild dominieren.

Zur Analyse des gesamten Fotos ist das allerdings zunächst einmal nicht erforderlich. Daher sollten Sie die Regler wieder ganz nach außen ziehen und zuletzt den KANAL WERT aktivieren.

Der Farbwerte-Dialog

Jetzt bleibt natürlich die Frage, warum wir ein Histogramm benötigen, wenn wir daran doch eh nichts ändern können. Genau hier kommt der Werte-Dialog ins Spiel. Sie erreichen ihn über FARBEN • WERTE. In diesem Dialog ändern Sie die Tonwerte Ihres Bildes – man spricht hier auch von einer Tonwertkorrektur.

Werfen Sie zunächst einen Blick auf das Pulldown-Menü KANAL ❶. Sie kennen es ja bereits vom Histogramm-Dialog. Also ist es auch hier möglich, einzelne Kanäle anzeigen zu lassen. Die grafische Statistik taucht dann im Bereich QUELLWERTE ❷ auf. So weit, so gut. Aber wie läuft das nun mit den Einstellungen? Lassen Sie uns das in einem Workshop klären.

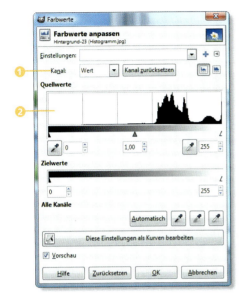

◄ **Abbildung 7.12**
Der Werte-Dialog erlaubt im Gegensatz zum Histogramm Änderungen am Bild.

Schritt für Schritt
Das Blau des Himmels aufhellen – Farbwerte anpassen

Finden Sie nicht auch, dass das dunkle Blau des Himmels im Beispielbild »Histogramm.jpg« geradezu erdrückend auf unser zartes Blümchen wirkt? Deshalb wollen wir in diesem Workshop versuchen, den blauen Himmel über eine einfache Tonwertkorrektur etwas heller und freundlicher zu gestalten.

»Histogramm.jpg«

1 Farbanpassung vorbereiten
Sollten Sie das Beispielfoto noch nicht bereitgestellt haben, öffnen Sie bitte »Histogramm.jpg«. Stellen Sie außerdem den Dialog FARBWERTE ANPASSEN (FARBEN • WERTE) zur Verfügung.

2 Blaukanal aktivieren
Stellen Sie den KANAL von WERT auf BLAU um. Damit haben Sie die Möglichkeit, den Blaukanal isoliert von den beiden anderen zu bearbeiten.

7 Farben und Tonwerte korrigieren

Abbildung 7.13 ▶
Zunächst stellen Sie den
Blau-Kanal ein.

3 Blaukanal einstellen

Werfen Sie jetzt einen Blick auf den Bereich Quellwerte. Unterhalb des dort befindlichen Histogramms finden Sie drei Schieberegler: einen schwarzen ❶, einen grauen ❷ und einen weißen ❹. Wenn Sie diese benutzen, werden sich – im Gegensatz zu den Histogramm-Reglern – Änderungen am Bild ergeben.

Ziehen Sie den weißen Regler ❹ nach links. Achten Sie auf das Eingabefeld unterhalb dieses Reglers. Die Werte dort werden sich nämlich verändern, sobald Sie damit beginnen, den Schieber zur Mitte hin zu bewegen. Stoppen Sie, wenn ein Wert von etwa 180 erreicht ist.

Abbildung 7.14 ▶
Ziehen Sie den weißen
Schieber etwas zur Mitte.

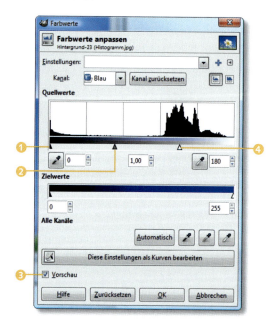

4 Ergebnis vergleichen

Nun können Sie sich einen Vorher-nachher-Vergleich gönnen, ohne den Dialog FARBWERTE ANPASSEN verlassen zu müssen. Das geht ganz einfach, indem Sie die Checkbox VORSCHAU ❸ unten links im Dialog vorübergehend deaktivieren und dabei das Foto betrachten. Das sieht doch wesentlich freundlicher aus, oder? Bestätigen Sie mit OK. Glückwunsch! Sie haben Ihre erste Kanal-Farbkorrektur hinter sich gebracht.

▼ **Abbildung 7.15**
Vergleichen Sie das Original (links) mit dem korrigierten Foto (rechts).

7.4 Die Tonwertkorrektur

Nun muss klar gesagt werden, dass Korrekturen nicht immer so glatt verlaufen, wie das im vorangegangenen Beispiel der Fall gewesen ist. Hinzu kommt, dass wir eine eher willkürliche Einstellung getroffen haben – ohne irgendwelche Regeln zu beachten, sondern rein nach Augenmaß. Auch die Automatik im Farbwerte-Dialog bringt uns hier nicht ans Ziel, wie der folgende Mini-Workshop beweist.

Schritt für Schritt
Die Grenzen der automatischen Tonwertkorrektur

Nun wäre es ja ein Leichtes, eine automatische Tonwertkorrektur vorzunehmen, die dann auch noch ein wunderschönes Ergebnis

»Histogramm.jpg«

7 Farben und Tonwerte korrigieren

liefert. Ich möchte aber lieber den anderen Weg gehen und Ihnen zeigen, wo die Automatik an ihre Grenzen stößt.

1 Bild öffnen

Öffnen Sie abermals die zuletzt verwendete Datei (»Histogramm.jpg«). Sollten Sie den vorangegangenen Workshop ausgeführt haben, gehen Sie ins Journal und machen den letzten Schritt rückgängig.

2 Foto automatisch korrigieren

Öffnen Sie noch einmal FARBWERTE ANPASSEN, indem Sie auf WERTE im Menü FARBEN klicken. Ziemlich weit unten finden Sie eine Schaltfläche mit dem klangvollen Namen AUTOMATISCH. Betätigen Sie diese. Ist das Ergebnis nicht grauenvoll?

Abbildung 7.16 ▼
Die Automatik funktioniert hier überhaupt nicht.

Die Tonwertspreizung

Was ist hier passiert? Nun, GIMP hat einen lustigen Farbstich ins Bild befördert. Klassischer Fall von Fehlanalyse. Und wissen Sie, was ursächlich dafür ist? Das Bild weist keinerlei Schwarz auf. Daran orientiert sich die Automatik aber ebenso wie an Weiß. Und da kommen wir zu einer wichtigen Regel: Die dunkelsten Pixel eines Fotos sind nämlich idealerweise schwarz, die hellsten idealerweise weiß. Nun gibt es Ausnahmen, aber nur wenige (wie beispielsweise eine hellbraune Muschel im goldgelben Sand – oder unsere Blume). Doch für die allermeisten Fotos gilt diese Regel. Schauen wir uns dazu folgendes Beispiel an.

Die Tonwertkorrektur 7.4

Schritt für Schritt
Farben kräftigen (Tonwertspreizung)

Wenn sich das Histogramm eines Fotos über den gesamten Tonwertbereich erstreckt, haben wir es in der Regel mit kräftigen und gesättigten Farben zu tun. Ist das nicht der Fall, wirkt das Foto meist flau und trüb, so wie im Beispiel der Datei »Tonwertspreizung.jpg«.

»Tonwertspreizung.jpg«

1 Werte-Dialog öffnen
Öffnen Sie das Foto, und stellen Sie anschließend FARBWERTE ANPASSEN zur Verfügung, indem Sie über FARBEN • WERTE gehen.

▲ Abbildung 7.17
Der Aufnahme fehlt es an kräftigen, gesättigten Farben.

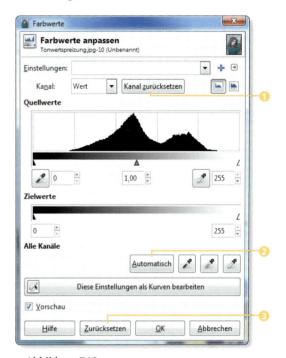

▲ Abbildung 7.18
So sieht das Histogramm des Beispielfotos aus.

2 Farbwerte automatisch korrigieren
Lassen Sie uns auch hier noch einmal ausprobieren, wie die Automatik mit diesem Foto zurechtkommt. Klicken Sie auf die Schaltfläche AUTOMATISCH ❷.

179

7 Farben und Tonwerte korrigieren

Kanal zurücksetzen

Wenn Sie in den Kanälen (Rot, Grün, Blau) arbeiten, ist die Taste KANAL ZURÜCKSETZEN ❶ interessant, weil Sie damit die einzelnen Kanäle zurücksetzen können, ohne dabei eventuell vorab getätigte Einstellungen in anderen Kanälen in Mitleidenschaft zu ziehen.

▲ **Abbildung 7.19**
Das Ergebnis ist nicht wirklich zufriedenstellend, oder?

Das sieht schon sehr viel besser aus. Aber das Foto ist leicht gelblich geworden (besonders auf der Haut des Models zu sehen). Auch hier kommen wir also mit der Automatik nicht so gut zurecht. Aber einen Versuch war es ja wert. Klicken Sie deshalb auf den Button ZURÜCKSETZEN ❸.

3 Quellwerte interpretieren

Werfen Sie einen Blick auf den Bereich QUELLWERTE ❺. Hier fällt vor allem auf, dass sich das Histogramm nicht über die gesamte zur Verfügung stehende Breite erstreckt.

Alle Werte

Das Steuerelement KANAL ❹ sollte auf WERT stehen (nur für den Fall, dass Sie sich vorab einmal die einzelnen Kanäle angeschaut haben). Ganz links und ganz rechts sind keine Erhebungen mehr auszumachen. Das sollte aber eigentlich der Fall sein.

4 Tonwerte spreizen

Sie können das manuell ändern. Nehmen Sie sich zunächst den linken Schieberegler ❻ vor, und ziehen Sie ihn nach rechts – und zwar so weit, bis erste Erhebungen im Histogramm sichtbar werden. Beobachten Sie gleichzeitig das unterhalb befindliche Eingabefeld ❼. Stoppen Sie, wenn Sie bei circa 44 angekommen sind.

Nehmen Sie sich jetzt den rechten Schieberegler ⓫ (Sie ahnen es: Er steht für den Weißpunkt), und ziehen Sie ihn nach links. Stoppen Sie, wenn etwa 230 im Eingabefeld ⓬ erreicht ist.

180

Die Tonwertkorrektur 7.4

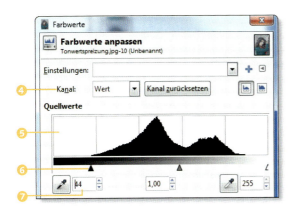

◂ **Abbildung 7.20**
Im ersten Schritt justieren Sie den Schwarzpunkt.

5 Graupunkt einstellen

Was ist geschehen? Sie haben den dunkelsten Punkt des Bildes zu Schwarz und den hellsten zu weiß deklariert, indem Sie die beiden äußeren Schieberegler an das Histogramm herangezogen haben. Damit sind die Tonwerte über die zur Verfügung stehende Breite gespreizt worden. Nun können wir von einer deutlichen Verbesserung sprechen.

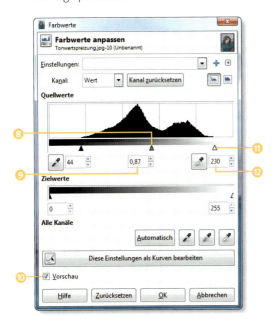

Aber damit nicht genug: Ändern wir noch den Graupunkt, damit auch die Bereiche optimiert werden, die weder sehr dunkel noch sehr hell sind. Dafür ist der Schieber in der Mitte zuständig 8. Mit

Schwarzpunkt und Weißpunkt

Der dunkelste Punkt eines Fotos ist idealerweise schwarz. Wenn das nicht der Fall ist, reicht das Histogramm nicht bis ganz nach links. Durch Verstellung des Schwarzpunktes nach rechts wird der dunkelste Punkt des aktuellen Fotos kurzerhand zu schwarz deklariert. Ebenso verhält es sich mit dem hellsten Punkt des Fotos, der idealerweise Weiß ist. Schieben Sie den Weißpunkt-Regler nach links (bis an das Histogramm heran), wird der hellste Punkt des Fotos weiß.

◂ **Abbildung 7.21**
Wenn Sie diese Werte erreicht haben, dürfen Sie auf OK klicken.

Dialog erneut öffnen

Das Anwählen des Dialogs FARBWERTE ANPASSEN bewirkt (übrigens genauso wie beim weiter unten vorgestellten Dialog FARBKURVEN KORRIGIEREN), dass das zuletzt eingestellte Werkzeug abgewählt wird. Klicken Sie anschließend (nach Verlassen des Dialogs) noch einmal auf das Foto, wird der zuletzt gewählte Dialog automatisch erneut geöffnet. Das erspart den Gang über das Menü.

ihm verändern Sie die bereits erwähnten Mitteltöne. Sie müssen jetzt nur noch auf die Richtung achten. Nach links bedeutet: heller; nach rechts wird das Foto dunkler. Beobachten Sie auch hier das entsprechende Eingabefeld unterhalb des Reglers ❾. Streben Sie einen Wert von etwa 0,85–0,90 an.

6 Vorher-nachher-Vergleich

Bevor Sie den Dialog mit OK verlassen, sollten Sie sich einen Vorher-nachher-Vergleich gönnen, indem Sie die VORSCHAU ❿ mehrfach deaktivieren und wieder aktivieren. Jetzt ist das Bild kräftiger, und die Farben wirken frisch.

Abbildung 7.22 ▶
Der Grauschleier ist verschwunden.

Folgen der Tonwertspreizung

Öffnen Sie doch noch einmal den Werte-Dialog (FARBEN • WERTE). Sie werden feststellen, dass sich das Histogramm ⓮ jetzt über die gesamte Breite erstreckt. Allerdings kommt es darin zu Unterbrechungen. Noch deutlicher wird dies, wenn Sie umschalten von LINEARES HISTOGRAMM auf LOGARITHMISCHES HISTOGRAMM ⓭. Diese weißen Ausreißer sind Verluste, die bei der Tonwertspreizung entstanden sind. Vereinfacht gesagt: Durch die Spreizung hat das Histogramm in der Mitte Risse bekommen. Trotzdem ist das Foto jetzt optisch verbessert worden. Diese Tatsache sollte Sie jedoch dazu animieren, bei einer Tonwertspreizung stets sehr vorsichtig vorzugehen.

Darüber hinaus sollten Sie stets versuchen, das gewünschte Resultat in einem einzelnen Vorgang zu optimieren. Nachkorrigieren ist indes nicht zu empfehlen, da Sie dann nicht mehr auf Grundlage des Originals, sondern des vorangegangenen Ergebnisses weiterarbeiten (das ja seinerseits bereits verlustbehaftet ist).

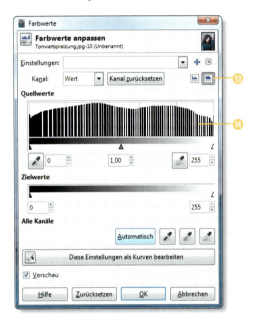

◀ **Abbildung 7.23**
Schrecklich! Risse im Histogramm! Einmal ist das zu verkraften, jedoch sollten Sie die Tonwertkorrektur nicht wiederholen. Versuchen Sie immer, das Foto durch einmalige Korrektur zu optimieren.

Einstellungen speichern

Innerhalb des Dialoges FARBWERTE ANPASSEN existieren noch weitere Steuerelemente: Wenn Sie diese Liste ❶ öffnen, finden Sie möglicherweise schon einige vordefinierte Einträge (#, #1, #2, #3 usw.). Das ist zumindest dann der Fall, wenn Sie zuvor schon Tonwert-Einstellungen unternommen haben. GIMP speichert diese Werte nämlich in chronologischer Reihenfolge ab.

Nun sind derart kryptische Bezeichnungen natürlich wenig aussagekräftig. Deshalb sollten Sie nach einer Einstellung einmal auf das kleine Plus-Symbol ❷ klicken und über den Folgedialog lieber einen logischeren Namen vergeben. Betätigen Sie einmal die Schaltfläche ❸, können Sie die EINSTELLUNGEN VERWALTEN, indem Sie den untersten Eintrag des Folgemenüs auswählen. Zudem lassen sich EINSTELLUNGEN IN DATEI EXPORTIEREN bzw. zuvor gespeicherte EINSTELLUNGEN AUS DATEI IMPORTIEREN.

7 Farben und Tonwerte korrigieren

Abbildung 7.24 ▶
Derartige Einstellungen können Sie durchaus auch speichern und reimportieren.

Schwarz-, Weiß- und Graupunkt bestimmen

Die Schaltflächen SCHWARZPUNKT WÄHLEN ❹ bzw. ❽ und WEISSPUNKT WÄHLEN ❻ bzw. ❿ unterstützen Sie dabei, den hellsten bzw. dunkelsten Punkt direkt auf dem Bild ausfindig zu machen.

Gehen Sie dazu folgendermaßen vor: Aktivieren Sie einen der beiden Taster, und klicken Sie damit auf Ihr Bild (beim Schwarzpunkt sollten Sie einen möglichst dunklen Punkt anvisieren, beim Weißpunkt einen möglichst hellen). Halten Sie die Maustaste jetzt gedrückt, und bewegen Sie die Maus über das Bild. Wenn Sie den dunkelsten bzw. hellsten Punkt gefunden haben, lassen Sie los. Dabei sollten auch den Schwarz- bzw. Weißpunkt-Regler im Bereich der Quellwerte im Auge behalten. Wenn diese nämlich am weitesten zum jeweiligen Rand hin angeordnet sind, ist der gewünschte Punkt zumeist gefunden.

Der mittlere Button, GRAUPUNKT WÄHLEN ❾, gestattet die Bestimmung des neutralen Grauwerts. Gehen Sie hier allerdings vorsichtig zu Werke, da sich mit dieser Pipette auch Farbstiche einschleichen können.

Zielwerte bestimmen

Mit ❺ und ❼ bestimmen Sie, über welchen Bereich sich die Änderungen auswirken sollen. Sie können hier dafür sorgen, dass der dunkelste Punkt eines Bildes eben nicht schwarz bzw. der hellste nicht weiß ist. Bitte beachten Sie, dass Sie damit der Tonwertspreizung in der Regel entgegenwirken.

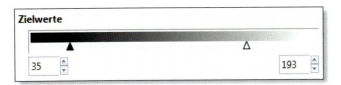

◄ Abbildung 7.25
Grenzen Sie den Wirkungsbereich der Tonwertkorrektur ein.

Farbkurven korrigieren

Über Diese Einstellungen als Kurven bearbeiten ⓫ wechseln Sie vom Dialog Farbwerte anpassen (Farben • Werte) in den Dialog Farbkurven korrigieren (Farben • Kurven). Dort wird anstelle des Histogramms ein Kurvendiagramm verwendet, wobei die zuvor getroffenen Einstellungen automatisch übernommen werden. (Mehr zu den Kurven erfahren Sie in Kapitel 8 ab Seite 225.)

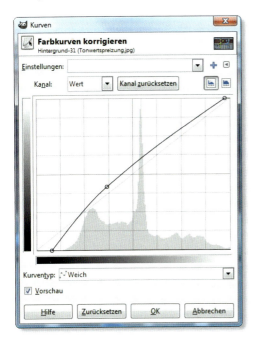

◄ Abbildung 7.26
Die Ergebnisse der Tonwertspreizung wurden an den Kurven-Dialog übergeben.

7.5 Farbton/Sättigung

Mit der Funktion FARBTON/SÄTTIGUNG aus dem FARBEN-Menü nehmen Sie direkten Einfluss auf die Farbgebung eines Fotos.

Sättigung anpassen

Die Erhöhung der Sättigung führt stets dazu, dass die Farben gekräftigt und ihre Leuchtkraft erhöht wird. Was es damit auf sich hat, zeigt der folgende Workshop.

Schritt für Schritt
Sättigung eines Fotos anpassen

»Farbe.jpg«

Was sagen Sie zu der Aufnahme »Farbe.jpg« aus den Beispieldateien? Gerade ein solches Foto sollte doch mehr leuchten, oder? Hier kommt das farbenfrohe Motiv nicht im erforderlichen Maße zur Geltung.

1 Farbton/Sättigung-Dialog öffnen

Entscheiden Sie sich im Menü FARBEN für den Eintrag FARBTON/SÄTTIGUNG. Im Bereich ZU BEARBEITENDE PRIMÄRFARBE AUSWÄHLEN ist die mittlere Schaltfläche, ALLE, automatisch aktiviert. Das soll im ersten Schritt auch so bleiben.

Abbildung 7.27 ▶
Die Farben kommen nicht zur Geltung.

Abbildung 7.28 ▶▶
Der Dialog ist von Hause aus so vorbereitet, dass sich die Einstellungen auf alle Farben auswirken.

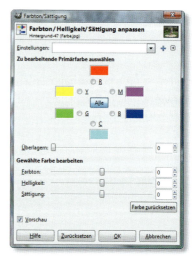

2 Sättigung insgesamt erhöhen

Setzen Sie die Sättigung des gesamten Bildes herauf. Ziehen Sie dazu den Regler SÄTTIGUNG nach rechts, bis ein Wert von etwa 50 eingestellt ist. Bestätigen Sie noch nicht mit OK!

▲ Abbildung 7.29
Zunächst müssen Sie die SÄTTIGUNG insgesamt erhöhen.

3 Rot kräftigen

Jawohl! Da tut sich was. Aber schauen Sie sich einmal die roten Stifte an. Ich finde, da geht noch was. Wenn Sie diese Meinung teilen, sollten Sie zunächst den Radio-Button für die rote Farbe aktivieren. Die Schaltfläche ALLE wird automatisch deaktiviert. Das bedeutet: Die folgenden Einstellungen werden sich lediglich auf den Rot-Kanal beziehen.

Bewegen Sie den Regler SÄTTIGUNG nach rechts, wobei Sie einen Wert von circa 20 anstreben sollten. Danach klicken Sie auf OK.

Grün reduzieren

Viele Fotografen neigen dazu, die Farben des Hintergrunds etwas zu entkräftigen, damit das Hauptmotiv nicht an Augenmerk verliert. Es steht Ihnen also frei, die Farbe der Hecke etwas herauszunehmen. Dabei dürfen Sie allerdings nicht, wie man annehmen sollte, Grün reduzieren, sondern müssen den Gelb-Kanal bearbeiten. Versuchen Sie es. Bei Reduktion von Grün passiert fast nichts. Das ist typisch für das in der Natur vorkommende Grün.

7 Farben und Tonwerte korrigieren

Abbildung 7.30 ▶
So einfach kann Farbkorrektur sein.

Farbtöne verändern

Mit der zuvor genannten Methode lässt sich ein Foto natürlich richtig schick aufwerten. Was aber, wenn Sie einmal nur eine bestimmte Farbe verändern wollen? Sie müssen dann versuchen, die Farbe zunächst ausfindig zu machen, ehe Sie sie verändern können.

Schritt für Schritt
Eine Fassade umfärben

»Farbton.jpg«

Öffnen Sie das Beispielfoto »Farbton.jpg«. Eigentlich ist daran nichts auszusetzen. Obwohl man der vorderen Fassade mal einen neuen Anstrich verpassen könnte. Allerdings: Mit Pinsel und Eimer hinauf – das ist nichts für gestandene GIMPianer. Außerdem: Ich weiß nicht, wie es Ihnen beim Erklimmen hoher Fassaden geht, aber mir wird schon schwindelig, wenn ich aus dem Kellerfenster schaue.

1 Ebene duplizieren

Wir werden in folgenden Schritten zwangsläufig Bereiche mit einfärben, die eigentlich gar nicht verändert werden sollen. Deshalb

Farbton/Sättigung **7.5**

benötigen wir allem voran ein Ebenenduplikat. Gehen Sie in die Ebenen-Palette ([Strg]+[L]), und betätigen Sie den entsprechenden Button ❶ in der Fußleiste. Das Foto liegt also jetzt zweimal deckungsgleich übereinander. Die weiteren Änderungen werden wir auf die oberste Ebene (Farbton.jpg-Kopie) anwenden.

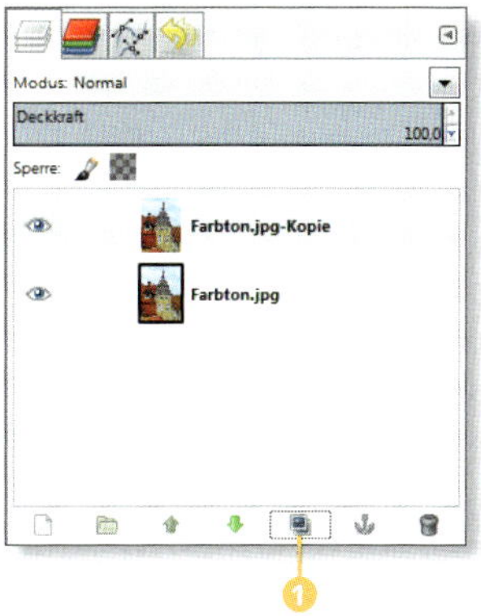

2 Zu ändernde Farbe bestimmen
Öffnen Sie den Dialog Farbton/Sättigung (Menü: Farben). Wenn Sie zuvor bereits mit dem Dialog gearbeitet haben, reicht ein simpler Klick auf das Foto. Na, welche Farbe mag wohl der bestehenden Fassade am ehesten entsprechen? Versuchen wir es mit Gelb. Dazu muss der Radio-Button Y (für »Yellow«) aktiviert werden.

▲ **Abbildung 7.31**
Das Duplikat muss für die folgenden Veränderungen herhalten.

3 Aufnahme-Farbe kontrollieren
Damit Sie sehen, ob Sie die richtige Primärfarbe ausgewählt haben, ziehen Sie den Regler Sättigung einmal ganz nach links (–100). Die Fassade und leider auch einige Bereiche des Daches sollten jetzt komplett entfärbt worden sein.

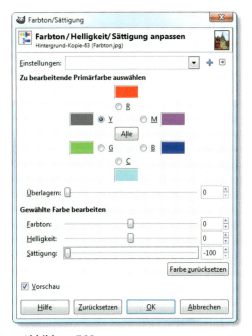

▲ **Abbildung 7.32**
Nachdem der Gelb-Kanal entsättigt worden ist …

▲ **Abbildung 7.33**
… wird die Fassade komplett farblos dargestellt.

4 Sättigung erhöhen

Alles klar! Diesen Bereich des Fotos wollen wir nun umfärben. Bevor Sie das aber machen können, müssen Sie die SÄTTIGUNG wieder auf 0 zurückstellen. Immerhin diente dieser Schritt ja nur der Kontrolle.

5 Farbe verändern

Nehmen Sie jetzt den Schieberegler FARBTON, und ziehen Sie ihn nach links auf circa –40. (Selbstverständlich können Sie auch jede andere Farbe wählen. Das ist ja im Moment *Ihre* Fassade; damit können Sie machen was Sie wollen.)

6 Helligkeit absenken

Je nach gewählter Farbe stellt sich das Ganze womöglich zu kräftig dar. Die Fassade wirkt dadurch unecht. In einem solchen Fall können Sie noch mit der HELLIGKEIT experimentieren. Beim empfohlenen Farbton (–40) ist beispielsweise anzuraten, den Helligkeitsregler nach links bis auf etwa –8 zu ziehen, ehe Sie mit OK bestätigen.

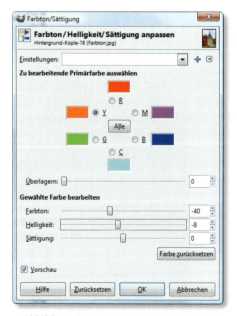

▲ Abbildung 7.34
Zuletzt soll die Fassade noch ein wenig abgedunkelt werden.

▲ Abbildung 7.35
Schon haben wir es mit einem neuen Anstrich zu tun.

Farbton/Sättigung **7.5**

Schade, dass die Ziegeln des hinteren Daches sowie Turmkuppel und Fassade unten links starke Veränderungen aufweisen. Doch das können wir korrigieren. Immerhin haben wir die Färbung ja nur auf die obere Ebene angewendet. Darunter liegt noch die unbearbeitete Originalebene. Also müssen wir die obere Ebene genau an den Stellen durchsichtig machen, an denen die Farbveränderung nicht wirksam werden soll.

7 Ebenenmaske erstellen

Gehen Sie in das Menü EBENE • MASKE, und entscheiden Sie sich für den Eintrag EBENENMASKE HINZUFÜGEN. Bevor Sie nun auf HINZUFÜGEN klicken, sollten Sie kontrollieren, ob der oberste Radio-Button WEISS (VOLLE DECKKRAFT) aktiviert ist.

Schwarze Maske

Alternativ ginge auch SCHWARZ (VOLLE TRANSPARENZ), wobei Sie dann allerdings noch die Checkbox MASKE INVERTIEREN aktivieren müssten. Beides führt zum gleichen Ergebnis.

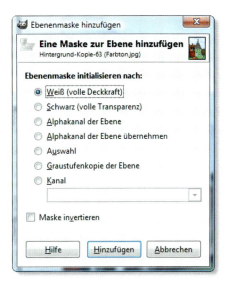

◀ **Abbildung 7.36**
Zunächst definieren Sie die Eigenschaft der Maske.

8 Ebene maskieren

Drücken Sie jetzt P auf der Tastatur, um den PINSEL zu aktivieren. Ich empfehle hier HARDNESS 075. Stellen Sie mit Hilfe des Reglers GRÖSSE (im unteren Bereich des Werkzeugkastens) die gewünschte Pinselgröße ein. Im Beispiel würde sich ein Wert um 30 eignen. Fahren Sie mit gehaltener Maustaste über alle Bereiche, die von der Umfärbung ausgenommen bleiben sollen. Dabei sollte Schwarz als Vordergrundfarbe gewählt sein. Ist das nicht der Fall, drücken Sie einmal D. Wenn Sie mögen, bearbeiten Sie auch noch Dach und Giebel; dann wird das Ergebnis noch realistischer.

7 Farben und Tonwerte korrigieren

Sollten Sie irgendwo einmal zu viel Farbe weggeschrubbt haben, drücken Sie [X], übermalen die Stelle noch einmal und betätigen dann abermals [X]. Der Vorher-nachher-Vergleich offenbart sich übrigens, indem Sie die oberste Ebene mit Hilfe des Augen-Symbols kurzzeitig deaktivieren.

Abbildung 7.37 ▶
Altes Haus mit neuem Anstrich

9 Ebenen vereinen

Der letzte Schritt sollte nun darin bestehen, die beiden Ebenen wieder zu einer zusammenzufügen. Entscheiden Sie sich daher für EBENE • NACH UNTEN VEREINEN.

7.6 Farbkorrektur mit Deckkraft und Ebenenmodi

Wie Sie im vorangegangenen Beispiel gesehen haben, lassen sich bestimmte Bildbereiche mit einer übergeordneten Ebene abdecken. Darüber hinaus werden Teile der unteren Ebene sichtbar, wenn Sie die obere Ebene maskieren. Was aber, wenn die Sichtbarkeit der unteren Ebene noch zum Teil erhalten bleiben soll? Dann können Sie mit der Deckkraft sowie mit Ebenenmodi arbeiten. Die Technik haben Sie ja in Kapitel 5 bereits kennengelernt. Im Anschluss werden wir sie zum Umfärben roter Augen einsetzen.

Farbkorrektur mit Deckkraft und Ebenenmodi **7.6**

Rote Augen entfernen

Zunächst wollen wir uns dem Rote-Augen-Effekt widmen, denn hierfür stellt GIMP einen eigenen Korrekturfilter bereit (FILTER • VERBESSERN • ROTE AUGEN ENTFERNEN).

Schritt für Schritt
Rote Augen korrigieren

Der Rote-Augen-Effekt tritt auf, wenn ein Direktblitz der Kamera von der Netzhaut einer Person oder eines Tieres reflektiert wird. So auch bei Stuben-Löwin Cindy in der Beispieldatei (»Rote-Augen.jpg«).

»Rote-Augen.jpg«

◄ **Abbildung 7.38**
Die »Bestie« sieht rot.

1 Auswahl erzeugen

Damit nicht alle roten Bildbereiche in die Korrektur einbezogen werden, sollten Sie zunächst einmal eine Auswahl der rot gefärbten Pupillen erstellen. Dazu aktivieren Sie das Werkzeug ELLIPTISCHE AUSWAHL [E] und ziehen eine Ellipse auf, die eine der Pupillen großzügig umrahmt.

Unterschiedliche Reflexionen

Das menschliche Auge reflektiert den Blitz grundsätzlich rot, während es mitunter bei Tierfotos auch zu anderen Färbungen (z. B. Grün) kommt.

◄ **Abbildung 7.39**
Das erste Auge ist eingekreist.

7 Farben und Tonwerte korrigieren

Würden Sie nun das zweite Auge auf die gleiche Weise markieren, würde die zuerst erzeugte Auswahl wieder abgewählt. Das verhindern Sie, indem Sie zum nächst ⇧ gedrückt halten und erst danach den zweiten Rahmen erzeugen. Lassen Sie am Schluss zunächst die Maustaste und erst danach die ⇧-Taste wieder los.

Abbildung 7.40 ▶
Die zuerst erzeugte Auswahl dürfen Sie bei diesem Schritt nicht wieder abwählen.

Schwellwert

Mit dem Schwellwert regeln Sie, wie der Name schon sagt, die Schwelle zwischen aufgenommenen und noch nicht aufgenommenen Farbbereichen. Reduzieren Sie diesen Wert, werden weniger Farbbereiche aufgenommen. Bei einer Erhöhung des Schwellwerts werden hingegen mehr Farbanteile involviert.

2 Augen entfärben

Jetzt geht es wieder über die Menüleiste. Entscheiden Sie sich hier für Filter • Verbessern • Rote Augen entfernen. Standardmäßig wird Ihnen ein Schwellwert von 50 angeboten. Dieser sorgt allerdings nicht für ausreichende Entfärbung des linken Auges ❶.

Abbildung 7.41 ▶
Teile der Pupille bleiben rot.

Um die Entfärbung kräftiger ausfallen zu lassen, müssen Sie nun den Regler Schwellwert weiter nach rechts ziehen. Bei einem Wert von 75–80 sollten auch die letzten roten Nuancen verschwunden sein. Es ist an der Zeit, auf OK zu klicken. Zuletzt heben Sie die Auswahl noch auf (Auswahl • Nichts oder Strg+⇧+A).

194

Ebenenmodi in der Praxis

Wie Sie sehen, lassen sich rote Pupillen mit dem zuvor verwendeten Filter lediglich entfärben, nicht aber umfärben. Das müssen Sie in einem zweiten Schritt erledigen. Genau das bringt uns aber zum eingangs erwähnten Verfahren mit Deckkraft und Ebenenmodi.

Schritt für Schritt
Augen färben

Wir wollen dafür sorgen, dass unsere Hauslöwin ihre natürliche Augenfarbe zurückbekommt, nämlich ein schönes, strahlendes Blau. Sollten Sie den vorangegangenen Workshop nicht nachvollzogen haben, greifen Sie jetzt bitte auf »Rote-Augen_bearbeitet.jpg« aus dem ERGEBNISSE-Ordner zurück.

»Rote-Augen_bearbeitet.jpg« im Ordner ERGEBNISSE

1 Neue Ebene erzeugen
Für den nächsten Schritt benötigen wir eine separate Ebene. Anderenfalls lassen sich weder die Deckkraft noch die Ebenenmodi ändern. Betätigen Sie also das weiße Blatt-Symbol ❷ in der Fußleiste der Ebenen-Palette. Im folgenden Dialog sorgen Sie dafür, dass die EBENENFÜLLART auf TRANSPARENZ gestellt ist, ehe Sie den OK-Button benutzen.

▲ **Abbildung 7.42**
Wir benötigen eine neue …

▲ **Abbildung 7.43**
… transparente Ebene.

7 Farben und Tonwerte korrigieren

▲ **Abbildung 7.44**
Hier stellen Sie auf Blau um.

2 Farbe einstellen

Nun aktivieren Sie den PINSEL [P] (nehmen Sie einen harten Pinsel wie z. B. HARDNESS 100) und stellen die Vordergrundfarbe auf Blau. Betätigen Sie dazu die Vordergrund-Schaltfläche unterhalb der Werkzeuge. Stellen Sie ein kräftiges Blau ein (R = 0, G = ca. 150, B = 200), indem Sie die entsprechenden Regler (❶, ❷ und ❸) verziehen und dabei die Eingabefelder ❹ im Auge behalten. Schließen Sie den Vorgang mit Klick auf OK ab.

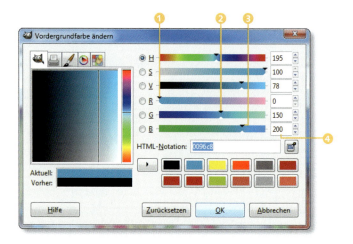

Abbildung 7.45 ▶
Mit Hilfe der Regler im Farbdialog legen Sie die gewünschte Zielfarbe fest.

3 Ebene färben

Malen Sie jetzt einmal kräftig über die Augen. Ich weiß, das sieht seltsam aus, aber genauso soll es sein.

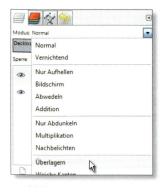

▲ **Abbildung 7.47**
Die Modusänderung sorgt für eine drastische Veränderung im Foto.

◀ **Abbildung 7.46**
Ganz schön cool, die Kleine.

4 Ebenenmodus einstellen

Sie haben jetzt verschiedene Möglichkeiten: Sie könnten den Regler DECKKRAFT in der Ebenen-Palette auf circa 50 % einstellen,

196

7.6 Farbkorrektur mit Deckkraft und Ebenenmodi

indem Sie ihn bis etwa zur Mitte zurückschieben. Dadurch würde der Untergrund (sprich: die Augen) wieder sichtbar. Besser wäre es jedoch, die DECKKRAFT bei 100 % zu belassen und stattdessen den MODUS der Ebene auf ÜBERLAGERN zu stellen.

5 Ebenenmaske hinzufügen
Gehen Sie auf EBENE • MASKE • EBENENMASKE HINZUFÜGEN. Im folgenden Dialog entscheiden Sie sich für den Radio-Button WEISS (VOLLE DECKKRAFT) und betätigen HINZUFÜGEN.

Lassen Sie den PINSEL aktiviert, und schalten Sie auf die Standardfarben (Schwarz und Weiß) um, indem Sie D drücken.

6 Ebene maskieren
Ich empfehle, die Pinselspitze vor ihrer Anwendung noch etwas zu verkleinern und stark auf die Augen einzuzoomen. Dann lassen sich die überflüssigen Bereiche (jenseits des Auges) sehr schön wegmalen (siehe Abbildung 7.48).

7 Deckkraft reduzieren
Noch sind die Augen etwas unnatürlich gefärbt. Deshalb sollten Sie am Schluss die DECKKRAFT der oberen Ebene über den gleichnamigen Schieberegler auf circa 40 % reduzieren.

Radierer
Zwar ließe sich auf eine Ebene grundsätzlich verzichten; dann müssten Sie jedoch mit dem RADIERER arbeiten. Der Nachteil: Sollten Sie einmal etwas zu viel wegradieren und dies nicht sofort bemerken, ließen sich die fehlenden Bereiche nicht wieder hinzufügen. Das ist bei der Maskierung anders.

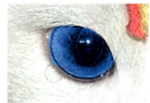

▲ Abbildung 7.48
Pinseln Sie überflüssige Farbe ganz einfach weg.

◄ Abbildung 7.49
Blue Eyes ...

197

7.7 Fotos färben

Zuletzt sollen Sie noch einige interessante Möglichkeiten kennenlernen, mit denen Sie die Farben eines Fotos ebenso schnell wie effektvoll manipulieren.

Vorhandene Farben verändern

Im folgenden Workshop geht es darum, ein Foto auf alt zu trimmen und den bekannten Sepia-Look zu simulieren, der seinerzeit in die Jahre gekommene Papierabzüge langsam gelb werden ließ.

Schritt für Schritt
Ein Foto in Sepia einfärben

»Einfärben.jpg«

Öffnen Sie zunächst das Foto »Einfärben.jpg«. Auf diesem Bild ist nicht allzu viel Modernes auszumachen, weshalb es sich für unsere Zwecke ausgesprochen gut eignet.

Abbildung 7.50 ▶
Ein ideales Motiv für die Einfärbung in Sepia.

1 Grundfarben verwenden
Gehen Sie zunächst in das Menü FARBEN, und entscheiden Sie sich dort für den dritten Eintrag von oben, EINFÄRBEN. Ziehen Sie den Regler FARBTON auf etwa 36.

Fotos färben   7.7

◀ **Abbildung 7.51**
Wenn Sie den obersten Regler bewegen, verändert sich der gesamte Farbbereich des Fotos.

Helligkeit/Kontrast

Obwohl sich ältere Fotos durch den Mangel an Kontrast auszeichnen, wollen wir hier durch Reduktion der Helligkeit für eine bessere Optik sogen. Was es im Einzelnen mit der Helligkeit/Kontrast-Korrektur auf sich hat, erfahren Sie in Abschnitt 8.4.

2   Helligkeit/Kontrast anpassen

Nun könnte man noch bemängeln, dass die dunklen Bildbereiche zu flau wirken. Das lässt sich jedoch durch eine vorsichtige Verstellung des Reglers Helligkeit (auf ca. –6) eliminieren. Nehmen Sie auch die Intensität der Farbe ein wenig heraus, indem Sie Sättigung auf etwa 46 stellen, und verlassen Sie den Dialog mit OK.

◀ **Abbildung 7.52**
Fertig! Aus neu mach alt.

Filterpaket

Die zuvor genannte Methode versetzt uns in die Lage, Fotos eine bestimmte Farbe zuzuweisen – nicht mehr und nicht weniger. In den meisten Fällen reicht das aber nicht aus. Wer mehr möchte, als mit Einfärben möglich ist, der benutzt das Filterpaket. Doch

7 Farben und Tonwerte korrigieren

hier ist Vorsicht geboten, da Sie sich mit den Einstelloptionen auskennen sollten.

Schritt für Schritt
Ein Foto mit dem Filterpaket einfärben

»Einfärben.jpg«

Wir wollen das Ausgangsfoto »Einfärben.jpg« noch einmal verwenden. Falls erforderlich, machen Sie alle Schritte des vorangegangenen Workshops rückgängig (mehrfach [Strg]+[Z] betätigen).

1 Filterpaket vorbereiten
Im ersten Schritt gehen Sie auf FARBEN • FILTERPAKET. Nun etwas ganz Wichtiges: Falls Sie vorab bereits mit dem Dialog gearbeitet haben, sind noch die letzten Parameter gültig. Deswegen sollten Sie zunächst auf ZURÜCKSETZEN ❸ klicken. Des Weiteren ist der Schieberegler GRÖBE ❷ interessant. Er legt nämlich fest, wie empfindlich der Dialog arbeitet. Da der Standardwert von 0,25 viel zu drastische Ergebnisse zutage fördert, sollten Sie ihn zunächst bis auf 0,10 zurücknehmen.

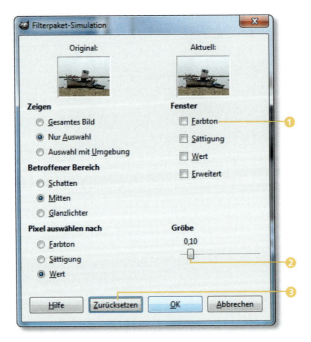

Abbildung 7.53 ▶
Die GRÖBE von 0,10 ist absolut ausreichend.

Fotos färben 7.7

2 Farbton einstellen

Klicken Sie oben rechts auf das Ankreuzkästchen FARBTON ❶, und platzieren Sie im Folgedialog zwei Mausklicks auf der Vorschauminiatur GELB. Danach schließen Sie das Fenster FARBTONVARIATIONEN über einen Klick auf ❹ wieder.

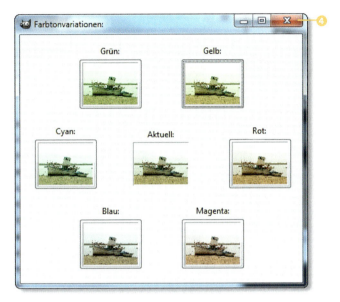

▲ Abbildung 7.54
Zwei Klicks auf GELB bringen ebenfalls einen Gelbstich.

3 Sättigung verringern

Betätigen Sie anschließend in die Checkbox SÄTTIGUNG. Dadurch wird der Dialog SÄTTIGUNGSVARIATIONEN nach vorn gestellt, in dem Sie einmal die Taste WENIGER SÄTTIGUNG anklicken sollten. Schließen Sie danach auch diesen Dialog.

▲ Abbildung 7.55
Hier wird die Sättigung mittels Mausklick herausgenommen.

4 Foto abdunkeln

Zuletzt soll das gute Stück noch ein wenig dunkler werden. Deshalb betätigen Sie nun WERT und klicken im Dialog HELLIGKEITSVARIATIONEN einmal auf DUNKLER. Verlassen Sie auch diesen Dialog, und bestätigen Sie im Fenster FILTERPAKET-SIMULATION mit OK.

Das Ergebnis finden Sie zum Vergleich unter dem Namen »Einfärben-Filterpaket.jpg« im ERGEBNISSE-Ordner.

▲ Abbildung 7.56
Zuletzt dunkeln Sie das Bild noch ab.

201

7 Farben und Tonwerte korrigieren

»Einfärben-Filterpaket.jpg«
im ERGEBNISSE-Ordner

Abbildung 7.57 ▶
Auch dieses Ergebnis stellt eine interessante Variante dar, oder?

Weitere Filterpaket-Einstellungen

Nun gibt es zum Filterpaket-Dialog noch ein wenig zu sagen. Sicher ist Ihnen nicht entgangen, dass hier mehr Optionen zur Verfügung stehen, als ich im vorangegangenen Workshop angesprochen habe:

- ZEIGEN: Hier legen Sie fest, ob das gesamte Foto oder nur bestimmte, zuvor ausgewählte Bereiche bei der Korrektur berücksichtigt werden sollen. (Beachten Sie dazu auch die Hinweise in Kapitel 4, »Auswählen und freistellen«.)
- BETROFFENER BEREICH: Mit diesen Radio-Buttons stellen Sie ein, ob nur die besonders dunklen Bildelemente (SCHATTEN), die besonders hellen (GLANZLICHTER) oder der größte Bereich der Farben eines Fotos, nämlich die MITTEN (also alles zwischen extrem hellen und dunklen Bildelementen), von der Manipulation betroffen sein sollen. Die Standardeinstellung ist MITTEN.
- PIXEL AUSWÄHLEN NACH: Hier stellen Sie ein, welcher der HSV-Farbkanäle (FARBTON, SÄTTIGUNG, WERT) zur Manipulation verwendet wird. (Beachten Sie hierzu auch die Hinweise im Abschnitt »Der HSV-Farbraum« auf Seite 40.)
- ERWEITERT: Der unterste der vier Einträge im Bereich FENSTER gestattet noch einmal so etwas wie eine Feineinstellung der

Erweiterte Einstellungen?

Da mit FARBTON, SÄTTIGUNG und WERT in der Regel zufriedenstellende Ergebnisse erreicht werden, ist der Dialog mit den erweiterten Einstellungen eher zu vernachlässigen – es sei denn, Sie wollen sich wirklich noch an Nuancen heranmachen.

Fotos färben 7.7

Farbmanipulation. Bevor Sie hier jedoch Änderungen vornehmen, ist zu empfehlen, sich mit dem Dialog KURVEN im Abschnitt »Belichtung über Kurven einstellen« auf Seite 225 zu beschäftigen.

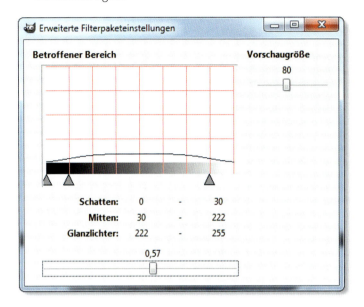

◄ **Abbildung 7.58**
Die erweiterten Einstellungen sind eher etwas für Fortgeschrittene, die sich bereits mit Kurven und Werten beschäftigt haben.

Fotos kanalweise bearbeiten

Noch etwas Wissenswertes zum Schluss: Im Zuge der Bildbearbeitung ist es ab und an sinnvoll, ein Foto temporär in seine einzelnen Farbkanäle zu zerlegen (beispielsweise um einen Kanal vollkommen unabhängig von den anderen zu manipulieren). In diesem Fall gehen Sie zunächst in das Menü FARBEN und wählen dort KOMPONENTEN • ZERLEGEN. Wenn Sie im Bereich FARBMODUS nun RGB angeben, wird eine neue Datei erzeugt, deren einzelne Farbkanäle als separate Ebenen vorliegen.

Die einzelnen Farben werden jedoch in Graustufen dargestellt. Denn jeder Kanal zeigt lediglich, wie intensiv die Kanalfarbe an der jeweiligen Stelle ist. Dabei gilt: Je heller die Fläche, desto stärker ist der Anteil der Grundfarbe. Hier kommt also das gleiche Prinzip zum Tragen wie bei den Maskierungen. Ist die Fläche komplett weiß, liegt die Grundfarbe in voller Intensität vor. Ist sie schwarz, bedeutet das, dass die Grundfarbe an dieser Position überhaupt nicht vorkommt.

▲ **Abbildung 7.59**
Ein RGB-Foto wurde in seine drei Kanäle zerlegt.

»Rauschen_01.jpg«,
»RGB.jpg«

203

7 Farben und Tonwerte korrigieren

Abbildung 7.60 ▶
Die Beispieldatei »Rauschen_01.jpg« (oben links) wurde hier in ihre einzelnen RGB-Kanäle Rot (oben rechts), Grün (unten links) und Blau (unten rechts) aufgegliedert. Dass der Rot-Kanal besonders in der Kleidung wiederzufinden ist, sehen Sie deutlich an den hellen Flächen dieses Kanals.

Speichern nicht nötig

Die in ihre einzelnen Bestandteile zerlegte Arbeitsdatei wird nur für den Moment benötigt. Die Kontrollabfrage, ob Sie speichern wollen, dürfen Sie getrost verneinen. Die Änderungen werden im Originalfoto trotzdem wirksam.

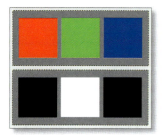

▲ **Abbildung 7.61**
Machen Sie jeweils nur eine der drei Ebenen sichtbar (hier: GRÜN).

Abbildung 7.62 ▶
Das Zerlegen und anschließende Zusammenfügen wird im Journal als einzelner Arbeitsschritt notiert.

Sie verlangen eindeutigere Beweise? Dann öffnen Sie die Datei »RGB.jpg«. Zerlegen Sie die Komponenten wie zuvor beschrieben, und deaktivieren Sie zunächst die Augen-Symbole aller drei Ebenen (ROT, GRÜN, BLAU). Danach aktivieren Sie jede Ebene und schauen sich das Ergebnis an. Beim Grün-Kanal beispielsweise erscheint nur das mittlere Quadrat weiß. Die beiden anderen sind schwarz.

Nun muss man nach einer derartigen Kanalarbeit allerdings auch in der Lage sein, die Kanäle wieder zu vereinen. Denn das Graustufen-Bild ist ja nur Mittel zum Zweck. Am Ende heißt es deshalb: FARBEN • KOMPONENTEN • WIEDER ZUSAMMENFÜGEN. Zuletzt werfen Sie die zerlegte Datei ganz einfach weg. Den Lohn Ihrer Mühen sehen Sie in der immer noch geöffneten Originaldatei. Werfen Sie einen Blick auf das dortige Journal, wird die vorangegangene Aktion als ein einzelner Arbeitsschritt gelistet.

Belichtung korrigieren
Die Lichtverhältnisse selbst bestimmen

- Wie werden zu dunkle Fotos aufgehellt und zu helle Fotos abgedunkelt?
- Wie lassen sich Fotos punktuell aufhellen und abdunkeln?
- Wie werden Fotos nachbelichtet bzw. abgewedelt?
- Wie korrigiere ich Helligkeit und Kontrast?
- Wie stelle ich die Belichtung mittels Kurven ein?

8 Belichtung korrigieren

Es gibt zahlreiche Umstände, die aus einem an sich schönen Motiv ein zu helles oder zu dunkles Foto machen. Denken Sie nur an die klassischen Gegenlichtaufnahmen, bei denen das Hauptmotiv kaum noch zu erkennen ist. Es versinkt im Dunkel – Fotografen sprechen vom »Absaufen«. Und so etwas hat in Ihren Bildern bestimmt nichts zu suchen. Deswegen muss korrigiert werden. Aber wie? Und was ist »abwedeln«? Was versteht man unter »nachbelichten«? Antworten auf diese und ähnliche Fragen finden Sie in diesem Kapitel.

8.1 Aufhellen und abdunkeln mit Ebenenmodi

Wenn Fotos einmal zu hell oder zu dunkel geraten sind (bei der Digitalfotografie passiert das häufig durch falsche Vorwahl der Belichtungszeit, Blendenöffnung oder des ISO-Wertes), lässt sich das meist sehr einfach mit der Ebenenmodus-Methode korrigieren. In Abschnitt 7.6, »Farbkorrektur mit Deckkraft und Ebenenmodi«, habe ich Sie ja mit diesem Thema ja bereits konfrontiert. Lassen Sie uns diese Methode also zunächst vertiefen.

Eines vorweg: Die hier ausgeführte Methode sollten Sie nur dann anwenden, wenn das Foto insgesamt zu hell oder zu dunkel ist. Bei Fotos, die nur punktuell korrigiert werden müssen, eignet sich eine andere Vorgehensweise besser, die ich in diesem Kapitel noch ansprechen werde (siehe Abschnitt 8.2).

Ein zu dunkles Bild aufhellen

»Erhellen.JPG«

Wenn auf einem Foto ein schönes Motiv zu dunkel geraten ist, ist das ärgerlich. Oft genug fristen diese Bilder ein Schattendasein in irgendeinem zugestaubten Schuhkarton. Zu Unrecht – mit der Ebenenmodus-Methode lässt sich ein Bild schnell und einfach aufhellen.

Schritt für Schritt
Dunkle Fotos aufhellen

Werfen Sie einmal einen Blick auf das Beispielfoto. Die Beispieldatei »Erhellen.JPG« ist insgesamt zu dunkel. Selbst die Lampen könnten eine Anhebung vertragen.

◄ **Abbildung 8.1**
Hier mag sich Urlaubsfeeling nicht wirklich einstellen.

1 Ebene duplizieren
Sie wissen ja bereits, dass die Ebenenmodi nur dann angewendet werden können, wenn Sie es mit mindestens zwei Ebenen zu tun haben. Deshalb sollten Sie jetzt dem Hintergrund zunächst duplizieren (EBENE • EBENE DUPLIZIEREN oder Klick auf den entsprechenden Button in der Fußleiste der Ebenen-Palette).

◄ **Abbildung 8.2**
Sie benötigen eine Kopie der Bildebene.

2 Modus ändern
Im Anschluss daran betätigen Sie entweder die kleine Dreieck-Schaltfläche in der Zeile MODUS ❷, oder Sie setzen einen Mausklick auf NORMAL ❶. Danach wählen Sie den Eintrag BILDSCHIRM ❸. Auf diese Weise ändern Sie den Modus der Ebenenkopie.

▲ **Abbildung 8.3**
Die Modusänderung wird für eine Aufhellung des Fotos sorgen.

3 Ebene erneut duplizieren
Das Bild ist doch schon ganz schön aufgehellt worden, finden Sie nicht auch? Aber zufriedenstellend ist es noch nicht. Deswegen sollten Sie die obere Ebene noch einmal duplizieren (siehe Schritt 1). Wiederholen Sie den Vorgang so oft, bis Sie mit dem Ergebnis zufrieden sind, oder bis Sie erstmals feststellen, dass das Foto nun einen Tick zu hell ist.

▲ **Abbildung 8.4**
So lässt sich eine Ebene stufenlos regulieren.

Abbildung 8.5 ▶
Die Details sind viel besser zu erkennen, ohne dass die Aufnahme jetzt überstrahlen würde.

4 Deckkraft reduzieren

In diesem Beispiel habe ich mich für drei Duplikate (sprich: vier Ebenen) entschieden. Wenn Sie jetzt auch der Meinung sind, dass die oberste Ebene etwas zu viel gewesen ist, bieten sich ja zunächst nur zwei Möglichkeiten an: Entweder nehmen Sie die etwas zu starke Erhellung hin, oder Sie entfernen die oberste Ebene wieder. Dann wäre es aber vielleicht wieder zu dunkel. Also muss eine halbe oder eine viertel Ebene her. Da es so etwas allerdings in GIMP nicht gibt, müssen Sie mit der der DECKKRAFT arbeiten. Ziehen Sie den gleichnamigen Regler so weit nach links, bis Sie mit dem Gesamtergebnis zufrieden sind.

5 Ebenen vereinen

Zuletzt sollten Sie alle Ebenen zu einer verschmelzen. Dadurch wird die Dateigröße wesentlich geringer. Außerdem ist die Korrektur ja abgeschlossen. Klicken Sie in der Ebenen-Palette mit rechts auf eine der Ebenen und entscheiden Sie sich für SICHTBARE EBENEN VEREINEN. Bestätigen Sie den Folgedialog mit Klick auf VEREINEN.

Ein zu helles Bild abdunkeln

Ist ein Foto erst einmal zu hell geraten, hat der Helligkeitseindruck des Motivs wenig mit der Realität zu tun. Das ist schade, lässt sich aber ganz leicht in GIMP beheben.

Schritt für Schritt
Helle Fotos abdunkeln

Auf Grundlage des vorangegangenen Workshops soll es nun in die umgekehrte Richtung gehen. Wir werden ein viel zu helles Foto dunkler machen. Nehmen Sie dazu »Abdunkeln.jpg«. Es ist eine klassische High-Key-Aufnahme, bei der die Belichtung aber etwas zu viel des Guten war.

»Abdunkeln.jpg«

◄ **Abbildung 8.6**
Beim Versuch, eine High-Key-Aufnahme zu erzeugen, ist das Model zu hell geworden (zu lange Belichtungszeit oder zu große Blendenöffnung).

High Key und Low Key

Von High Key spricht man, wenn Fotos insgesamt sehr hell gehalten werden. Idealerweise ist das Motiv selbst gut ausgeleuchtet und befindet sich zudem vor einem hellen Hintergrund. High-Key-Fotos werden oft als überbelichtet bezeichnet. Das ist falsch, denn sie sind (zumindest wenn die Aufnahme funktioniert hat) richtig belichtet. – Low-Key-Aufnahmen sind das genaue Gegenteil. Dabei handelt es sich um korrekt belichtete, jedoch sehr dunkel wirkende Aufnahmen, die oft vor sehr dunklen Hintergründen sowie mit Gegenlicht aufgenommen werden.

1 Ebenenduplikat erstellen

Man muss kein Meister aller Klassen sein, um herauszufinden, dass es an dunklen Bildelementen fehlt. Das können Sie jedoch ebenfalls mit Hilfe eines Ebenenduplikats korrigieren. Duplizieren Sie also abermals die Basisebene. Gehen Sie erneut so vor, wie im ersten Schritt des vorangegangenen Workshops beschrieben.

2 Modus ändern

Auf die Kopie der Hintergrundebene müssen Sie auch in diesem Fall eine Modusänderung anwenden. Stellen Sie daher den Modus von Normal auf Multiplikation. Ah, viel besser, oder? Damit aber noch nicht genug – sollten Sie eine weitere Kopie der Ebene anfertigen.

8 Belichtung korrigieren

▲ Abbildung 8.7
Bei dieser Ebenen-Deckkraft-Konstellation erhalten Sie ein zufriedenstellendes Resultat.

3 Deckkraft reduzieren

Das zweite Duplikat war jedoch etwas zu viel des Guten. Es empfiehlt sich daher, die DECKKRAFT der obersten Ebene zu reduzieren. Bei einem Wert von 25–30 % sollte das Foto optimal wirken – zumindest, was die Hell-dunkel-Kontraste betrifft.

4 Ebenen vereinen

Lösen Sie die übergeordneten Ebenen nun auf, und vereinen Sie das Foto bis auf den Hintergrund. Gehen Sie dazu vor wie im letzten Schritt des vorangegangenen Workshops beschrieben. Das ist erforderlich, weil wir im Anschluss noch eine weitere Korrektur anbringen wollen.

5 Foto entsättigen

Durch das Multiplikationsverfahren sind leider auch die Intensitäten der verschiedenen Grundfarben erhöht worden. Bei der Färbung der Jeans gibt es da eigentlich nichts zu beanstanden. Jedoch ist das Rot der Haut jetzt etwas zu kräftig. Gehen Sie daher auf FARBEN • FARBTON/SÄTTIGUNG, und aktivieren Sie den Radio-Button für die rote Farbe. Das bewirkt, dass sich die folgende Einstellung hauptsächlich auf Rot konzentriert. Ziehen Sie zuletzt den Regler SÄTTIGUNG ❶ auf ca. –28, und bestätigen Sie mit OK.

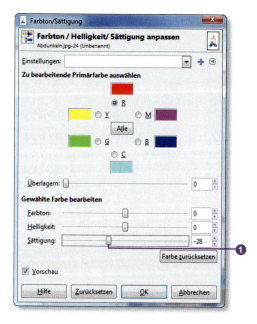

Abbildung 8.8 ▶
Die Entsättigung der Rottöne macht das Ergebnis natürlicher.

▲ Abbildung 8.9
So kommt unser Model sehr viel besser zur Geltung – keine Tristesse mehr.

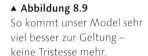

»Abdunkeln-bearbeitet.jpg«

8.2 Fotos punktuell korrigieren

Die zuvor genannten Methoden zur Erhellung und Abdunklung sind ja recht vielversprechend – zumindest dann, wenn das komplette Bild eine Nachbearbeitung erfahren muss. Oftmals ist es aber so, dass ein Foto nur an bestimmten Stellen erhellt oder abgedunkelt werden muss, während andere Bildbereiche so bleiben können, wie sie sind.

Auch hier führen wieder mehrere Wege nach Rom. So existieren beispielsweise Werkzeuge, die eine punktuelle Nachbearbeitung des Fotos unterstützen. Bevor wir uns jedoch damit beschäftigen, zunächst eine einfachere Methode, die zu verblüffenden Ergebnissen führt.

Mit Masken korrigieren

Modusänderungen eignen sich auch zur punktuellen Korrektur. Hier müssen wir allerdings einen Schritt weitergehen: Wir benötigen zusätzlich eine Maske.

»Belichtung.jpg«

8 Belichtung korrigieren

Schritt für Schritt
Foto stellenweise nachbelichten

Öffnen Sie die Datei »Belichtung.jpg«. Eine tolle Aufnahme, oder? Es wäre einzig und allein zu bemängeln, dass das Bergmassiv etwas kraftlos wirkt. Also: Ran an den Speck!

Abbildung 8.10 ▶
Ein tolles Foto! Aber es geht noch mehr.

1 Ebene duplizieren

Wie üblich, müssen wir auch diesmal den Hintergrund duplizieren. Diesmal machen wir das aber nicht über die Ebenen-Palette, sondern über das Menü. Gehen Sie auf EBENE • EBENE DUPLIZIEREN. Alternativ betätigen Sie [Strg]+[⇧]+[D].

2 Ebene nachbelichten

Nun könnten wir auch an dieser Stelle den Modus der kopierten Ebene wieder verändern. Aber wir wollen es diesmal noch genauer machen, weswegen Sie sich für FARBEN • WERTE entscheiden sollten. Ergreifen Sie den Schwarzpunkt-Regler ❷ (der sich standardmäßig ganz links in der Ecke befindet ❶), und ziehen Sie ihn nach rechts herüber. Synchron dazu werden Sie eine beträchtliche Abdunklung innerhalb des Fotos feststellen. Stoppen Sie, wenn im Eingabefeld unterhalb des Reglers ❸ etwa 35 angezeigt wird.

Zugegeben: Das ist eventuell noch nicht das Resultat, das wir wirklich anstreben, aber das ist an dieser Stelle durchaus beabsichtigt. Ich möchte Ihnen weitere Erklärungen dazu noch einen Moment lang schuldig bleiben. Bestätigen Sie am Schluss mit OK.

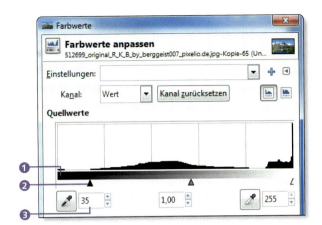

◄ **Abbildung 8.11**
Das Ziehen des Reglers führt zu einer erheblichen Verdunklung des Fotos.

3 Ebene maskieren

Maskieren Sie die oberste Ebene. Dazu gehen Sie auf EBENE • MASKE • EBENENMASKE HINZUFÜGEN. Im Bereich EBENENMASKE INITIALISIEREN MIT stellen Sie SCHWARZ (VOLLE TRANSPARENZ) ein und betätigen zuletzt HINZUFÜGEN. Werfen Sie einmal einen Blick auf die Ebenen-Palette. Die Maskenminiatur ist jetzt von einem weißen Rahmen umgeben. Das passiert ganz automatisch, sobald Sie eine Maske erzeugen.

Dennoch sollten Sie wissen: Die Aktivierung der Maske ist Pflicht! Sollte die Maske aus irgendwelchen Gründen nicht aktiviert sein (beispielsweise weil Sie kurz mit einer anderen Ebene arbeiten), müssen Sie, bevor es weitergeht, unbedingt auf das Maskensymbol der obersten Ebene klicken!

Ebenenmaske markieren

Die Aktivierung der Maskenminiatur ist erforderlich, damit Sie im weiteren Verlauf auch wirklich mit der Ebenenmaske arbeiten – und nicht versehentlich auf der Ebene.

◄ **Abbildung 8.12**
Sie benötigen eine schwarze Ebenenmaske.

▲ **Abbildung 8.13**
Erst wenn die Maske mit einem weißen Rahmen versehen ist, können Sie fortfahren.

8 Belichtung korrigieren

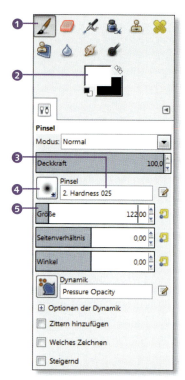

▲ **Abbildung 8.14**
Nur ein korrekt eingestellter Pinsel sorgt auch für ein gutes Ergebnis.

Abbildung 8.15 ▶
Alles, was dunkler werden soll, übermalen Sie mit gedrückter Maustaste.

4 Pinsel einstellen

Beim Betrachten des Fotos ist die Ernüchterung natürlich groß. Die zuvor eingestellte Abdunklung ist wieder komplett verschwunden. Das liegt daran, dass Sie soeben eine schwarze Maske hinzugefügt haben. Schwarz bedeutet »unsichtbar«. Deswegen ist nichts von der oberen Ebene zu sehen. Doch das werden wir jetzt ändern.

Aktivieren Sie den PINSEL ❶ im Werkzeugkasten, wählen Sie eine weiche Pinselspitze aus ❹ (im Beispiel HARDNESS 025 ❸), und vergrößern Sie die Spitze, indem Sie den Regler GRÖSSE ❺ etwas nach rechts ziehen. Zuletzt sorgen Sie dafür, dass Weiß ❷ als Vordergrundfarbe eingestellt ist.

5 Ebene demaskieren

Zuletzt müssen Sie die Bereiche, die im Foto wieder dunkel dargestellt werden sollen, mit gedrückter Maustaste übermalen. Fangen Sie am besten in der Mitte des Bergmassivs an, um sich an die Technik zu gewöhnen.

6 Maske komplettieren

An den Übergängen zu den schneebedeckten Gipfeln sowie zu den Grünflächen zoomen Sie am besten vorab mit dem Zoom-Werkzeug [Z] ein wenig ein. Dadurch lässt sich die Arbeit wesentlich präziser ausführen.

7 Optional: Maske korrigieren

Sollten Sie dennoch einmal einen Bereich erwischen, der nicht abgedunkelt werden muss, drücken Sie einfach [X] (das macht Schwarz zur Vordergrund- und Weiß zur Hintergrundfarbe) und übermalen die Stelle noch einmal. Nach erfolgter Korrektur drücken Sie abermals [X] (das bringt Weiß wieder nach vorn) und setzen die Arbeit fort.

8 Vorher und nachher vergleichen

Wollen Sie sich einmal ansehen, was Sie bislang erreicht haben? In diesem Fall klicken Sie temporär auf das Augen-Symbol der obersten Ebene. Interessant, oder?

▲ Abbildung 8.16
Mit einem Klick auf das Auge sehen Sie, was Sie bereits erreicht haben.

9 Deckkraft reduzieren

Sie wissen, dass ich Ihnen noch die Erklärung nachliefern muss, warum wir in Schritt 2, »Ebene nachbelichten«, das Endergebnis noch nicht so richtig im Visier hatten. Das haben wir getan, da wir die Helligkeit auch jetzt noch hervorragend angleichen können – und zwar folgendermaßen: Falls Ihnen die abgedunkelten Stellen jetzt zu dunkel sind, verringern Sie ganz einfach die DECKKRAFT der obersten Ebene. Das Bergmassiv wird dadurch wieder heller.

Sollten Sie hingegen der Meinung sein, dass die Berge noch etwas dunkler sein müssten, duplizieren Sie zunächst die oberste Ebene. Setzen Sie den MODUS der Ebene auf MULTIPLIKATION. Das Ergebnis ist bestimmt zu heftig, weshalb Sie noch die DECKKRAFT reduzieren müssen (ca. 10% reichen aus).

▲ Abbildung 8.17
So kommen die Berge noch besser zur Geltung.

8 Belichtung korrigieren

8.3 Abwedeln und nachbelichten

In diesem Kapitel habe ich Sie bereits mehrfach mit dem Begriff »Nachbelichtung« konfrontiert. Dabei handelt es sich um eine Technik, die der klassischen Entwicklung in der Dunkelkammer entstammt. Bestimmte Bildbereiche des Fotonegativs wurden dort einfach einen Moment länger belichtet. Die Folge war, dass diese Bildbereiche etwas dunkler wurden. Umgekehrt konnte man die Belichtungszeit durch Abdecken punktuell verkürzen, was eine Erhellung dieser Bereiche zur Folge hatte. Heutzutage funktioniert so etwas virtuell am Computer; lediglich die Fachbegriffe sind geblieben. Sie finden ABWEDELN/NACHBELICHTEN ganz unten im Werkzeugkasten.

▲ Abbildung 8.18
Dieses Symbol steht sowohl für die Abwedlung als auch die Nachbelichtung.

Das Abwedeln/Nachbelichten-Werkzeug anpassen

Nachdem Sie ABWEDELN/NACHBELICHTEN als Werkzeug ausgewählt haben, können Sie es im unteren Bereich des Werkzeugkastens einstellen. Hier möchte ich Ihnen empfehlen, zunächst einmal eine weiche Pinselspitze (HARDNESS 025) zu verwenden. Das sorgt für nahtlose Übergänge zwischen nachbearbeiteten und nicht nachbearbeiteten Bereichen.

Danach stellen Sie die Größe ein. Dazu bewegen Sie den Mauszeiger auf das Foto und prüfen, ob der Durchmesser des Kreises in Ordnung ist. Falls nicht, verstellen Sie den Regler GRÖSSE entsprechend.

▲ Abbildung 8.19
Den Durchmesser des Werkzeugs können Sie auch nachträglich noch ändern.

Abbildung 8.20 ▶
Diese Spitze ist zu groß, um die Fassade allein zu bearbeiten. Hier wäre eine kleinere Spitze besser geeignet.

Typ bestimmen: Abwedler oder Nachbelichter?

Wichtig ist, festzulegen, ob Sie im Bild nun erhellen (ABWEDELN) oder abdunkeln (NACHBELICHTEN) wollen. In letzterem Fall stellen Sie den TYP auf NACHBELICHTEN.

Noch schneller geht das aber per Tastenkürzel: Sie dürfen nämlich bei eingestellten TYP ABWEDELN jederzeit Strg gedrückt halten, um temporär auf NACHBELICHTEN umzuschalten. Wenn Sie die Taste wieder loslassen, wird automatisch der Abwedler wieder aktiv. Das funktioniert übrigens auch umgekehrt. Bei aktiviertem Radio-Button NACHBELICHTEN können Sie mit Hilfe der erwähnten Taste auf ABWEDELN umschalten.

Werkzeug anpassen

Nur ein korrekt eingestelltes Werkzeug sorgt auch für ein gutes Ergebnis. Am besten nehmen Sie sich immer etwas Zeit, die Werkzeuge Ihren Bedürfnissen und Arbeitsschritten anzupassen (z. B. die Werkzeugspitze einstellen).

Umfang und Belichtung einstellen

Zuletzt ist lediglich noch zu entscheiden, ob Sie die SCHATTEN (das sind die besonders dunklen Bildpixel), die GLANZLICHTER (die hellen Bildinformationen) oder die MITTEN (= Mitteltöne = neutrale Bildbereiche) bearbeiten wollen. Prinzipiell sind Sie mit den Mitten gut beraten. Lediglich bei der Nachbearbeitung extrem dunkler oder heller Bildbereiche sollten Sie entsprechend umschalten.

Noch ein Wort zum Schieberegler BELICHTUNG: Dieser bestimmt, wie intensiv das Werkzeug ansprechen soll. Standardmäßig werden 50 % angeboten. Wählen Sie einen höheren Bereich, fällt die Korrektur üppiger aus. Dazu ein Tipp: Gehen Sie mit der Belichtung zunächst einmal auf 20 % herunter, zumindest so lange, bis Sie ein Gefühl für dieses Tool entwickelt haben.

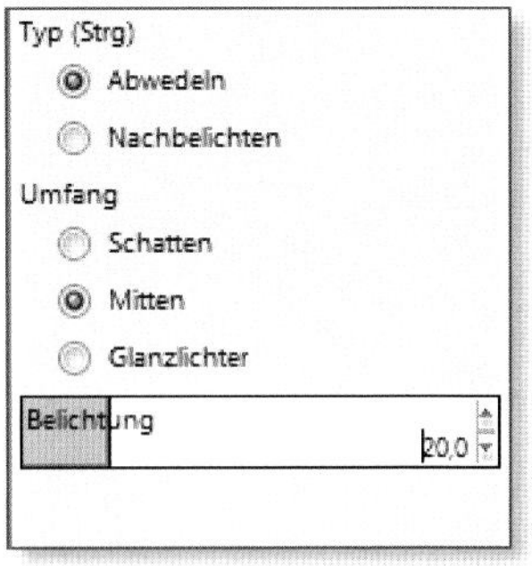

▲ **Abbildung 8.21**
Bei verringerter Belichtung reagiert das Werkzeug zögerlicher.

Destruktiv oder non-destruktiv?

Sie werden geneigt sein, Abwedler und Nachbelichter direkt auf der Bildebene anzuwenden. Dagegen ist prinzipiell auch nichts einzuwenden – es sei denn, der Korrekturbedarf ist hoch und Sie wollen die Option erhalten, später noch einmal nachzubearbeiten. Das Problem ist nämlich, dass bei der Korrektur auf der Ebene die Bildpixel direkt beeinflusst (zerstört) werden. Deswegen wird diese Art der Bildmanipulation auch als »destruktiv« bezeichnet (lateinisch »destruere« = zerstören). Arbeiten Sie jedoch mit einer übergeordneten Ebene, auf der sich in Wahrheit gar keine Bildpixel befinden, und führen die Korrektur dort aus, ist sie non-destruktiv

Schwarz und Weiß

Reines Schwarz und reines Weiß bleiben sowohl von der Abwedlung als auch von der Nachbelichtung komplett ausgenommen.

8 Belichtung korrigieren

(bzw. nicht-destruktiv). Immerhin bleibt die Bildebene unangetastet. So lassen sich Korrekturen jederzeit wieder rückgängig machen – und zwar verlustfrei. Wie das funktioniert, erfahren Sie im folgenden Workshop.

Abwedler und Nachbelichter im Einsatz

»Nachbelichten.jpg««

Nach so viel Theorie wollen wir uns jetzt mit einem konkreten Beispiel befassen. Hier kommen sogar mehrere Bearbeitungsfunktionen zusammen.

Schritt für Schritt
Ein Foto manuell abwedeln und nachbelichten

Schauen Sie sich einmal die Datei »Nachbelichten.jpg« an. Das Foto ist in der Mittagszeit entstanden. Die pralle Sonne hat hier für harte Kontraste gesorgt.

Abbildung 8.22 ▶
Das Kopfsteinpflaster ist sehr hell, Marmor und Haustüre hingegen recht dunkel.

1 Werte festlegen

Fertigen Sie zunächst ein Duplikat der Ebene an (EBENE • EBENE DUPLIZIEREN), damit Sie sich jederzeit einen Vorher-nachher-Vergleich gönnen können. Danach entscheiden Sie sich für FARBEN • WERTE. Natürlich fällt sofort auf, dass hier eine Tonwertspreizung erforderlich ist. Ziehen Sie den Schwarz- und Weißpunkt-Regler an das Histogramm heran (3 und 255), und verschieben Sie den Grauwert nach links auf ca. 1,10. Bestätigen Sie mit OK.

Abwedeln und nachbelichten 8.3

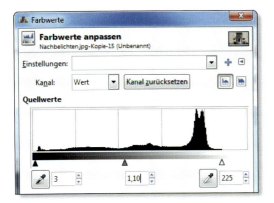

◀ **Abbildung 8.23**
Diese Einstellung hat dem Foto schon mal gut getan.

2 Einstellungsebene erzeugen

Sie könnten nun direkt auf der Ebene abwedeln und nachbelichten. Doch wir wollen ja für eine nichtdestruktive Korrektur sorgen. Klicken Sie daher zunächst auf das Symbol für die Vordergrundfarbe, und stellen Sie ein vollkommen neutrales Grau ein (R, G und B ❶ auf jeweils 128). Nachdem Sie auf OK geklickt haben, erzeugen Sie eine neue Ebene mit der EBENENFÜLLART VORDERGRUNDFARBE ❷.

▲ **Abbildung 8.24**
Für die Einstellungsebene benötigen wir ein neutrales Grau.

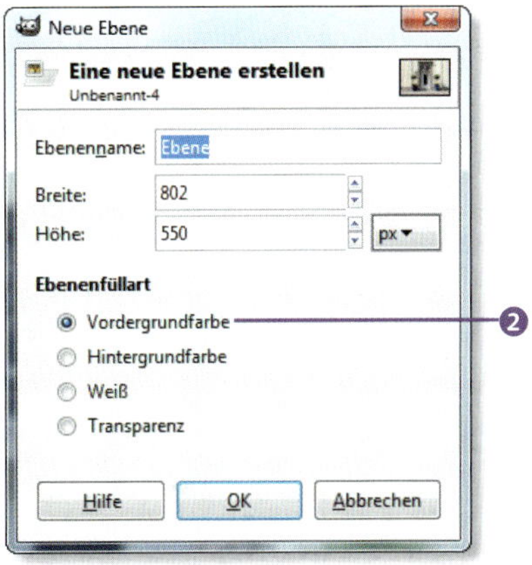

▲ **Abbildung 8.25**
Füllen Sie die neue Ebene mit Grau.

3 Modus ändern

Nun ist aus unserem schönen Foto eine wenig vorteilhaft wirkende graue Fläche geworden. Das ändert sich, indem Sie den MODUS der obersten Ebene von NORMAL auf ÜBERLAGERN umstellen. Puh, Glück gehabt – das Foto ist wieder da.

219

8 Belichtung korrigieren

4 Abwedeln

Nachdem Sie das Abwedeln/Nachbelichten-Werkzeug aktiviert haben, sollten Sie die weiche Pinselspitze HARDNESS 025 wählen und ihre GRÖSSE auf ca. 60 einstellen. Stellen Sie sicher, dass der TYP des Werkzeugs auf ABWEDELN und der UMFANG auf MITTEN eingestellt ist. Fahren Sie mehrfach mit gedrückter Maustaste über den die Tür umgebenden Marmor. Dabei dürfen Sie links ruhigen Gewissens mehr machen als rechts, da der Marmor dort wesentlich dunkler ist.

Wenn Sie mit dem Ergebnis zufrieden sind, hellen Sie auf die gleiche Weise die Tür noch ein wenig auf. Einen schönen Vorher-nachher-Vergleich erhalten Sie, wenn Sie temporär die oberste (graue) Ebene deaktivieren.

Abbildung 8.26 ▶
So sticht das Schmuckwerk viel mehr hervor.

Zwischen Abwedler und Nachbelichter wechseln

Sie können jederzeit zwischen Abwedler und Nachbelichter wechseln. Halten Sie einfach die Taste `Strg` gedrückt. Haben Sie den TYP ABWEDELN gewählt, schalten Sie so temporär auf NACHBELICHTEN um. Lassen Sie die Taste wieder los, wird automatisch der Abwedler wieder aktiv. Umgekehrt funktioniert das genauso gut.

5 Nachbelichten

Um noch etwas mehr Kontraste zwischen Fassade und Bodenbelag zu erzeugen, schalten Sie den TYP des Werkzeugs auf NACHBELICHTEN um. Erhöhen Sie die BELICHTUNG auf ca. 30, und wischen Sie mit gedrückter Maustaste über das Kopfsteinpflaster. Fahren Sie zwei bis dreimal darüber. Zuletzt schalten Sie den UMFANG noch auf SCHATTEN und wiederholen den Vorgang. Dadurch werden auch die dunklen Elemente des Pflasters etwas mehr nachbelichtet.

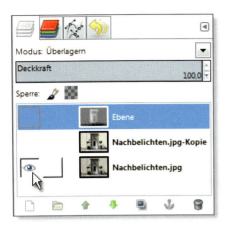

▸ **Abbildung 8.27**
Mit Klick auf das Augensymbol bei gehaltener ⇧-Taste werden alle anderen Ebenen deaktiviert.

Schalten Sie hingegen nur die oberste Ebene aus, sehen Sie den Unterschied zwischen abgewedelter und nachbelichteter Ebene sowie der Werte-Korrektur.

▾ **Abbildung 8.28**
Hier sehen Sie den direkten Vergleich vor und nach dem Prozess des Abwedelns und des Nachbelichtens (also jeweils nach der Werte-Korrektur).

6 Rückkehr zum Original

Sie dürfen jederzeit eine versehentlich abgewedelte Stelle durch eine anschließende Nachbelichtung korrigieren (und umgekehrt). Da Sie auf einer eigenen Ebene (Grau) arbeiten, geschieht dies sogar ohne Bildverluste. Aber es gibt einen weiteren unschlagbaren Vorteil: Sie können nämlich eine misslungene Korrekturstelle bei aktiviertem PINSEL mit neutralgrauer Farbe übermalen (auf der Grau-Ebene), um die Korrektur komplett rückgängig zu machen.

Und noch besser: Im Falle einer total misslungenen Korrektur lässt sich die gesamte Ebene erneut mit neutralgrauer Farbe füllen (BEARBEITEN • MIT VORDERGRUNDFARBE FÜLLEN). Das gibt Ihnen

Maskenminiatur interpretieren

Schauen Sie einmal kurz auf die Miniatur der neutralgrauen Ebene. Hier sehen Sie sehr schön: Alles, was abgewedelt worden ist, wird jetzt heller als Neutral-Grau dargestellt, alles Nachbelichtete ist dunkler.

221

dann die Möglichkeit, noch einmal ganz von vorn anzufangen. Das ist doch ein Argument, oder?

▲ **Abbildung 8.29**
Geänderte Lichtverhältnisse

8.4 Helligkeit/Kontrast korrigieren

Eine sehr schnelle (aber leider nicht die beste) Korrekturmöglichkeit stellt GIMP mit der Funktion HELLIGKEIT/KONTRAST zur Verfügung. Damit lassen sich die Lichtverhältnisse im Foto korrigieren, wobei auch hier stets das gesamte Foto beeinflusst wird (es sei denn, Sie erzeugen vorab eine Auswahl). Zu den Begriffen:

▸ Helligkeit ist die Belichtungsintensität, während
▸ Kontrast die Spanne zwischen dem hellsten und dem dunkelsten Punkt eines Fotos ist. Im Idealfall ist der hellste Punkt weiß, während der dunkelste Punkt reinem Schwarz entspricht.

Schritt für Schritt
Helligkeit und Kontrast einstellen

»Kontrast.jpg«

Das Beispielfoto »Kontrast.jpg« ist zu hell geraten. Außerdem ist der Kontrastumfang nicht es überzeugend, da es an dunklen bis schwarzen Bildelementen mangelt. Das fördert auch das Histogramm zutage (FARBEN • INFORMATION • HISTOGRAMM). Lassen Sie dieses Fenster bitte während des gesamten Workshops geöffnet.

8.4 Helligkeit/Kontrast korrigieren

▲ **Abbildung 8.30**
Das Foto ist zu hell und wirkt trübe.

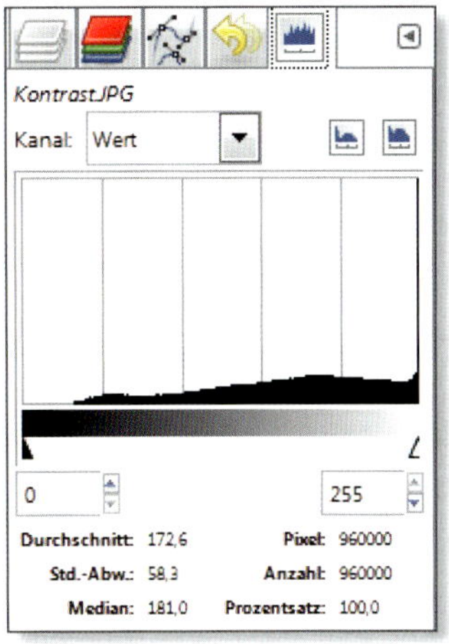

▲ **Abbildung 8.31**
Das Histogramm ist flach – extrem dunkle bis schwarze Bildelemente fehlen gänzlich (links).

1 Helligkeit und Kontrast einstellen

Um das zu korrigieren, klicken Sie in der Menüleiste auf FARBEN, gefolgt von HELLIGKEIT / KONTRAST. Ziehen Sie den Regler HELLIGKEIT ❶ so weit nach links, bis im nebenstehenden Eingabefeld einen Wert von etwa –15 angeboten wird. Damit ist das Bild insgesamt dunkler geworden, wobei aber schwarze Punkte noch immer durch Abwesenheit glänzen. Um dem entgegenzuwirken, müssten Sie nun mit dem KONTRAST ❷ nach rechts gehen. Streben Sie hier einen Wert von 15 an. (Verlassen Sie den Dialog noch nicht!)

◀ **Abbildung 8.32**
Absenkung der Helligkeit und Anhebung des Kontrasts bringen erste Verbesserungen ins Foto.

223

8 Belichtung korrigieren

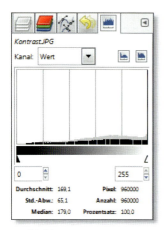

▲ **Abbildung 8.33**
Das Histogramm wird immer flacher.

Abbildung 8.34 ▶
Es herrscht großer Korrekturbedarf.

2 Einstellungen korrigieren

Haben Sie bemerkt, was während der Einstellung im Histogramm passiert ist? Mit Absenkung der Helligkeit haben wir das gesamte Histogramm vertikal erhöht. Das ist prinzipiell löblich. Durch die Anhebung des Kontrasts jedoch wurde es wieder abgesenkt, obwohl es jetzt bis an den linken Rand heranreicht (sprich: schwarze Bildpixel vorhanden sind).

Außerdem erscheint das Bild jetzt schon wieder zu hell, weshalb Sie mit der Helligkeit noch einmal heruntergehen sollten (circa –35). Bestätigen Sie mit OK.

▲ **Abbildung 8.35**
Das Resultat ist ganz okay.

Abschließend bleibt die Frage, ob es sinnvoll ist, eine Bildkorrektur nur anhand zweier Schieberegler vorzunehmen. Sie konnten nämlich, wie Sie im Histogramm gesehen haben, lediglich zwei Richtungen bearbeiten, nämlich die vertikale sowie die horizontale Erhebung. Das ist prinzipiell ungünstig, da sich auf diesem Wege ja die Mitten (und das sind ja in der Regel die größten Anteile eines Fotos) nicht separat bearbeiten lassen. Genau aus

Helligkeit/Kontrast korrigieren 8.4

diesem Grund möchte ich Ihnen gerne eine Alternative zur Helligkeit/Kontrast-Korrektur vorstellen.

Belichtung über Kurven einstellen

Viel leistungsfähiger als die Helligkeit/Kontrast-Korrektur ist eine Korrektur mit Hilfe der sogenannten Gradationskurve. Sie haben sie bereits kurz in Abschnitt 7.4, »Die Tonwertkorrektur«, kennengelernt. Dort hatten Sie die Möglichkeit, die Werte aus dem Farbwerte-Dialog direkt an die Gradationskurve zu übergeben.

Schritt für Schritt
Belichtung über Kurven einstellen

Machen Sie den letzten Schritt am Foto rückgängig. – Was? Sie haben den letzten Workshop gar nicht gemacht? Na, sowas. Dann nehmen Sie doch einfach die Ursprungsdatei »Kontrast.jpg«.

»Kontrast.jpg«

1 Korrektes Histogramm einstellen
Nachdem Sie die Datei geöffnet haben, gehen Sie auf FARBEN • KURVEN. Diesen Dialog kennen Sie ja bereits von der Farbkorrektur. Sorgen Sie dafür, dass ein LINEARES HISTOGRAMM ❶ (und nicht etwa ein LOGARITHMISCHES HISTOGRAMM ❷) eingestellt ist.

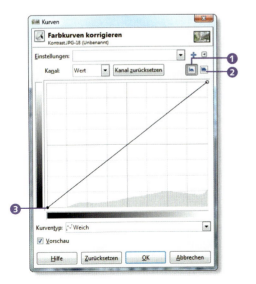

◀ **Abbildung 8.36**
Das bereits bekannte Histogramm ist hier schwach grau im unteren Bereich des Fensters zu erkennen.

8 Belichtung korrigieren

Foto aufhellen

Hätten Sie den unteren linken Punkt senkrecht nach oben geschoben, wäre das Bild heller geworden. Das Gleiche würde passieren, wenn Sie den oberen rechten Punkt horizontal nach links verschöben.

2 Foto abdunkeln

Nun wollen wir zunächst erreichen, dass sich dunkle Bildbereiche nicht als dunkelgrau, sondern als schwarz darstellen (vergleichbar mit der zuvor erwähnten Kontrastkorrektur). Klicken Sie deshalb unten links auf den kleinen Kreis ❸, und ziehen Sie ihn horizontal nach rechts bis an das Histogramm heran.

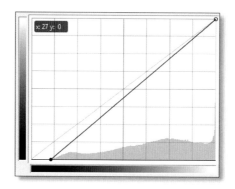

Abbildung 8.37 ▶
Die Tiefen des Bildes verschieben sich in Richtung Schwarz.

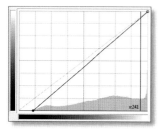

▲ **Abbildung 8.38**
Die Kurvendarstellung wurde um eine vertikale Linie erweitert.

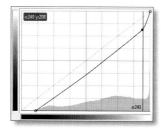

▲ **Abbildung 8.39**
Die Diagonale lässt sich wunschgemäß formen.

3 Foto punktuell aufhellen

Während es bei der Helligkeit/Kontrast-Korrektur nur zwei Einstellungsoptionen gibt, lassen sich mit der Kurvenmethode prinzipiell sämtliche Helligkeitsbereiche eines Fotos korrigieren. Klicken Sie im Foto auf einen besonders hellen Bereich der Baumstämme. Sehen Sie, dass sich einiges innerhalb des Kurvendialogs ändert? Sie erhalten jetzt eine vertikale Linie, die symbolisiert, welchen Helligkeitswert Sie mit der Maus soeben angeklickt haben. Üblicherweise bleibt die Linie auch dann erhalten, wenn Sie mit der Maus aus dem Bild herausfahren.

Für den versierten Bildbearbeiter ist jetzt genau der Schnittpunkt zwischen der Vertikalen und der Diagonalen entscheidend. Klicken Sie genau dort in das Diagramm, halten Sie die Maustaste gedrückt, und ziehen Sie etwas nach unten (dadurch wird der Bereich dunkler). Sobald Sie die Maustaste loslassen, wird sich ein schwarzer Punkt zeigen. Im Bild ist zu erkennen, dass genau die zuvor gewählten hellen Grünbereiche ordentlich abgedunkelt worden sind.

4 Foto punktuell abdunkeln

Wenn sich helle Bildbereiche dunkler machen lassen, was soll denn dagegensprechen, dunkle Bereiche heller zu machen? Eben.

Deswegen sollten Sie auf besonders dunkle Bereiche der Baumstämme klicken und so eine weitere Senkrechte in den Kurvenbereich bringen. Nehmen Sie ruhig die Schattenseiten eines Baumes. So lange Sie die Maustaste gedrückt halten, können Sie die Position noch ändern und somit auch die Senkrechte innerhalb des Kurvenbereichs verschieben. Danach klicken Sie wieder auf die Stelle, an der sich beide Linien überschneiden, diesmal jedoch gefolgt von einer Bewegung nach oben (der Bereich soll ja heller werden).

▲ Abbildung 8.40
Die Schatten werden aufgehellt.

5 Aktion abschließen
Im Anschluss beenden Sie das Ganze mit einem zufriedenen Klick auf OK. Das Resultat können Sie im ERGEBNISSE-Ordner begutachten. Es ist mit »Kurven_bearbeitet.jpg« betitelt.

»Kurven_bearbeitet.jpg«

▲ Abbildung 8.41
Mit dieser Methode haben Sie die Auswirkungen der Korrektur viel besser im Griff.

Helligkeit/Kontrast- oder Werte-Korrektur?

Nun stellt sich noch die Frage, ob die Werte-Korrektur denn generell der Helligkeit/Kontrast-Korrektur vorzuziehen ist. Nun, besser wäre es, aber nicht unter allen Umständen. Wenn nämlich der Korrekturbedarf eher gering ist, dann ist gegen die Justierung per Helligkeit/Kontrast prinzipiell nichts einzuwenden. Schneller geht es damit ja allemal.

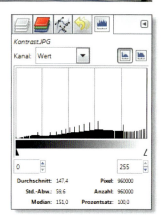

▲ Abbildung 8.42
Das Histogramm sieht wesentlich besser aus.

227

Scharfzeichnen und weichzeichnen

Schärfeverhältnisse korrigieren

- Wie schärfe ich Fotos und maskiere unscharfe Bildbereiche?
- Wie werden Fotos punktuell geschärft oder weichgezeichnet?
- Wie setze ich Schärfe und Weichzeichnung in Porträts ein?
- Wie kann ich eine effektvolle Unschärfe ins Bild bringen?
- Wie werden Körnungen aus einem Foto entfernt und hinzugefügt?
- Wie kann ich ein Foto »auf alt trimmen«?

9 Scharfzeichnen und weichzeichnen

Sind Sie bereit für richtig scharfe Fotos? – Nein, nicht dass wir uns jetzt falsch verstehen. Ich meine Fotos, die durch Detailreichtum und Schärfe glänzen. Das gelingt auch mit einem leicht unscharfen Foto noch. Umgekehrt können Sie aber auch bestimmte Bildbereiche weicher gestalten, beispielsweise um ein Gesicht mit einem glatteren Teint zu versehen.

9.1 Fotos schärfen

Wer sich gerne auf die Automatikfunktionen seiner Digitalkamera verlässt, geht nicht selten davon aus, dass die Schärfesensoren es schon richten werden. Das ist jedoch leider nicht immer der Fall. Nun ist ein unscharfes Foto nicht automatisch reif für den Papierkorb. Versuchen Sie, mit GIMP zu retten, was zu retten ist.

Fotos schnell schärfen

Ihre Bildbearbeitungs-Software hält einen wirklich simplen Dialog parat, der die Schärfe ins Foto zurückbringen kann. Für den Hausgebrauch ist dieser Dialog durchaus geeignet, wie Sie im folgenden Workshop sehen werden.

Schritt für Schritt
Fotos schnell schärfen

»Scharfzeichnen_01.jpg«

Öffnen Sie die Beispieldatei »Scharfzeichnen_01.jpg«. Bei diesem Bild werden Sie sehr schnell feststellen, dass der bildrelevante Inhalt leider Unschärfen aufweist. Zoomen Sie gegebenenfalls etwas in das Bild hinein. Danach sollten Sie allerdings wieder auf 100 % umstellen, um die Schärfe im Gesamtbild beurteilen zu können.

9.1 Fotos schärfen

◄ **Abbildung 9.1**
Der Sand, der sich auf dem Stumpf befindet, spiegelt die Unschärfen am deutlichsten wider.

1 Dialog öffnen

Öffnen Sie den Dialog SCHÄRFEN, den Sie im Menü FILTER • VERBESSERN finden. Im Vorschaufenster wird daraufhin standardmäßig die obere linke Ecke des Fotos präsentiert. Diese ist für uns natürlich irrelevant, da wir nicht den Hintergrund, sondern den Baumstumpf unten rechts schärfen wollen.

2 Vorschau einstellen

Nun könnten Sie mit den Scrollbalken unten und rechts einen anderen Ausschnitt herstellen. Doch es gibt eine sehr viel komfortablere Methode: Betätigen Sie einfach den kleinen blauen Doppelpfeil ❶, halten Sie die Maustaste gedrückt, und verschieben Sie das kleine Quadrat ❸ weiter nach unten rechts. Wenn eine relevante Stelle am Baumstumpf in der Vorschau ❷ sichtbar wird, lassen Sie die Maustaste los.

▼ **Abbildung 9.2**
Stellen Sie die Vorschau ein.

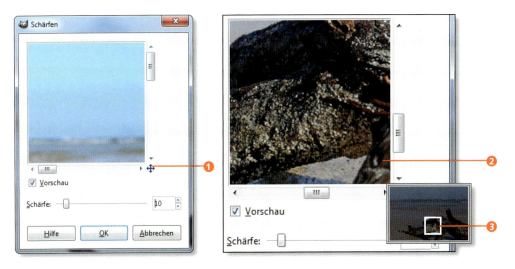

9   Scharfzeichnen und weichzeichnen

▲ **Abbildung 9.3**
Mit dieser Einstellung sorgen Sie für ein gutes Resultat.

Abbildung 9.4 ▶
Im Detail ist die Schärfung noch besser zu erkennen.

3   Ausschnitt fein einstellen

Sie möchten die Einstellungen noch ein wenig korrigieren? Dann klicken Sie ganz einfach oben in die Vorschau hinein, halten die Maustaste gedrückt und verschieben die Maus in die gewünschte Richtung.

4   Schärfe einstellen

Die eigentliche Schärfung erfolgt durch Ziehen des Reglers SCHÄRFE nach rechts. Stoppen Sie, wenn Sie einen Wert von etwa 50 bis 55 erreicht haben. Sie dürfen sich jetzt innerhalb des Dialogs eine Vorher-nachher-Vorschau genehmigen, indem Sie die Checkbox VORSCHAU kurz ab- und wieder anwählen. Am Schluss bestätigen Sie mit OK.

Das im vorangegangenen Workshop benutzte Foto war geradezu prädestiniert für die einfache Schärfung. Wir hatten es hier mit einem ohnehin unscharfen Hintergrund zu tun, der durch die Schärfung nicht weiter in Mitleidenschaft gezogen wurden (immerhin sollten Meer und Himmel ja unscharf bleiben). Die Bereiche hingegen, die es zu schärfen galt, waren überwiegend körnig (Sand). Wenn Sie es jedoch mit vielen Konturen zu tun haben, wie im folgenden Workshop, dann ist diese Methode nicht die richtige.

Unschärfen maskieren

»Scharfzeichnen_02.jpg«

Nehmen Sie sich einmal die Datei »Scharfzeichnen_02.jpg« vor, und wenden Sie die vorangegangene Methode darauf an (FILTER • VERBESSERN • SCHÄRFEN). Wenn Sie hier ebenfalls auf 50 bis 55 gehen, werden Sie feststellen, dass zwar die Kanten geschärft wurden, jedoch die Flächen des Blattes ebenfalls – und, wie ich finde, viel zu stark.

◄ **Abbildung 9.5**
Das Ergebnis ist ein wenig üppig ausgefallen.

Stellt sich also die Frage, warum die Flächen, die eigentlich gar nicht so stark geschärft werden müssen wie die Konturen, so stark in Mitleidenschaft gezogen wurden. Die Antwort: Weil wir bei dieser Vorgehensweise keine Möglichkeit der Mitbestimmung haben, was denn nun geschärft werden soll und wie sich die Schärfe im Endeffekt auswirkt. Am besten wird sein, Sie verwerfen die Schärfung (Strg + Z) und versuchen es mit der folgenden Methode.

Schritt für Schritt
Der Filter »Unscharf maskieren«

Schauen Sie sich das Beispielfoto »Scharfzeichnen_02.jpg« in Ruhe an. Die ebenmäßigen Flächen des Blattes sollten eigentlich nicht so stark geschärft werden wie die Konturen, Schärfe wünscht man sich ja meist an den Übergängen, und nicht innerhalb einer gleichmäßigen Farbfläche, denn dort werden geschärfte Konturen dann eher als Störungen wahrgenommen.

▲ **Abbildung 9.6**
Die Vorschau sollte Ihnen einen Blick auf die Konturen ermöglichen.

1 Ansicht vorbereiten
Lassen Sie uns das Foto jetzt nachbearbeiten. Dazu gehen Sie wieder in das Menü Filter • Verbessern und entscheiden sich diesmal für Unscharf maskieren. Auch hier müssen Sie die Ansicht wieder korrigieren. Wie das geht, haben Sie ja im letzten Workshop bereits erfahren. Stellen Sie eine Vorschau ein, in der sowohl Konturen als auch gelbliche Flächen gut zu sehen sind.

2 Schärfung einstellen

Lassen Sie uns jetzt zunächst die Schärfung einstellen. Was es mit den Schiebereglern im Einzelnen auf sich hat, schauen wir uns im Anschluss an diesen Workshop noch etwas genauer an. Ziehen Sie zunächst alle drei Regler so weit wie möglich nach links. Danach bewegen Sie den mittleren (Menge) nach rechts bis auf etwa 1,50. Der Radius sollte bei etwa 0,8 liegen. (Falls Sie Schwierigkeiten haben, den Wert genau einzustellen, benutzen Sie einfach die Schaltflächen neben dem Eingabefeld ❶.) Zuletzt erhöhen Sie den Schwellwert auf circa 12.

Abbildung 9.7 ▶
Drei Regler stehen zur optimalen Korrektur zur Verfügung.

3 Vorher-nachher-Vergleich

Bevor Sie nun OK betätigen, sollten Sie noch mehrfach die Checkbox Vorschau deaktivieren und wieder aktivieren. Dann nämlich sehen Sie im Dialogfenster, wie sich die Korrektur ausgewirkt hat.

▼ **Abbildung 9.8**
Die Konturen sind scharf, ohne dass die hellen Flächen zu sehr beeinflusst wurden.

Unscharf maskieren im Detail

Das bloße Verschieben der Regler allein ist natürlich wenig sinnvoll, wenn es darum geht, die Wirkungsweise dieser Schärfungsart kennenzulernen. Deswegen wollen wir uns die Schieber noch einmal etwas genauer anschauen:

▶ MENGE: Hiermit legen Sie fest, wie stark die Schärfung ausfallen soll. Je weiter Sie mit dem Schieber nach rechts gehen, desto intensiver ist die Schärfung insgesamt.

▶ RADIUS: Um zu verstehen, was mit Radius gemeint ist, müssen Sie sich die Wirkungsweise einer Schärfung vergegenwärtigen. Die Anwendung sucht dabei gewissermaßen nach kontrastierenden Kanten. Dort, wo sich auf einem längeren Stück unterschiedliche Farbtöne ausmachen lassen, wird eine Kante vermutet. Subjektiv nehmen wir dort Unschärfen auch wesentlich intensiver wahr als auf einer Fläche mit geringen Farbunterschieden.

Und genau hier kommt der RADIUS zum Tragen, mit dem Sie GIMP mitteilen, wie viele Pixel zu jeder Seite der kontrastierenden Kante in die Schärfung einbezogen werden sollen. Je mehr Sie den Regler nach rechts stellen, desto mehr Pixel werden geschärft. (Das wird noch deutlicher, wenn Sie den Regler einmal extrem nach rechts ziehen.)

▶ SCHWELLWERT: Mit dem Schwellwert letztendlich teilen Sie der Anwendung mit, was überhaupt als Kante betrachtet werden darf. Je weiter Sie den Regler nach rechts schieben, desto größer müssen die Farbunterschiede zwischen den Pixeln sein. Genau mit diesem Regler erreichen Sie also, dass mehr oder weniger ebenmäßige Flächen weitgehend von der Schärfung ausgenommen werden, also weich bleiben.

»Unscharf maskieren« oder »Schärfen«?

Sollten sich viele Konturen im Foto befinden, geben Sie dem Filter UNSCHARF MASKIEREN den Vorzug vor SCHÄRFEN.

9.2 Fotos punktuell schärfen und weichzeichnen

Die ersten Workshops dieses Kapitels waren noch relativ leicht zu realisieren. Immerhin war die gesamte Bildfläche unscharf. Was aber, wenn es darum geht, nur bestimmte Bildbereiche zu schärfen? Hier gibt es zwei verschiedene Methoden: zum einen die Maskierungs- und zum anderen die Werkzeug-Methode. Lassen Sie uns mit der ersten beginnen.

9 Scharfzeichnen und weichzeichnen

Schärfe mit Masken verändern

In diesem Abschnitt geht es darum, zwei deckungsgleich übereinanderliegende Fotos zu erzeugen, das obere zu schärfen und zuletzt zu bestimmen, welcher Bereich der oberen Ebene sichtbar sein soll und welcher nicht. »Hört sich kompliziert an«, sagen Sie? Nein, das ist es nicht wirklich.

Schritt für Schritt
Ein Porträt punktgenau schärfen

»Haar.jpg«

Bei Aufnahmen von Menschen geht es meist darum, das Gesicht zu schärfen – hier besonders Augen, Nase, Mund und Haare. Erreichen können Sie das über mehrere Wege; hier im Workshop verwenden wir zwei Ebenen und Masken.

1 Foto analysieren

Öffnen Sie die Datei »Haar.jpg«. Versuchen Sie, die Schwachstellen des Fotos ausfindig zu machen. Dazu dürfen Sie auch gerne etwas in das Foto einzoomen. Haare, Augen und Lippen sind ebenso unscharf wie die Schweißbrille, die unser Model trägt. Der Rest versinkt in der Unschärfe des Nebels, was der Stimmung der Aufnahme aber durchaus entgegenkommt.

Abbildung 9.9 ▶
Die Unschärfen im Gesicht des Models sind so nicht hinnehmbar.

© Renate Klaßen

2 Ebene duplizieren

Da wir das Foto nur in bestimmten Bereichen schärfen wollen, benötigen wir zunächst eine Ebene. Diese maskieren wir dann später teilweise. Betätigen Sie deswegen die Ebenenduplikat-Schaltfläche ❶ in der Fußleiste der Ebenen-Palette, oder entscheiden Sie sich für EBENE • EBENE DUPLIZIEREN aus dem Menü.

3 Ebene schärfen

Jetzt wenden Sie wieder den Filter UNSCHARF MASKIEREN an, den Sie unter FILTER • VERBESSERN finden. Stellen Sie die Vorschau auf einen Bereich ein, der für die Scharfzeichnung relevant ist – in diesem Fall also auf den Kopf des Models. Haare, Augen und Wimpern eignen sich zur Begutachtung ganz besonders. Ziehen Sie zunächst wieder alle Regler nach links. Danach bringen Sie den RADIUS auf 0,6, die MENGE auf circa 1,20 und den SCHWELLWERT auf 7.

Ehe Sie die Aktion mit OK abschließen, sollten Sie die VORSCHAU mehrfach ein- und ausschalten, um die Wirkung der Schärfung zu beurteilen.

▲ Abbildung 9.10
Zu Anfang muss wieder ein Duplikat her.

◄ Abbildung 9.11
An Haaren, Augen und Wimpern lässt sich die Schärfe stets gut beurteilen.

Hautkorrektur

Eventuell werden Sie geneigt sein, den Schwellwert mehr zu erhöhen als hier angegeben. Immerhin würden Sie so der Scharfzeichnung der Haut entgegenwirken. Allerdings würde sich das negativ auf unser Ergebnis auswirken. Immerhin verlöre der gesamte Bereich dann wieder an Schärfe. Bleiben Sie deswegen beim angegebenen Wert.

4 Ergebnis vergleichen

Sie können sehr gut erkennen, dass die Schärfung bereits eine Menge gebracht hat. Klicken Sie mehrfach hintereinander auf das Augen-Symbol der obersten Ebene. Unglaublich, oder? Unser Model ist jetzt klar und deutlich konturiert. Die Schärfung ist schon fast etwas zu üppig ausgefallen. Doch das passen wir später an. Wichtig ist für uns zunächst, die Schärfung nur punktuell wirken zu lassen.

Abbildung 9.12 ▶
Die Schärfung wirkt sich auf alle Bildbereiche aus – und ist zudem trotz der vorsichtigen Einstellung sehr stark.

5 Ebene maskieren

Erstellen Sie deshalb eine Maske über EBENE • MASKE • EBENENMASKE HINZUFÜGEN. Im folgenden Dialog initialisieren Sie die Maske mit SCHWARZ (VOLLE TRANSPARENZ). Das sorgt dafür, dass die Schärfung im Bild wieder komplett verschwindet (die Ebene ist vollständig maskiert). Schließen Sie die Aktion mit Klick auf HINZUFÜGEN ab.

Abbildung 9.13 ▶
So wird die oberste Ebene zunächst komplett unsichtbar.

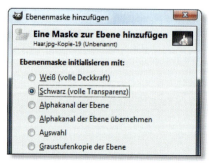

6 Schärfebereiche einzeichnen

Aktivieren Sie einen weichen Pinsel, und stellen Sie Weiß als Vordergrundfarbe ein. Mit einer Pinselgröße von etwa 20 übermalen Sie nun die Stellen, die scharf werden sollen, also die Schweißbrille auf dem Kopf des Models, die Haare, Augen und Augenbrauen sowie Nase und Mund. Beim Mund müssen Sie jedoch ein wenig achtgeben: Durch die Schärfung ist hier ein unschöner weißer Rand entstanden. Dieser Bereich sollte deswegen maskiert bleiben.

◄ **Abbildung 9.14**
Wenn Sie bei Schwarz als Vordergrundfarbe eingestellt haben und außerhalb der Lippenkontur malen, verschwindet der durch das Schärfen entstandene weiße Saum.

Falls erforderlich, schalten Sie, nachdem Sie den Mund demaskiert haben, die Vordergrundfarbe um auf Schwarz. Danach malen Sie mit einer kleinen weichen Spitze (GRÖSSE ca. 5) über die weiße Kontur, ohne dabei die Lippen zu überfahren. Dazu sollten Sie vorab jedoch stark einzoomen.

7 Kleidung schärfen

Wollen Sie auch den Schriftzug auf der Kleidung schärfen, dürfen Sie auch ihn überpinseln. In diesem Fall müssen Sie dann mit einer kleineren Spitze (ca. 8–10) auch über die Kette malen. Vergrößern Sie auch dazu die Ansicht.

8 Darstellungsgröße anpassen

Eine Schärfung lässt sich immer am besten bei einer Größenansicht von 100 % begutachten. Drücken Sie daher ⟨1⟩. Sehen Sie sich das Foto jetzt in Ruhe an. Die Schärfung ist immer noch zu stark, finden Sie nicht auch?

9 Deckkraft anpassen

Fahren Sie die DECKKRAFT zunächst auf 0 % zurück (das Foto ist jetzt wieder komplett unscharf). Danach erhöhen Sie die Deckkraft Stück für Stück, bis Ihnen die Scharfzeichnung gefällt. Das bedeutet: Sie können jetzt über den Grad der Ebenensichtbarkeit

---

Schnell ein- und auszoomen

Zur Erinnerung: Damit Sie zur Änderung der Darstellungsgröße nicht extra das Werkzeug wechseln müssen, empfiehlt es sich, zunächst mit der Maus auf die Lippen zu zeigen und dann ⟨5⟩ zu betätigen (vergrößert das Foto auf 1.600 %). Nach der Lippen-Korrektur drücken Sie ⟨1⟩. So schnell kann man innerhalb des Fotos navigieren.

▲ **Abbildung 9.15**
Mit Hilfe des DECKKRAFT-Reglers innerhalb der Ebenen-Palette lässt sich die Stärke der Schärfung noch anpassen.

genau einstellen, wie stark sich die Schärfung auf das Foto auswirken soll. So macht Bildbearbeitung Spaß! Im vorliegenden Fall sollten Sie 55% nicht überschreiten.

▲ **Abbildung 9.16**
So soll es sein: Relevante Konturen sind scharf, ohne dass die diffuse Wirkung des Nebels verlorengeht.

Schärfe mit Werkzeugen verändern

Im vorangegangenen Kapitel haben Sie bereits den NACHBELICHTER/ABWEDLER kennengelernt (siehe Seite 216). Dabei handelt es sich um ein Kombi-Werkzeug, das sowohl die eine als auch die andere Funktionen übernehmen kann. Genauso verhält es sich auch mit WEICHZEICHNEN/SCHÄRFEN ❶.

Nachdem Sie dieses Tool im Werkzeugkasten aktiviert haben, bedienen Sie es genauso wie den NACHBELICHTER/ABWEDLER. Da ich die Technik dort bereits beschrieben habe, möchte ich an dieser Stelle darauf verzichten. Einzig sei noch der Hinweis gestattet, dass sich bei aktivierter Verknüpfungsart WEICHZEICHNEN ❷ temporär auf SCHÄRFEN ❸ umstellen lässt, indem Sie Strg gedrückt halten.

Wie stark das Werkzeug ansprechen soll, regeln Sie hingegen mit dem Schieber RATE ❹. Auch hier ist entscheidend, wie oft Sie über eine Stelle wischen, um diese weich- oder scharfzuzeichnen.

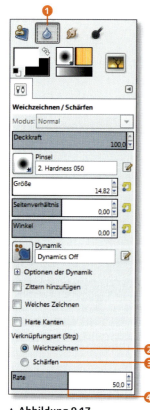

▲ **Abbildung 9.17**
GIMP hat zum Scharf- und Weichzeichnen extra ein Werkzeug mit an Bord.

9.3 Weichzeichnen

Gegensätzliche Routinen lassen sich in GIMP oft mit ganz ähnlichen Methoden in die Realität umsetzen. Wenn Sie also anstelle einer Scharfzeichnung einmal eine Weichzeichnung erzeugen wollen, dann gehen Sie in das Menü FILTER • WEICHZEICHNEN. Der vielversprechendste Filter dieser Kategorie ist der GAUSSSCHE WEICHZEICHNER. Mit diesem ließe sich, um das vorangegangene Beispiel noch einmal aufzugreifen, die Haut des Models nachträglich weichzeichnen. Aber lassen Sie uns dazu ein neues Foto nehmen.

Schritt für Schritt
Haut weichzeichnen

Nachdem Sie die Datei »Haut.jpg« geöffnet haben, sollten Sie sich die Schärfeverteilung genau ansehen. Gegen die Schärfe ist an sich nichts einzuwenden, zumal sich das Gesicht des Models durch die hohe Tiefenunschärfe schön vom Hintergrund abhebt. Fragt sich nur, ob die Haut nicht ein wenig zu detailreich ausfällt. Diese modernen Kameras mit ihren hohen Auflösungen sind besonders bei Frauenporträts nicht immer schmeichelhaft.

»Haut.jpg«

◄ **Abbildung 9.18**
Das Foto lebt von seiner hohen Schärfe. Dennoch könnte die Haut ein wenig »abgesoftet« werden.

9 Scharfzeichnen und weichzeichnen

Verkettung aufheben

Für den Fall, dass die Weichzeichnung horizontal einmal mehr oder weniger intensiv ausfallen soll als vertikal, klicken Sie auf das kleine Kettensymbol – und zwar noch *bevor* Sie die Werte ändern. Dadurch lassen sich beide Werte nämlich unabhängig voneinander definieren.

1 Ebene duplizieren

Absoften heißt das Zauberwort! Damit gemeint ist das Weichzeichnen bestimmter Hautpartien. Der erste Schritt besteht deshalb wieder darin, die Ebene zu duplizieren. Wie das geht, wissen Sie ja längst.

2 Ebene weichzeichnen

Entscheiden Sie sich danach für FILTER • WEICHZEICHNEN • GAUSSSCHER WEICHZEICHNER. Lassen Sie in der Vorschau eine Stelle anzeigen, die vor allem eine auffällige Hautpartie zeigt ❶ (z. B. die bildlinke Wange). Danach setzen Sie den WEICHZEICHNENRADIUS HORIZONTAL ❷ auf 0,0 und erhöhen ihn dann Schritt für Schritt so lange, bis Sie zufrieden sind. Bei 5,0 sieht es schon gut aus. Geben Sie aber sicherheitshalber noch eins drauf, und stellen Sie 6,0 ein.

Da beide Werte miteinander verkettet sind ❹, wird der WEICHZEICHNENRADIUS VERTIKAL ❸ gleich entsprechend mit angehoben. Die WEICHZEICHNENMETHODE sollte RLE ❺ entsprechen; dazu nach diesem Workshop mehr.

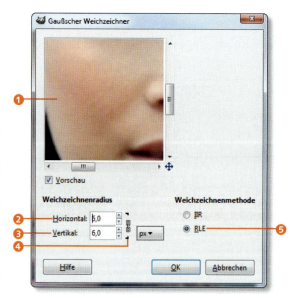

Abbildung 9.19 ▶
WEICHZEICHNENRADIUS und WEICHZEICHNENMETHODE werden hier verändert.

▲ **Abbildung 9.20**
Die zuvor eingestellte Weichzeichnung geht temporär komplett verloren.

3 Ebene maskieren

Nachdem Sie mit OK bestätigt haben, müssen Sie eine Maske erzeugen. Immerhin sind ja jetzt auch Stellen abgesoftet worden,

242

die ihre Schärfe nicht verlieren sollten. Deswegen geht der Weg jetzt wieder über EBENE • MASKE • EBENENMASKE HINZUFÜGEN. Entscheiden Sie sich für die Initialisierungsmethode SCHWARZ (VOLLE TRANSPARENZ), und bestätigen Sie mit HINZUFÜGEN.

4 Hautpartien absoften

Sorgen Sie nun per Druck auf [D] dafür, dass Schwarz als Vordergrund- und Weiß als Hintergrundfarbe aktiviert wird. Diese Farbgebung müssen Sie noch umkehren, indem Sie einmal [X] betätigen.

Malen Sie jetzt über alle Hautpartien, die Ihrer Meinung nach weichgezeichnet werden sollen. Vermeiden Sie jedoch den Kontakt mit den Haaren, Wimpern, Augenbrauen, Augen, Lippen und Zähnen. Lassen Sie starke Konturen, wie die Übergänge zwischen Wangen und Nase, ebenfalls außen vor, oder übermalen Sie diese nach dem Weichzeichnen mit schwarzer Vordergrundfarbe.

▲ **Abbildung 9.21**
Mit rund 75% DECKKRAFT fällt die Weichzeichnung etwas geringer aus. Für einen direkten Vergleich deaktivieren Sie temporär das obere Augen-Symbol.

5 Deckkraft reduzieren

Wenn Sie mit der Maskierung fertig sind, sollten Sie die DECKKRAFT ❻ der obersten Ebene wieder ein wenig reduzieren. Wie wäre es mit rund 75%? Einen Vorher-nachher-Vergleich erhalten Sie, indem Sie das Augen-Symbol der obersten Ebene ❼ temporär deaktivieren.

▲ **Abbildung 9.22**
Gestochen scharfe Details und dennoch weiche Haut. So soll es sein.

9 Scharfzeichnen und weichzeichnen

Erforderlichkeit abwägen

Natürlich muss nicht jede Pore mittels Nachbearbeitung geschlossen werden. Meist ist ein Foto sogar interessanter (und vor allem authentischer), wenn die normale Hautstruktur erhalten bleibt. Wer allerdings ein eher makelloses Ergebnis wünscht, der ist mit dieser Technik gut beraten.

Ein Tipp noch zum Schluss: Wenn Sie mit Porträts arbeiten, gehen Sie bitte gemäßigt vor. Fältchen, Muttermale und Ähnliches sind immer Bestandteil eines Gesichtes und sollten niemals komplett entfernt werden. Denn damit würden Sie das Aussehen eines Menschen nicht verschönern, sondern lediglich ein Computer-Gesicht erschaffen. Halten Sie sich daher besonders beim Porträt an das Motto: Weniger ist mehr!

Weichzeichnenmethoden

Im Dialog GAUSSSCHER WEICHZEICHNER befinden sich zwei Radio-Buttons, die mit WEICHZEICHNENMETHODE betitelt sind. Hierbei handelt es sich um verschiedene Algorithmen, die zur Art der Weichzeichnung verwendet werden.

▸ **IIR** (Infinite Impulse Response = Filter mit unendlicher Impulsantwort): Diese Methode eignet sich am besten für nicht am Computer generierte Fotos sowie bei Verwendung sehr großer Radien.

▸ **RLE** (Run-Length Encoding = Lauflängenkodierung): Dieser Algorithmus sorgt bei großen, einheitlichen Flächen für eine bessere Weichzeichnung. Außerdem eignet sich diese Methode am besten für computergenerierte Fotos.

Bewegungsunschärfe erzeugen

Nachdem wir bislang ausschließlich Optimierungen vorgenommen haben, soll es jetzt gezielt um Verfremdung gehen. Genauer gesagt: Wir werden Weichzeichnungen bewusst ins Bild montieren, um beim Betrachter gewisse Assoziationen zu wecken. Als Erstes widmen wir uns der Bewegungsunschärfe.

Wie der Name schon sagt, tritt eine Bewegungsunschärfe immer dann auf, wenn sich ein Objekt bewegt. Entweder wird dabei das Objekt unscharf oder die Umgebung. Abbildung 9.23 verdeutlicht das.

Bei Erzeugung des linken Fotos wurde die Kamera mit bewegt. Dadurch ist es möglich, den Skiläufer scharf abzubilden, während der Hintergrund die typische Bewegungsunschärfe aufweist. Im rechten Bild ist das anders. Solche Aufnahmen erzeugen Sie, indem Sie die Kamera ruhig halten. Der Hintergrund ist dabei scharf, während das vorbeifahrende Objekt (in diesem Fall der Alpinist) unscharf dargestellt wird.

▲ **Abbildung 9.23**
Zwei verschiedene Möglichkeiten der Bewegungsunschärfe

Schritt für Schritt
Eine Vorbeifahrt simulieren

Schauen Sie sich das Beispielfoto »Bewegung.jpg« an. Klarer Fall! Hier bewegt sich rein gar nichts. Schnell erschließt sich dem Betrachter, dass der Zug steht. Doch das müssen wir nicht tatenlos hinnehmen. Immerhin bestimmen *wir*, ob wir nun gerade fahren oder stehen wollen – zumindest dann, wenn wir GIMP in der Hinterhand halten.

»Bewegung.jpg«

◄ **Abbildung 9.24**
Dieses Foto soll eine schnelle Fahrt simulieren.

9 Scharfzeichnen und weichzeichnen

1 Ebene duplizieren

Wie so oft, benötigen wir zunächst wieder eine Kopie des Hintergrunds. Da wir das jetzt schon tausendmal über die Ebenen-Palette gemacht haben, wollen wir diesmal ins Menü gehen. Entscheiden Sie sich dort für EBENE • EBENE DUPLIZIEREN.

2 Auswahl erzeugen

Als Nächstes müssen wir eine Auswahl erzeugen. Sie ahnen es: Wir müssen den Bereich, der durch das Fenster hindurch sichtbar ist, vom Abteil trennen. Zoomen Sie stark in die obere linke Ecke des Fensters ein, und aktivieren Sie anschließend das LASSO (FREIE AUSWAHL [F]). Versuchen Sie, den Rand des Fensters durch mehrere dicht hintereinander platzierte Mausklicks nachzuempfinden. Auf den Geraden dürfen Sie die Abstände gern vergrößern. Doch achten Sie bitte darauf, dass sich die Auswahllinie stets an den Rahmen des Fensters anpasst.

Abbildung 9.25 ▶
In den Ecken des Fensters müssen die Punkte dichter gesetzt werden.

Auswahltoleranz

Sie müssen nicht penibel versuchen, die Kante exakt abzufahren. Vielmehr reicht es, wenn Sie eine Linie knapp innerhalb der Gummidichtung des Fensters anlegen.

Bei Ihrer Arbeit werden Sie den Bildausschnitt des Öfteren verändern müssen. Halten Sie dazu die Leertaste gedrückt, und schieben Sie die Maus weiter nach links, damit der Bildausschnitt rechts davon aktualisiert wird. (Ein Klick mit der Maus ist dabei nicht vonnöten.) Sobald Sie die Leertaste wieder loslassen, können Sie mit dem Setzen der Punkte fortfahren. Am Ende schließen Sie die Auswahl, indem Sie erneut auf den zuerst gesetzten Punkt klicken.

3 Gesamtes Foto darstellen

Zuletzt sollten Sie die Lupe wieder aktivieren [Z]. Klicken Sie damit mehrfach auf das Foto, während Sie [Strg] gedrückt halten, bis das gesamte Foto wieder sichtbar ist.

4 Optional: Auswahl korrigieren

Wenn Sie die Auswahl zu diesem Zeitpunkt noch einmal begutachten wollen, dann betätigen Sie im Menü AUSWAHL • SCHNELLMASKE UMSCHALTEN, oder drücken Sie ⇧+Q. Sie sehen dann nicht ausgewählte Bereiche teiltransparent rot abgedeckt. Sollten Sie feststellen, dass noch etwas korrigiert werden muss, aktivieren Sie abermals das LASSO. Danach schalten Sie, je nachdem ob Sie der aktuellen Auswahl noch etwas hinzufügen oder davon abziehen wollen, den Button ❶ oder ❷ im Werkzeugkasten ein. Wenn alles okay ist, wählen Sie AUSWAHL • SCHNELLMASKE UMSCHALTEN erneut an.

▲ Abbildung 9.26
Einstellungen für das LASSO

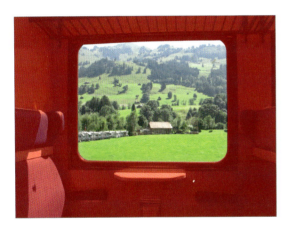

◄ Abbildung 9.27
So lässt sich sehr gut beurteilen, was ausgewählt worden ist und was nicht.

5 Auswahl umkehren

Nun kehren Sie die Maske um. Das erreichen Sie entweder über Strg+I oder mit AUSWAHL • INVERTIEREN. Jetzt ist nicht mehr die Landschaft, sondern das Abteil ausgewählt.

6 Ebenenmaske hinzufügen

Erzeugen Sie eine Ebenenmaske, indem Sie EBENE • MASKE • EBENENMASKE HINZUFÜGEN einstellen. Im Bereich EBENMASKE INITIALISIEREN MIT des Folgedialogs gehen Sie auf den Radio-Button AUSWAHL, gefolgt von HINZUFÜGEN. Danach heben Sie die Auswahl auf (AUSWAHL • NICHTS).

7 Hintergrund deaktivieren

Nun sieht das Foto genauso aus wie vorher. Das ändert sich aber, wenn Sie die unterste Ebene (Hintergrund) kurzzeitig über das

▲ Abbildung 9.28
Das Erzeugen einer Maske erlaubt auch später noch Korrekturen am Auswahlbereich.

9 Scharfzeichnen und weichzeichnen

Augen-Symbol deaktivieren. Jetzt tauchen die bereits bekannten grauen Schachbrettmuster auf, die stets auf Transparenzen hinweisen.

▲ **Abbildung 9.29**
Die Landschaft ist verschwunden.

8 Bewegungsunschärfe hinzufügen

Nun ist es so weit, dass wir uns um die Bewegungsunschärfe kümmern können. Sorgen Sie zunächst dafür, dass die Hintergrundebene wieder sichtbar ist, und wählen Sie sie zur weiteren Bearbeitung in der Ebenen-Palette aus (Klick auf die Zeile BEWEGUNG. JPG). Danach gehen Sie in FILTER • WEICHZEICHNEN • BEWEGUNGSUNSCHÄRFE. Korrigieren Sie die Auswahl innerhalb des Folgedialogs so, dass der Hintergrund (sprich: die Landschaft) sichtbar ist. Als WEICHZEICHNUNGSART wählen Sie LINEAR.

Ziehen Sie zunächst den Schieberegler LÄNGE so weit nach rechts, bis ein Wert von etwa 110 erreicht ist. (Damit stellen Sie die Stärke der Weichzeichnung ein.) Zuletzt ziehen Sie den Regler WINKEL ganz nach links (bis auf 0), damit die Weichzeichnung entsprechend der Fahrtrichtung horizontal erfolgt. Schließen Sie den Dialog mit Klick auf OK.

▲ **Abbildung 9.30**
Für unser Beispiel benötigen wir eine horizontale Bewegungsunschärfe.

Linear, Radial, Zoom

Während eine lineare Weichzeichnung für Unschärfe in eine bestimmte Richtung sorgt, erreichen Sie mit einer radialen eine kreisförmige Weichzeichnung (z. B. geeignet für Reifen und Räder). Zoom hingegen erzeugt eine strahlenförmige Weichzeichnung (Explosion oder Rückschlag).

9 Ebene skalieren

Nun könnten Sie es prinzipiell dabei bewenden lassen. Allerdings hat sich auf der rechten Seite des Fensterbereichs ein unschöner Schatten entwickelt. Diesen gilt es noch zu korrigieren, indem Sie bei aktivierter unterster Ebene EBENE • EBENE SKALIEREN einschalten.

Im folgenden Dialog betätigen Sie zunächst das Kettensymbol ❷ und setzen anschließend die BREITE ❶ auf 2200. Danach betätigen Sie SKALIEREN. (Ein Hinweis noch: Würden Sie BILD • BILD SKALIEREN wählen, würden beide Ebenen skaliert, nicht nur der Hintergrund.)

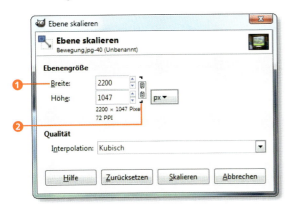

▲ Abbildung 9.31
Die unterste Ebene des Fotos wird horizontal skaliert.

▲ Abbildung 9.32
So soll das Endergebnis aussehen.

9.4 Körnung reduzieren oder hinzufügen

Körnung auf einem Foto (auch als »Rauschen« bezeichnet) ist einerseits ein beliebtes Gestaltungsmittel, andererseits ein unerwünschter Effekt. Gerade in der People-Fotografie mag man gut und gerne auf die kleinen Störelemente verzichten. Möchten Sie hingegen den Charme des Alten wecken oder die Dramaturgie erhöhen, dürfen sich ruhig ein paar Sandkörner auf dem Bild befinden.

Körnung entfernen

Körnungen entstehen häufig beim Fotografieren mit wenig Licht. Die Vollautomatiken der Kameras erhöhen in einem solchen Fall allzu gern den ISO-Wert. Dadurch werden die Aufnahmen heller, was allerdings auch mit der Zunahme von Bildrauschen einhergeht.

Das Entfernen von Körnungen ist eine ziemlich problematische Angelegenheit. Denn im Prinzip müssen Sie Unschärfen zur Über-

ISO-Wert

Mit dem ISO-Wert wird die Lichtempfindlichkeit bemessen (früher: ASA). Je höher der Wert, desto größer ist auch die die Lichtempfindlichkeit. In der Praxis bedeutet das: Bei gleicher Blendenöffnung und Verschlusszeit wird das Foto heller, wenn die ISO-Zahl erhöht wird.

9 Scharfzeichnen und weichzeichnen

deckung von Störungen mit einfließen lassen – also einen Makel mit einem anderen Makel beheben. Sie dürfen von GIMP hier keine Wunder erwarten. Was dennoch geht, wollen wir uns im folgenden Beispiel anschauen.

Schritt für Schritt
Fotos entrauschen

»Rauschen_01.jpg«

Bei der Beispieldatei »Rauschen_01.jpg« haben wir es mit einem Porträt zu tun; da haben Störungen gewöhnlich nichts zu suchen. Während insbesondere die Hautpartien befallen zu sein scheinen, sind die Störungen an der Maske kaum auszumachen. Also müssen wir wieder einmal eine punktuelle Korrektur anwenden.

Abbildung 9.33 ▶
Eine Haut wie Sandpapier? Das gefällt dem Model sicher gar nicht.

© Robert Klaßen

Vorsicht bei Alphakanälen

Der NL-Filter lässt sich nicht auf Fotos anwenden, die über einen Alphakanal verfügen. Der Befehl erscheint in diesem Fall im Menü ausgegraut. Um ihn anwenden zu können, müssen Sie den Alphakanal vorab löschen.

1 Ebene duplizieren
Die Störungen im Bildbeispiel sind sehr stark. Deswegen werden wir später noch maskieren müssen. Sie wissen, was das bedeutet: Sie benötigen zunächst ein Ebenenduplikat (EBENE • EBENE DUPLIZIEREN).

2 Filter hinzufügen
Begeben Sie sich anschließend in das Menü FILTER • VERBESSERN • NL-FILTER. Dieser Filter wird auch als Schweizer Taschenmesser bezeichnet, da man mit ihm sowohl entstören als auch schärfen

kann. Stellen Sie eine Vorschau ein, in der sowohl die Haut als auch kontrastierende Kanten, wie z. B. die Augen und Lippen, zu sehen sind.

3 Filter einstellen

Aktivieren Sie den Radio-Button OPTIMALE SCHÄTZUNG. Er ist bei starkem Rauschen auf ebenen Flächen den beiden anderen Werten vorzuziehen. Ziehen Sie den Regler ALPHA auf 0,25 (Intensität der Filterwirkung) und den RADIUS (Umgebungsgröße der einzelnen Pixel, die zur Berechnung herangezogen werden) auf 1,00, ehe Sie mit OK bestätigen.

Filter-Optionen

ALPHABASIERTER MITTELWERT eignet sich eher bei schwachem Rauschen, während KANTENVERSTÄRKUNG die Übergänge zwischen kontrastierenden Pixeln hervorhebt, das Foto also schärft. Das würde hier jedoch zur Verstärkung des Rauschens führen.

◀ Abbildung 9.34
Diese Einstellung sorgt für sehr viel weichere Haut.

4 Scharfzeichner hinzufügen

Die Störungen sind zwar schon sehr gut entfernt worden, doch könnte etwas mehr nicht schaden. Zumindest sollten Sie versuchen, noch einmal nachzulegen. Wenden Sie den Filter also wiederholt an. Das erreichen Sie am schnellsten, indem Sie [Strg]+[F] betätigen (was stets den zuletzt angewendeten Filter mit den zuletzt verwendeten Einstellungen wiederholt).

9 Scharfzeichnen und weichzeichnen

▲ **Abbildung 9.35**
Mit Hilfe der Maske können Sie die oberste Ebene noch anpassen.

5 Ebene maskieren

Die Haut sieht schon richtig gut aus. Überzeugen Sie sich selbst, indem Sie die oberste Ebene via Augen-Symbol kurz aus- und wieder einschalten. Da Augen, Lippen, Haare und Maske jedoch auffällig unscharf geworden sind, benötigen Sie nun die eingangs erwähnte Maske. Klicken Sie mit rechts auf die oberste Ebene, und wählen Sie Ebenenmaske hinzufügen. Initialisieren Sie die Maske mit Weiss (volle Deckkraft).

6 Gesichtsbereiche maskieren

Vergrößern Sie den Bildausschnitt, so dass Augen und Mund groß zu sehen sind. Aktivieren Sie den Pinsel mit der Spitze Hardness 025. Stellen Sie ihn auf eine Grösse von etwa 15 ein. Reduzieren Sie die Deckkraft auf etwa 35%.

Abbildung 9.36 ▶
Die Haut bleibt weich, während im Bereich von Augen und Lippen die geschärfte Originalebene wieder zum Vorschein kommt.

Danach sorgen Sie dafür, dass Schwarz als Vordergrundfarbe eingestellt ist, und malen Sie ein- bis zweimal über das Auge, die Wimpern sowie den Mund des Models. Dadurch kommt die Schärfe teilweise zurück. Wischen Sie anschließend ein einziges Mal über den Übergang zwischen Wange und Nase. Diese Schattenkante soll ebenfalls ein wenig Schärfe zurückgewinnen.

7 Maske schärfen

Dass Hintergrund und Kleidung jetzt ebenfalls unscharf sind, sollte Sie nicht weiter stören. Wichtiger ist es, die Maske zu schärfen. Denn die soll klar hervortreten.

Zoomen Sie wieder aus dem Bild heraus, setzen Sie die Deckkraft des Pinsels auf 100%, und vergrößern Sie den Durchmesser auf ca. 75. Wischen Sie vorsichtig über die Maske sowie den Knoten. Achten Sie darauf, dass Sie nicht über die Hände fahren, wenngleich Sie die Fingernägel durchaus übermalen dürfen.

8 Entrauschen anpassen

Nun sollten Sie entscheiden, ob die Entstörung der Haut zufriedenstellend ist. Danach ergeben sich auch hier wieder verschiedene Möglichkeiten: Wenn die Haut noch nicht entstört genug ist, wenden Sie den Filter einfach ein weiteres Mal an. Ich denke jedoch, dass wir fast schon etwas zu viel des Guten gemacht haben. Die Haut ist jetzt zwar angenehm entstört, doch die Augen und Lippen sind im Vergleich zu scharf. Deshalb würde ich für eine Reduktion der Deckkraft der obersten Ebene auf rund 65% eintreten.

▼ **Abbildung 9.37**
Das Foto ist prima entstört worden – und zwar ohne bildrelevante Inhalte in Unschärfe versinken zu lassen.

Körnung hinzufügen

Jetzt gehen wir den umgekehrten Weg. Im folgenden Workshop trimmen wir ein neueres Foto sprichwörtlich auf alt. Außerdem werden wir dem Bild die Farbe entziehen und so etwas wie einen Sepiaton hinzufügen (also eine gelblich-bräunliche Färbung, die ja nicht selten bei alten Fotos auftritt).

9 Scharfzeichnen und weichzeichnen

Schritt für Schritt
Ein Foto auf alt trimmen

»Rauschen_02.jpg«

Unsere Devise in diesem Workshop lautet: Weg mit der Farbe! Sepia beimischen! Foto heller und kontrastärmer machen! Störungen hinzufügen!

Abbildung 9.38 ▶
Dieses Motiv eignet sich ganz hervorragend.

1 Farbe entfernen

Nachdem Sie die Beispieldatei »Rauschen_02.jpg« geöffnet haben, sollten Sie zunächst die Farbe entfernen. Das erreichen Sie über das Menü Farben • Entsättigen. Der Grauwert soll dazu nach Helligkeit bestimmt werden.

Abbildung 9.39 ▶
Andere Optionen als die Helligkeit machen das Bild dunkler.

2 Bild einfärben

Nach einem beherzten Klick auf OK begeben Sie sich abermals in das Menü Farben und entscheiden sich dort für Einfärben (sechster Eintrag von unten). Klicken Sie auf das Farbfeld Benutzerdefinierte Farbe. Im Folgedialog stellen Sie für Rot 170, für Grün 120 und für Blau 50 ein. Bestätigen Sie beide Dialoge mit OK.

9.4 Körnung reduzieren oder hinzufügen

▲ **Abbildung 9.40**
Diese Schaltfläche gestattet die individuelle Einstellung einer Farbe.

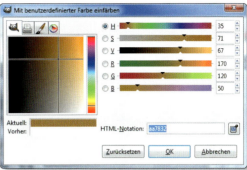

▲ **Abbildung 9.41**
Diese Werte versprechen einen realistischen Sepiaton.

3 Foto aufhellen

Das Foto ist durch die Sepiatönung etwas zu dunkel geworden. Korrigieren Sie das über FARBEN • WERTE. Ziehen Sie den Weißpunkt-Regler ❷ bis auf etwa 160 ❸. Da alte Fotos in der Regel kontrastarm sind und kein wirkliches Schwarz aufweisen, sollten Sie zudem den Schwarzpunkt-Zielwert ❶ auf etwa 13 ziehen. Klicken Sie anschließend auf OK.

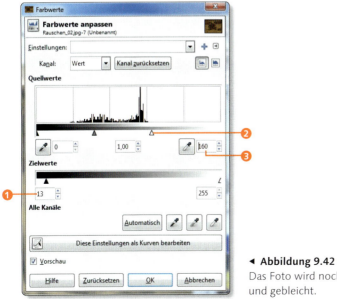

◄ **Abbildung 9.42**
Das Foto wird noch erhellt und gebleicht.

▲ **Abbildung 9.43**
Bei deaktivierter unterer Checkbox lassen sich alle drei Regler gleichzeitig verschieben.

255

9 Scharfzeichnen und weichzeichnen

4 Störungen hinzufügen

Jetzt zum eigentlichen Zweck dieser Übung: Die Störungen kommen ins Spiel. Wählen Sie FILTER • RAUSCHEN • RGB-RAUSCHEN. Die Checkbox UNABHÄNGIGE RGB-KANÄLE müssen Sie abwählen, damit es nicht zu farbigen Störungen kommt. Das hat übrigens einen zweiten Vorteil: Ziehen Sie einen der Schieberegler bis auf 0,15, werden Sie feststellen, dass die beiden anderen brav mitwandern. Das ist bei aktivierter Checkbox nicht der Fall. Nach einem Klick auf OK sind Sie schon durch mit dem Workshop. Ging das nicht schnell?

▼ **Abbildung 9.44**
Das Bildrauschen sorgt hier für einen interessanten Effekt.

Retusche und Montage

Nichts ist, wie es scheint

- Wie vervielfältige ich Bildbereiche?
- Wie klone ich Muster?
- Wie entferne ich Kratzer und Flecken?
- Wie tausche ich einen Hintergrund aus?
- Wie lassen sich Fotos effektvoll verfremden?
- Wie gelingen Schönheitskorrekturen?

10 Retusche und Montage

Model-Fotos haben mit der Realität meist nicht mehr viel zu tun. Da werden nämlich immer Fältchen retuschiert, Augenpartien geliftet und sogar Fettpölsterchen in Luft aufgelöst. Auch viele andere Fotos sind oft aufwendig retuschiert oder sogar aus mehreren Einzelfotos montiert – so können ganz neue Bilder entstehen, denen man nicht ansieht, dass sie gar nicht »echt« sind.

10.1 Klonen – Bildbereiche vervielfältigen

Wenn man vom Klonen spricht, erzeugt das nicht selten einen bitteren Beigeschmack. Wer erinnert sich nicht an das Schaf Dolly, das erste geklonte Säugetier. Nun wollen wir uns in diesem Buch nicht der damit verbundenen Ethik widmen, sondern gefahrlos und ohne jegliche Bedenken klonen, was uns gerade in den Weg kommt. Immerhin wartet GIMP mit einem interessanten Stempel auf, der so etwas ermöglicht.

Arbeiten mit dem Klonen-Werkzeug

»Klonen.jpg«.

Der im Werkzeugkasten enthaltene Stempel, das Klonen-Werkzeug, erlaubt es dem Anwender, Gegenstände nach Wunsch zu duplizieren. Das funktioniert sogar ebenen- und bildübergreifend. Lassen Sie uns mit etwas Einfachem beginnen.

Abbildung 10.1 ▶
Eine einsame Spielfigur

© Uschi Dreiucker – pixelio.de

Schritt für Schritt
Eine Spielfigur klonen, vergrößern und umfärben

Öffnen Sie die Beispieldatei »Klonen.jpg«. So eine Spielfigur ist ja ganz nett, aber mit einer allein ist noch kein wirklich spannendes Spiel entbrannt. Also wollen wir sie zunächst duplizieren, ehe wir zusätzlich ihre Größe und Farbe ändern. Auf einem ebenmäßigen Hintergrund wie im Beispielfoto geht das fast wie von selbst.

1 Neue Ebene erzeugen
Prinzipiell können Sie auf ein und derselben Ebene klonen. Da wir das geklonte Objekt jedoch später noch individuell bearbeiten wollen, ist eine neue Ebene erforderlich. Erstellen Sie also eine neue Ebene, die Sie »Repro« nennen und mit der FÜLLART TRANSPARENZ versehen.

◄ **Abbildung 10.2**
Für dieses spezielle Beispiel benötigen wir eine separate Ebene.

▲ **Abbildung 10.3**
Beachten Sie die Einstellungen des Klonen-Werkzeugs, ehe Sie fortfahren.

2 Werkzeug einstellen
Stellen Sie das Foto so dar, dass seine gesamte Fläche sichtbar ist (entsprechend Ihrer Bildschirmgröße ein- oder auszoomen). Aktivieren Sie danach das Klonen-Werkzeug ([C]), und wählen Sie den HARDNESS 050-Pinsel ❶ mit einer GRÖSSE ❷ von 60–70. Als QUELLE ❸ soll das BILD benutzt werden. Zuletzt widmen Sie sich dem untersten Pulldown-Menü innerhalb des Werkzeugkastens. Es ist mit AUSRICHTUNG ❹ betitelt. Stellen Sie hier unbedingt von KEIN auf AUSGERICHTET um. (Was es damit auf sich hat, erfahren Sie gleich.)

10 Retusche und Montage

3 Pixel aufnehmen

Denken Sie jetzt einmal bitte kurz an die Funktionsweise eines realen Stempels. Diesen müssen Sie ja zunächst auf das Stempelkissen drücken, ehe Sie die aufgenommene Farbe dann irgendwo anders reproduzieren können. Genauso verhält es sich auch mit dem GIMP-Stempel. Aktivieren Sie zunächst die unterste Ebene (Klonen.jpg) innerhalb der Ebenen-Palette, und setzen Sie das Klonen-Werkzeug danach so an, wie in Abbildung 10.4 zu sehen.

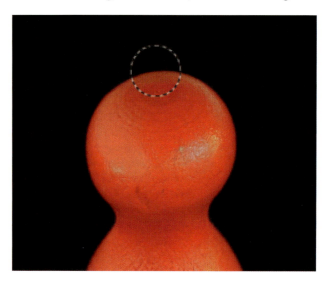

Abbildung 10.4 ▶
Die erste Pixelaufnahme soll am Kopf der Figur erfolgen.

Von genau dieser Position (der untersten Ebene) wollen wir nun die Pixel aufnehmen, die sich innerhalb des Kreises befinden. Und das geht so: Halten Sie [Strg] gedrückt, und klicken Sie einmal kurz mit der linken Maustaste. Danach dürfen Sie [Strg] loslassen.

4 Reproduktionsstelle definieren

Bevor es jetzt weitergeht, müssen Sie die Ebene wechseln. Aktivieren Sie die oberste Ebene, Repro. Gehen Sie danach mit der Maus weiter nach rechts (siehe Abbildung 10.5). Wenn Sie dabei temporär [⇧] gedrückt halten, wird eine Parallellinie zur Aufnahmestelle erzeugt. Das soll die Positionierung vereinfachen, genauer gesagt die Ausrichtung des Klons zum Original. Wenn die Linie ein wenig schräg nach unten ausgerichtet ist, lassen Sie [⇧] los. Die Figur soll am Ende nämlich etwas mehr im Vordergrund der anderen angeordnet werden.

Klonen – Bildbereiche vervielfältigen 10.1

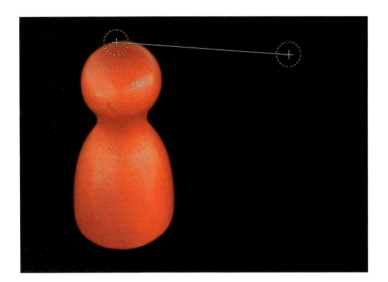

◀ **Abbildung 10.5**
Bevor Sie reproduzieren, müssen Sie die ⌂-Taste wieder loslassen.

Absetzen erlaubt

Dass dieses Absetzen zwischendurch erlaubt ist, ist auf die vorherige Aktivierung von AUSGE-RICHTET zurückzuführen. Hätten Sie hier KEIN stehen lassen, wäre die Pixelaufnahme nach erneutem Ansetzen wieder von der oberen Ecke der Spielfigur erfolgt. Und damit ließe sich keine komplexe Reproduktion erstellen.

5   Klon erstellen

Klicken Sie auf das Foto, halten Sie die Maustaste gedrückt, und wischen Sie langsam hin und her. Sie dürfen auch gern zwischendurch einmal absetzen und danach erneut klicken.

Vervollständigen Sie langsam die Figur. Wischen Sie auf diese Art über das Foto, bis der gesamte Klon fertig ist. Achten Sie darauf, dass Sie keine Bereiche übersehen. Das würde für unschöne schwarze Flecken auf der Figur sorgen.

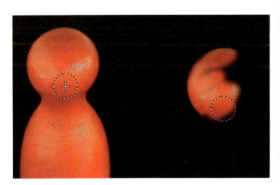

▲ **Abbildung 10.6**
Die Aufnahmestelle (linker Kreis) wandert synchron zur Reproduktionsstelle (rechter Kreis) mit. Erst das macht nahtloses Klonen möglich.

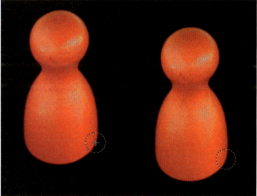

▲ **Abbildung 10.7**
Am Ende sollte Ihr Bild so aussehen.

261

6 Unterste Ebene deaktivieren

Schauen Sie sich jetzt einmal genau an, was geklont worden ist. Das erreichen Sie am schnellsten, indem Sie das Augen-Symbol der untersten Ebene ❶ vorübergehend deaktivieren. Lassen Sie aber trotzdem die oberste Ebene aktiv.

Abbildung 10.8 ▶
In der Tat haben Sie nicht nur die Figur geklont, sondern auch Teile des Hintergrunds – nämlich alle Bereiche, die Sie überwischt haben.

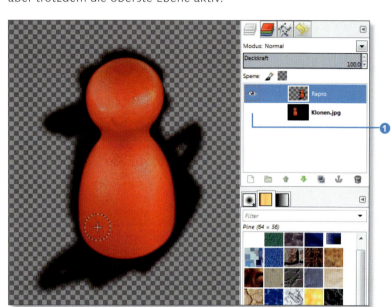

7 Rand auswählen

Entfernen Sie zunächst den schwarzen Rand. Zwar fällt der nicht wirklich auf, da der Hintergrund ja auch schwarz ist, doch wollen wir beim späteren Umfärben der Spielfigur kein Risiko eingehen. Immerhin könnte es ja sein, dass dabei der Rand ebenfalls verfärbt würde.

Wählen Sie Auswahl • Nach Farbe, und klicken Sie anschließend auf den schwarzen Bereich der obersten Ebene. Danach entscheiden Sie sich für Auswahl • Vergrössern und vergrössern die Auswahl um 2 Pixel. Dadurch rückt die Auswahl noch näher an die Spielfigur heran. Wir können somit sicher sein, dass sich die Bereiche jenseits der Figur allesamt in der Auswahl befinden. Zuletzt betätigen Sie Entf oder Bearbeiten • Löschen und heben die Auswahl auf (Auswahl • Nichts).

Klonen – Bildbereiche vervielfältigen **10.1**

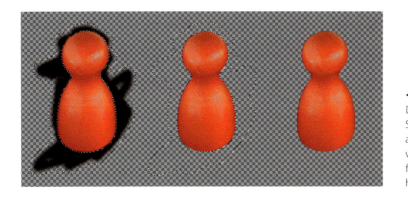

◂ **Abbildung 10.9**
Die drei Stationen dieses Schrittes: schwarzen Rand auswählen (links), Auswahl verkleinern und Rand entfernen (Mitte), Auswahl aufheben

8 Figur skalieren

Machen Sie zunächst die unterste Ebene wieder sichtbar mittels Augen-Symbol in der Ebenen-Palette. Die oberste Ebene soll aber trotzdem angewählt bleiben. Aktivieren Sie das Skalieren-Werkzeug (⇧+T), und klicken Sie auf das Bild. Setzen Sie jetzt einen Klick auf das untere rechte Quadrat des Gitters, und ziehen Sie weiter nach unten rechts. Die geklonte Figur wird so vergrößert. Halten Sie zusätzlich Strg gedrückt (damit die Vergrößerung proportional erfolgt), und lassen Sie los, wenn sich jeweils eine horizontale und vertikale Zeile des Skalierungsrahmens außerhalb der Bildfläche befindet. Lassen Sie die Skalierung mit der ↵-Taste wirksam werden.

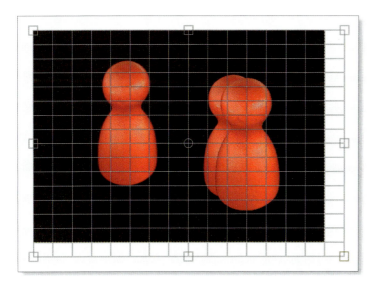

◂ **Abbildung 10.10**
Der Klon wird vergrößert.

263

9 Figur einfärben

Schalten Sie auf das Verschieben-Werkzeug um. Klicken Sie damit auf den Klon, und verschieben Sie diesen mit gedrückter Maustaste noch ein wenig nach links. Er sollte sich am Ende in der Mitte zwischen Originalfigur und dem rechten Bildrand befinden. Entscheiden Sie sich zuletzt für FARBEN • EINFÄRBEN (dritter Eintrag von oben), und ziehen Sie den Regler FARBTON auf 125. Bestätigen Sie mit OK.

Abbildung 10.11 ▶
Aus eins mach zwei. Die Spielfigur hat Gesellschaft bekommen.

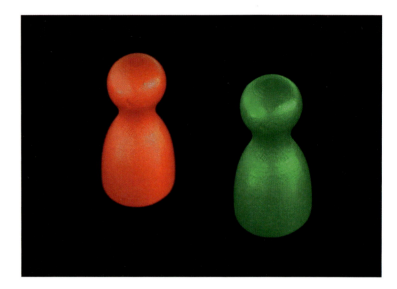

Quelle festlegen

Wenn der Radio-Button BILD ❶ (im Bereich QUELLE) aktiviert ist, werden Pixel aus dem Bild aufgenommen (so wie im vorangegangenen Workshop beschrieben). Sollten Sie mit Fotos arbeiten, die aus mehreren Ebenen bestehen, ist zudem die Checkbox VEREINIGUNG PRÜFEN ❷ interessant. Ist sie inaktiv, werden nur Pixel von der aktuell ausgewählten Ebene aufgenommen. Möchten Sie jedoch erreichen, dass der Stempel mit Inhalten aus mehreren Ebenen gleichzeitig gefüllt wird, aktivieren Sie vorab diese Checkbox.

Schalten Sie um auf MUSTER ❸, werden keine Pixel aus dem Foto reproduziert, sondern es wird eine Struktur erzeugt, die in ❹ ersichtlich ist. Mit einem Klick auf diese Miniatur lässt sich die Struktur im Übrigen verändern.

▲ **Abbildung 10.12**
Das Klonen-Werkzeug bringt zahlreiche Optionen mit.

Ausrichtung festlegen

Wie bereits im vorangegangenen Workshop erwähnt, gibt es verschiedene Möglichkeiten der Ausrichtung ❺. Diese sind maßgeblich für das Ergebnis eines Klons:

▶ Kein: Der Aufnahme- bzw. Quellbereich (zu reproduzierende Pixel) wandert nur so lange mit, bis Sie die Maustaste loslassen. Danach wird der Aufnahmekreis erneut auf seine ursprüngliche Position zurückversetzt. Diese Einstellung eignet sich immer dann, wenn Sie ein bestimmtes Objekt mehrfach mit einzelnen Mausklicks an unterschiedlichen Positionen reproduzieren wollen (siehe Abbildung 10.13).

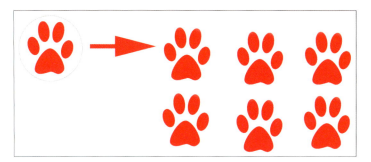

◄ Abbildung 10.13
Die Aufnahmestelle (links) lässt sich mit mehreren Mausklicks an unterschiedlichen Positionen reproduzieren, sofern die Ausrichtung auf Kein steht.

▶ Ausgerichtet: Wie Sie im vorangegangenen Workshop feststellen konnten, wandert die Aufnahmestelle im Verhältnis zur Reproduktionsstelle mit. Das bedeutet: Große Objekte lassen sich in kleineren Arbeitsgängen Stück für Stück reproduzieren.
▶ Registriert: Diese Einstellung eignet sich, um Pixel deckungsgleich von einer auf eine andere Ebene zu übertragen. Dabei markieren Sie zunächst bei gehaltener Taste [Strg] die Quellebene und wischen anschließend mit dem Klonen-Werkzeug über die Zielebene. Die reproduzierten Stellen befinden sich anschließend auf der gewählten Ebene. (Das Ergebnis wird erst dann sichtbar, wenn Sie die unterste Ebene über das Augen-Symbol der Ebenen-Palette temporär ausschalten.)
▶ Fest: Hier wird die Aufnahmestelle zum Zeitpunkt der Reproduktion grundsätzlich beibehalten, selbst dann, wenn Sie die Maustaste zur Reproduktion gedrückt halten und mit dem Zeigegerät wischen.

10.2 Reparieren und retuschieren

Das Heilen-Werkzeug ist dem Klonen-Werkzeug sehr ähnlich. Auch hier müssen Sie zunächst eine Struktur aufnehmen, die zur Reproduktion herangezogen wird. Allerdings werden hier die Pixel nicht 1:1 ersetzt, sondern an die Umgebung der Zielstelle angeglichen. Immerhin wird das Werkzeug ja auch eher zur Reparatur verwendet.

Weitere Funktionsweisen

Das Werkzeug HEILEN sorgt durch Umgebungsberücksichtigung der Zielstelle für ein anderes Ergebnis als das Werkzeug KLONEN. Dennoch sind die weiteren Einstellungen, die sich innerhalb des Werkzeugkastens befinden, mit dem Klonen-Werkzeug identisch.

Retusche mit dem Heilen-Werkzeug

Wenn es darum geht, komplexe Bildbereiche zu retuschieren, ist es mitunter sinnvoll, das Klonen-Werkzeug einzusetzen. Kleinere Unebenheiten jedoch lassen sich prima mit dem Heilen-Werkzeug bearbeiten.

Schritt für Schritt
Ein Porträt retuschieren

»Heilen.jpg«

Prinzipiell ist an dem Beispielfoto »Heilen.jpg« nichts auszusetzen. Kleinere Fältchen, Sommersprossen und Muttermale sind Charakteristika, die nur selten aus einem Gesicht entfernt werden sollten. Im Beispielfoto wollen wir jedoch ausnahmsweise einige Hautpartien korrigieren.

1 Werkzeug einstellen
Zuallererst stellen Sie wieder das richtige Werkzeug ein; in diesem Fall das Heilen-Tool, das sich auch mit Hilfe von [H] aktivieren lässt. Entscheiden Sie sich für eine harte Pinselspitze (HARDNESS 100) mit einer GRÖSSE von rund 10–12. Belassen Sie die AUSRICHTUNG bei KEIN. (Wir müssen ohnehin fast jede zu retuschierende Stelle neu aufnehmen.)

Abbildung 10.14 ▲
Muttermale sind charakteristisch. Dennoch wollen wir die größeren jetzt entfernen.

2 Pixel aufnehmen
Platzieren Sie das Werkzeug auf dem ersten zu retuschierenden Muttermal (hier: das oberste auf der linken Wange). Prüfen Sie, ob der Durchmesser des Werkzeugs für diese Stelle ausreichend ist.

Reparieren und retuschieren **10.2**

◄ **Abbildung 10.15**
Der Kreis sollte etwas größer sein als das Muttermal.

Größe einstellen

Der Kreis sollte etwas größer sein als die zu retuschierende Stelle. Ist das nicht der Fall, passen Sie die Größe der Pinselspitze entsprechend an.

3 Erstes Muttermal entfernen

Nun ist es wichtig, dass Sie das Werkzeug etwas nach links und nach oben verschieben an eine Stelle, an der kein anderes Muttermal ist. Gehen Sie dabei nicht zu weit vom Muttermal weg. An dieser Position halten Sie zunächst [Strg] gedrückt und klicken kurz mit der Maus auf diese Stelle. Danach dürfen Sie auch [Strg] wieder loslassen. Führen Sie die Maus zurück zum Muttermal, und klicken Sie dort erneut (ohne [Strg]).

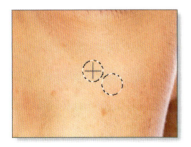

◄ **Abbildung 10.16**
Das Mal löst sich umgehend in Wohlgefallen auf.

4 Korrektur abschließen

Nehmen Sie sich jetzt auch die anderen Male vor, wobei Sie jedoch zuvor neue Quellpixel aufnehmen sollten ([Strg] + Klick). Die Hautschattierungen sind zu unterschiedlich, als dass sich alle Muttermale mit ein und derselben Struktur reparieren ließen. Wollen Sie das Muttermal zwischen Nase und linkem Auge des Models retuschieren, verkleinern Sie vorab die Spitze ein wenig. Am Schluss sollte Ihr Ergebnis in etwa so aussehen wie in Abbildung 10.17.

10 Retusche und Montage

Abbildung 10.17 ▶
Der Vorher-nachher-Vergleich (Finales Foto: »Heilen-bearbeitet.jpg«)

»Heilen-bearbeitet.jpg«, »Heilen-Licht.xcf« im Ordner ERGEBNISSE

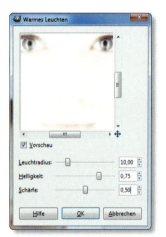

▲ Abbildung 10.18
In der Vorschau wirkt der Effekt zu stark. Das macht aber nichts, da wir die Intensität ja später noch über die Ebenendeckkraft herabsetzen können.

Abbildung 10.19 ▶
Die Aufhellung kommt dem Teint zusätzlich zugute.

5 Optional: Haut aufhellen

Wer ein noch schmeichelhafteres Resultat möchte, der kann die hellen Stellen der Haut noch ein wenig anheben. Gerade bei Frauenporträts macht sich diese Technik gut.

Duplizieren Sie dazu die Ebene. Danach entscheiden Sie sich für FILTER • KÜNSTLERISCH • WARMES LEUCHTEN und setzen den LEUCHTRADIUS auf 10, die HELLIGKEIT auf 0,75 und die SCHÄRFE auf 0,50, ehe Sie mit OK bestätigen. Zuletzt setzen Sie den MODUS der obersten Ebene auf WEICHE KANTEN und die DECKKRAFT auf 55 %. Das Ergebnis heißt »Heilen-Licht.xcf« und ist, wie üblich, im Ordner ERGEBNISSE zu finden.

Kratzer und Flecken entfernen

Besonders alte Fotos leiden häufig unter Kratzern. Aber auch Fotoausdrucke, bei denen sich die Oberfläche stellenweise gelöst hat, können unschöne Kratzer oder Flecken aufweisen. In den folgenden zwei Workshops wollen wir uns mit der Korrektur solcher Fehler beschäftigen.

Schritt für Schritt
Kratzer entfernen

Bei der Datei »Kratzer.jpg« handelt es sich um ein gedrucktes Foto. Leider hat sich dort die Beschichtung des Fotopapiers stellenweise abgelöst. Genau das wollen wir im ersten Schritt reparieren.

»Kratzer.jpg«

◄ **Abbildung 10.20**
Dieses nostalgische Motiv wartet leider mit unschönen Kratzern auf.

1 Ersten Kratzer entfernen

Diese Kratzer sind leider etwas schwerer zu entfernen als die Muttermale im vorangegangenen Workshop. Dennoch wollen wir es versuchen. Beginnen Sie mit etwas leichtem, nämlich dem kleinen Kratzer vorne auf der Motorhaube, auf den Sie zunächst einzoomen sollten. In diesem Schritt benutzen wir das Heilen-Werkzeug mit einer harten Pinselspitze. HARDNESS 100 (GRÖSSE ca. 15) eignet sich prima.

Platzieren Sie die Maus links oder rechts neben dem Kratzer, halten Sie [Strg] gedrückt, und klicken Sie einmal kurz. Lassen Sie die [Strg]-Taste wieder los, und stellen Sie das Werkzeug anschließend auf den Kratzer. Zuletzt lassen Sie dort ebenfalls einen Mausklick folgen.

▲ **Abbildung 10.21**
Der erste Kratzer ist noch relativ leicht zu beseitigen.

▲ **Abbildung 10.22**
Dieser Kratzer lässt sich nur schwer entfernen.

▲ **Abbildung 10.23**
So geht es viel besser.

2   Nächsten Kratzer beseitigen

Halten Sie die Leertaste gedrückt, und verändern Sie den Bildausschnitt derart, dass Sie den nächsten Kratzer (am Kotflügel) gut einsehen können. Auch hier müssen Sie zunächst Pixel neben dem Kratzer aufnehmen. Reproduzieren Sie die Pixel am oberen Ende des Kratzers.

3   Klonen-Werkzeug benutzen

Schon nach dem ersten Mausklick werden Sie feststellen, dass die Reproduktion nicht zufriedenstellend verläuft. Die Stelle wird nämlich nicht blau, sondern eher zu einem Gemisch aus Weiß und Blau (selbst wenn Sie die AUSRICHTUNG ändern). Sie erinnern sich: Beim Heilen werden die zu ersetzenden Pixel an den Umgebungsbereich angepasst. Daher die Weißfärbung. Hier hilft also das Heilen-Werkzeug nicht weiter. Schalten Sie deswegen das Klonen-Werkzeug ein.

Bei diesem eignet sich grundsätzlich eine weiche Spitze besser, wie zum Beispiel HARDNESS 050, GRÖSSE 22. Nehmen Sie abermals Pixel seitlich des Kratzers auf, und stellen Sie die AUSRICHTUNG auf AUSGERICHTET. Versuchen Sie es jetzt erneut, wobei Sie die Aufnahmestelle bei Bedarf erneuern. Sie werden feststellen: Klonen ist hier sehr viel einfacher als Heilen.

4   Letzten Kratzer entfernen

Auf diese Art und Weise lassen sich auch die noch verbliebenen großen Kratzer auf der Tür ohne Probleme entfernen. Einzig beim kleinen Kratzer rechts gilt es noch, eine Besonderheit zu beachten: Hier muss nämlich die Fuge zwischen der Tür und dem hinteren Kotflügel reproduziert werden. Deswegen ist zu empfehlen, zunächst einmal die Spitze zu verkleinern auf etwa 8.

Um den Aufnahmebereich der Pixel zu definieren, stellen Sie die Maus zunächst einmal mitten auf die Fuge, und zwar gleich oberhalb des Kratzers. Danach fahren Sie mit der Maus nach unten, ohne jedoch die Seitenrichtung zu verändern. Reproduzieren Sie die Pixel so, dass die Fuge passt. Sollte diese zu weit nach links oder nach rechts verrutscht sein, wiederholen Sie den letzten Vorgang.

Reparieren und retuschieren **10.2**

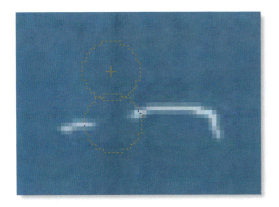

◄ **Abbildung 10.24**
Beginnen Sie bei der Reproduktion mit der Fuge.

5 Aktion beenden

Schließen Sie dir Reparatur ab, indem Sie die Stellen links und rechts neben der Fuge reparieren. Nehmen Sie auch hier mehrfach neue Pixel auf.

◄ **Abbildung 10.25**
Die Kratzer sind verschwunden.

Schritt für Schritt
Flecken entfernen

Schauen Sie sich einmal die Hauswände der Beispieldatei des vorangegangenen Workshops an. Auch sie weisen Kratzer und Flecken auf. Keine Frage: Das Original würde eher verfälscht, wenn Sie dies korrigierten. Dennoch wollen wir es beispielhaft einmal mit einem Teil der Hauswand probieren. Sie müssen an dieser Stelle nämlich unbedingt noch erfahren, wie Sie Flecken entfernen.

»Kratzer-bearbeitet.jpg« im Ordner Ergebnisse

Sollten Sie den vorangegangenen Workshop nicht gemacht haben, nehmen Sie bitte die Datei »Kratzer-bearbeitet.jpg« aus dem ERGEBNISSE-Ordner. Ich habe mich zur Korrektur für die Wand gleich hinter dem Auto entschieden.

Abbildung 10.26 ▶
Der Putz dieser Wand soll (freilich nur beispielhaft) ausgebessert werden.

1 Auswahl erzeugen

Wir benötigen eine Auswahl dieses Bereichs. Anderenfalls würde sich die folgende Korrektur auf das gesamte Bild auswirken. Aktivieren Sie daher die RECHTECKIGE AUSWAHL ([R]), und fangen Sie damit den Bereich der Fassade ein.

Abbildung 10.27 ▶
Die anschließende Korrektur kann jetzt nur noch im ausgewählten Bereich wirksam werden.

»Flecken-bearbeitet.jpg« im Ordner ERGEBNISSE

2 Filter einstellen

Nun wäre es natürlich unendlich mühsam, jede einzelne Stelle zu stempeln oder zu klonen. Deshalb werden wir der Fläche mit einem Filter zu Leibe rücken. Im Menü entscheiden Sie sich für FILTER • VERBESSERN • FLECKEN ENTFERNEN. Freundlicherweise hat GIMP den zuvor ausgewählten Bereich schon in der Vorschau berücksichtigt, so dass wir hier keinerlei Änderungen mehr vornehmen müssen.

Die eigentliche Korrektur sieht nun folgendermaßen aus: Aktivieren Sie im Bereich MEDIAN die Checkbox ANPASSEND. Den RADIUS sowie den SCHWELLWERT SCHWARZ geben Sie jeweils mit 7 an, während der SCHWELLWERT WEISS 172 betragen sollte. Bestätigen Sie mit OK.

3 Auswahl aufheben

Betätigen Sie zum Schluss noch Strg + ⇧ + A , damit die aktuelle Auswahl aufgehoben wird. Alternativ gehen Sie über AUSWAHL • NICHTS. – Das Resultat finden Sie im ERGEBNISSE-Ordner. Es trägt den Namen »Flecken-bearbeitet.jpg«.

▲ **Abbildung 10.28**
Diese Einstellungen sorgen für eine frisch verputzte Wand.

◄ **Abbildung 10.29**
FLECKEN ENTFERNEN geht schneller als klonen oder heilen.

Filter »Flecken entfernen«

Sie haben gesehen, dass es im Filter FLECKEN ENTFERNEN einige Optionen gibt, die sich vielleicht nicht auf den ersten Blick erschließen (siehe Abbildung 10.28):

- MEDIAN ANPASSEND: Bei aktivierter Checkbox wird der zu bearbeitende Bereich mehr an das Original angepasst. Deaktivieren Sie dieses Steuerelement, wird das Ergebnis weicher und somit ungenauer.
- MEDIAN REKURSIV: Ist die Checkbox REKURSIV aktiv, wird der Filter mehrfach angewendet und somit verstärkt.
- RADIUS: Hiermit stellen Sie den Bereich ein (1 = 3 × 3 Pixel, 20 = 41 × 41 Pixel), der zur Korrektur verwendet werden soll. Je größer der Wert ist, desto kräftiger sind in der Regel die Auswirkungen der Korrektur.

▸ SCHWELLWERT SCHWARZ: Dieser Schieberegler wird bei dunklen bis schwarzen Flecken eingesetzt. Ein geringerer Wert repariert nur schwarze sowie sehr dunkle Flecken. Je mehr Sie den Wert erhöhen, desto mehr Flecken in Richtung neutrales Grau werden in die Korrektur einbezogen.

▸ SCHWELLWERT WEISS: Hiermit werden vor allem helle bis weiße Flecken bearbeitet. Ein geringerer Wert beseitigt nur extrem helle Stellen. Erhöhen Sie den Wert, werden auch zunehmend dunklere Flecken (bis hin zu mittlerem Grau) korrigiert.

10.3 Montagen

Flecken und Kratzer zu entfernen oder Bildbereiche zu vervielfältigen, ist eine Sache. Eine andere Sache ist es, komplexe Bildbereiche zu verändern oder sogar komplett auszutauschen. Hier helfen die angesprochenen Werkzeuge nicht weiter. Sie müssen das Foto im wahrsten Sinne des Wortes sezieren.

Transparenzen und Alphakanäle

Bevor Sie sich in die Praxis stürzen, sollten Sie noch Kontakt zu den Themen *Alphakanal* und *Transparenz* aufnehmen. Dazu müssen wir uns kurz vergegenwärtigen, dass wir es bei einem herkömmlichen Foto mit drei Kanälen zu tun haben. Gemeint sind die drei Farbkanäle, die die Rot-, Grün- und Blau-Informationen des Fotos beinhalten. Nun kann einem Bild aber noch ein weiterer Kanal hinzugefügt werden, nämlich ein so genannter Alphakanal. Der speichert dann, in welchen Bereichen eines Fotos Bildinformationen vorliegen, also Pixel vorhanden sind und in welchen nicht. Wo keine oder in der Deckkraft reduzierte Pixel sind, spricht man von so genannten Transparenzen. (Der folgende Workshop zeigt, wie das in der Praxis funktioniert.) Die Farbkanäle können aber keine Transparenzen speichern. Deswegen bedarf es des zusätzlichen Alphakanals. Nun muss GIMP für jene Bereiche, in denen Transparenzen auftauchen, natürlich eine Visualisierung anbieten. Woher sollte der Bildbearbeiter ansonsten wissen, wo Transparenzen vorhanden sind? Deswegen werden hier Schachbrettmuster angezeigt. In Wirklichkeit ist dort nichts.

Montagen **10.3**

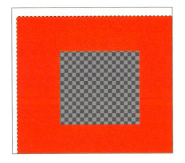

◀ **Abbildung 10.30**
Transparente Bereiche, also Stellen, an denen sich keine Bildpixel befinden, werden mit Hilfe eines Schachbrettmusters visualisiert.

Bilder zusammenfügen – Hintergründe austauschen

Sehr häufig hält man ein schönes Foto in Händen, bei dem der Hintergrund (im folgenden Beispiel der Himmel) gar nicht so recht passen mag. Vielleicht ist der Himmel an diesem Tag von zu vielen Wolken bedeckt, oder er ist trist, in ungünstigsten Fall sogar grau. So etwas will meist niemand.

Schritt für Schritt
Einen Himmel austauschen

Öffnen Sie das Bild »Himmel_01.jpg«, und lassen Sie es auf sich wirken. Schönes Foto, oder? Doch wenn man sich den Himmel anschaut, ist es kaum zu glauben, dass dieser Schnappschuss aus der Karibik stammt. Nun, es existiert noch ein zweites Foto, bei dem der Himmel in Ordnung ist. Doch dazu später mehr.

»Himmel_01.jpg«

◀ **Abbildung 10.31**
Der Himmel kommt hier leider gar nicht zur Geltung.

10 Retusche und Montage

▲ Abbildung 10.32
Das Beispielfoto bearbeiten wir mit dem Zauberstab.

▲ Abbildung 10.34
Da wir im nächsten Schritt Transparenzen erzeugen, ist hier ein Alphakanal vonnöten.

1 Auswahl erzeugen

Aktivieren Sie den Zauberstab (U), wobei Sie einen SCHWELL-WERT von rund 20 einstellen sollten. Unser AUSWÄHLEN NACH belassen Sie es bei dem Standardparameter ZUSAMMENSETZUNG.

Klicken Sie jetzt einmal auf den Hintergrund. Das sollte dazu führen, dass der komplette Himmel in einem Arbeitsgang aufgenommen und mit einer Auswahl versehen wird. (Bei anderen Motiven müssten Sie eventuell den MODUS des Zauberstabs auf ZUR AKTUELLEN AUSWAHL HINZUFÜGEN umschalten und mehrere Stellen des Himmels per Mausklick markieren.)

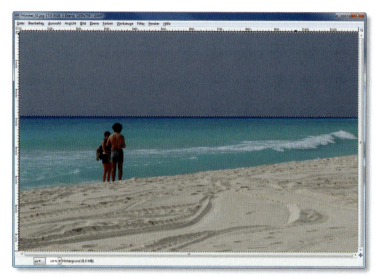

▲ Abbildung 10.33
Es ist nicht auf den ersten Blick zu sehen, aber derzeit ist tatsächlich nur der Hintergrund ausgewählt.

2 Alphakanal hinzufügen

Würden Sie jetzt einfach die Entf-Taste drücken, würde der Himmel zwar entfernt, der Hintergrund allerdings mit Weiß gefüllt. Das bringt uns in diesem Fall nicht weiter, weshalb Sie mit der rechten Maustaste auf die Ebene HINTERGRUND innerhalb der Ebenen-Palette klicken sollten. Selektieren Sie ALPHAKANAL HINZUFÜGEN aus dem Kontextmenü.

3 Himmel entfernen

Drücken Sie jetzt ganz einfach auf `Entf`, oder entscheiden Sie sich für BEARBEITEN • LÖSCHEN. An der Stelle, an der sich eben noch der Himmel befunden hat, ist jetzt das bereits bekannte Schachbrettmuster zu sehen, das ja (Sie wissen es längst) stets auf Transparenzen hindeutet. Heben Sie die Auswahl anschließend auf (AUSWAHL • NICHTS).

◄ Abbildung 10.35
Der triste Himmel ist Geschichte.

Magnetische Schere

Komplizierte Auswahlbereiche können Sie auch mit der MAGNETISCHEN SCHERE (`I`) einfangen. Dazu fahren Sie die Konturen des Himmels ab, und platzieren Sie überall dort einen Mausklick, wo eine Richtungsänderung zu erfolgen hat. Den letzten Mausklick platzieren Sie dann auf dem Anfangspunkt, damit die Auswahl in sich geschlossen werden kann.

4 Foto hinzufügen

Gut, der Himmel ist weg; aber woher kriegen wir jetzt einen neuen? Ich verrate es Ihnen: aus Norddeutschland. (Ich hätte es nie für möglich gehalten, dass sich der Himmel über der Nordsee einmal für die Reparatur eines Karibik-Fotos verwenden lässt.) Nun soll das Bild aber nicht einfach so geöffnet werden. Wählen Sie daher ALS EBENEN ÖFFNEN aus dem Menü DATEI. Entscheiden Sie sich für das Foto »Himmel_02.jpg« aus dem Beispieldateien.

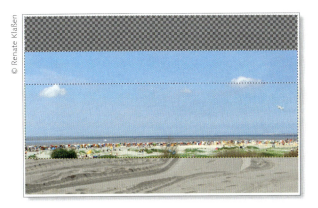

»Himmel_02.jpg«

◄ Abbildung 10.36
Nordsee-Himmel in der Karibik? Seltsam …

5 Himmel anpassen

Aktivieren Sie das Verschieben-Werkzeug (M), klicken Sie mitten auf den Himmel der neu hinzugekommenen Ebene, und schieben Sie das Bild so weit nach oben, bis die oberste Ebene an den oberen Bildrand ragt. Um zu verhindern, dass die Ebene seitlich abwandert, halten Sie während des gesamten Ziehvorgangs Strg gedrückt. Zuletzt müssen Sie nichts weiter tun, als die Auswahl aufzuheben und die obere Ebene (Himmel_02.jpg) innerhalb der Ebenen-Palette nach unten zu ziehen (unter die Ebene Himmel_01).

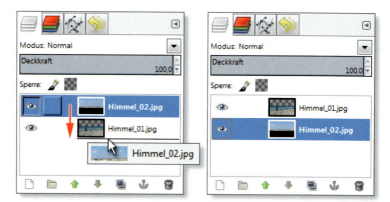

Abbildung 10.37 ▶
Ändern Sie die Ebenenreihenfolge.

6 Ebenen angleichen

Was noch nicht so recht passt, ist die Helligkeit der Strand-Ebene (jetzt die obere). Markieren Sie daher die oberste Ebene innerhalb der Ebenen-Palette, gefolgt von Farben • Werte. Ziehen Sie den Weißpunkt-Regler ❶ unterhalb des Histogramms auf ca. 210. Bestätigen Sie mit OK.

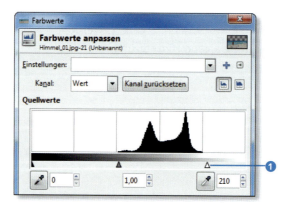

Abbildung 10.38 ▶
Damit wird die Strand-Ebene gewaltig aufgehellt.

7 Ebenen vereinen

Vereinen Sie beide Ebenen zu einer (so Sie es denn wollen), indem Sie mit rechts auf eine der Ebenen klicken (in der Ebenen-Palette) und sich im Kontextmenü für BILD ZUSAMMENFÜGEN entscheiden. Im Ergebnis »Himmel-bearbeitet.xcf« habe ich diesen Schritt jedoch bewusst weggelassen, damit Sie das Zusammenwirken beider Ebenen begutachten können.

»Himmel-bearbeitet.xcf«

◀ **Abbildung 10.39**
Wer hätte das gedacht – der Himmel über der Nordsee ist imposanter als der über Mexiko.

Eigene Hintergründe erstellen

Nicht immer lässt sich ein Hintergrund so einfach austauschen wie im vorangegangenen Beispiel. In der Regel ragen Objekte aus dem Vordergrund in den Hintergrund hinein und überdecken ihn teilweise. In solchen Fällen müssen Sie eine präzise Auswahl erstellen. Außerdem soll in diesem Abschnitt gezeigt werden, wie Sie mit dem Klonen-Werkzeug eigene Hintergründe erstellen.

Schritt für Schritt
Hintergrund austauschen

An dieser Stelle wollen wir ein zweites, sehr viel komplexeres Beispiel heranziehen. Wenn Sie einen Blick auf »Hintergrund.jpg« werfen, werden Sie möglicherweise zunächst einmal nichts

»Hintergrund.jpg«

▲ Abbildung 10.40
Die Rückwand soll einer anderen weichen.

▲ Abbildung 10.41
GIMP versucht, die Konturen zwischen zwei Klickpunkten selbstständig anzupassen.

Negatives feststellen. Was aber, wenn Sie sich einen anderen Hintergrund wünschen? Dann müssen Sie ihn austauschen. Und so geht's:

1 Ebene duplizieren

Erzeugen Sie zunächst eine Ebenenkopie, indem Sie auf das entsprechende Symbol in der Fußleiste der Ebenen-Palette klicken. Alternativ dürfen Sie natürlich auch ⌈Strg⌉+⌈⇧⌉+⌈D⌉ betätigen oder EBENE • EBENE DUPLIZIEREN auswählen. Vergrößern Sie die Ansicht auf mindestens 200 %.

2 Kanten suchen

Das Schwierigste gleich zu Beginn: Sie müssen jetzt versuchen, den freundlichen Herrn freizustellen. Benutzen Sie dazu die MAGNETISCHE SCHERE (⌈I⌉). Diese ist für derartige Aufgaben geradezu prädestiniert, da sie kontrastierende Kanten selbstständig aufspüren kann. Setzen Sie den ersten Mausklick irgendwo an der Kante an (zwischen Hintergrund und Kopf). Fahren Sie mit der Maus ein Stück weiter, und platzieren Sie einen erneuten Mausklick. Wiederholen Sie diesen Schritt in Abständen. Sie werden dabei feststellen, dass GIMP die Kontur zwischen zwei Punkten automatisch anlegt.

3 Kontur vervollständigen

Führen Sie die Arbeiten fort wie beschrieben. Hierbei ist es besonders wichtig, bei Richtungswechseln (z. B. am Ohr, am Hals und an der Kleidung) einen Punkt einzufügen. Außerdem müssen Sie die Punkte hier sehr viel dichter setzen. Bei der Umrandung der Person dürfen Sie auch die Eckpunkte unten rechts und unten links nicht vergessen. Ganz zum Schluss setzen Sie einen letzten Mausklick auf den Anfangspunkt.

4 Kontur kontrollieren

Nun sollten Sie die gesamte Kontur noch einmal sorgsam kontrollieren. Sicher gibt es einige Linien, die nicht exakt positioniert worden sind (wie z. B. entlang des rechten Ohrs). Korrigieren Sie das folgendermaßen: Fügen Sie Punkte hinzu, indem Sie auf eine Linie klicken, die Maustaste gedrückt halten, und die Maus zur

Kontur hin verschieben. Wenn Sie glauben, die korrekte Position gefunden zu haben, lassen Sie los.

◄ **Abbildung 10.42**
Vorhandene Punkte können Sie verschieben, während Sie neue Punkte durch einen Klick auf eine Linie hinzufügen.

Genauso lassen sich aber auch bereits vorhandene Punkte verschieben. Erschrecken Sie nicht, wenn die angrenzenden Linien dabei temporär als Geraden angezeigt werden. Sobald Sie die Maustaste loslassen, wird die Linie wieder angeglichen.

5 Kontur in Auswahl umwandeln

Jetzt ist es an der Zeit, aus der vorhandenen Kontur eine Auswahl zu machen. Und genau das erreichen Sie, indem Sie, während Sie ⎡⇧⎤ gedrückt halten, mit der Maus in den ausgewählten Bereich klicken (hier das Gesicht des Mannes).

6 Auswahl optimieren

Es ist leider noch immer nicht gesagt, dass die Auswahl perfekt sitzt. Die eine oder andere Schwachstelle fällt vielleicht erst jetzt auf. Noch deutlicher wird es, indem Sie einmal ⎡⇧⎤+⎡Q⎤ drücken oder AUSWAHL • SCHNELLMASKE UMSCHALTEN wählen. Dadurch wird nämlich der Hintergrund rot eingefärbt.

Ausschnitt verschieben

Wenn Sie nicht das gesamte Foto einsehen können (immerhin haben Sie ja bereits auf 200 % vergrößert), halten Sie temporär die Leertaste gedrückt. Durch Bewegen der Maus lässt sich der Ausschnitt jetzt nämlich korrigieren. Sobald der gewünschte Ausschnitt eingestellt ist, lassen Sie die Leertaste wieder los.

10 Retusche und Montage

Abbildung 10.43 ▶
In dieser Darstellungsmethode wird es offensichtlich: Die Kontur ist noch nicht perfekt.

▲ **Abbildung 10.44**
Ungewöhnlich helle Bildpixel werden bei starker Vergrößerung (800 %) weggeklickt.

Das Interessante an der Schnellmaske ist, dass sie sich mit einem normalen Pinsel ([P]) optimieren lässt. Dabei müssen Sie vorgehen, wie bei einer herkömmlichen Maskierung. Sie erinnern sich: Mit schwarzer Vordergrundfarbe maskieren Sie sichtbare Bereiche, mit Weiß werden unsichtbare Bereiche sichtbar. Ich empfehle, eine nicht zu große, jedoch harte Pinselspitze zu verwenden und außerdem stark in das Bild einzuzoomen.

7 Auswahl invertieren

Wenn Sie mit der Korrektur der Auswahl fertig sind, schalten Sie die Schnellmaske erneut um ([⇧]+[Q]) und invertieren diese. Das gelingt über [Strg]+[I] oder mit Auswahl • Invertieren.

8 Alphakanal hinzufügen

Damit ist der Hintergrund ausgewählt, während die Person im Vordergrund abgewählt ist. Bevor Sie den Hintergrund jedoch löschen können, müssen Sie der Ebene zunächst einen Alphakanal hinzufügen. Das erreichen Sie, wie Sie ja bereits wissen, indem Sie mit rechts auf die oberste Ebene innerhalb der Ebenen-Palette klicken und sich im Kontextmenü für ALPHAKANAL HINZUFÜGEN entscheiden.

9 Hintergrund löschen

Drücken Sie anschließend [Entf], bzw. entscheiden Sie sich für BEARBEITEN • LÖSCHEN. Danach heben Sie die Auswahl mit AUSWAHL • NICHTS auf. – Nun sieht das Foto genauso aus wie vorher. Das ändert sich, wenn Sie kurzzeitig einmal das Augen-Symbol der untersten Ebene deaktivieren. Schalten Sie es am Schluss aber bitte wieder ein.

▲ Abbildung 10.45
Den Hintergrund der obersten Ebene haben wir komplett entfernt.

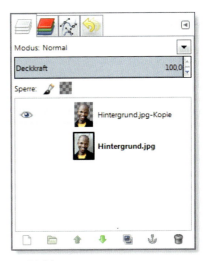
▲ Abbildung 10.46
Durch Deaktivierung der unteren Ebene werden die Transparenzen im Bild sichtbar.

10 Klonen-Werkzeug einstellen

Grundsätzlich könnten Sie nun ein zweites Foto auf das erste ziehen und diese Ebene dann in der Ebenen-Palette ganz nach unten

10 Retusche und Montage

▲ **Abbildung 10.47**
Dieses Muster soll den Hintergrund repräsentieren.

bewegen, um den gewünschten Hintergrund hinzuzufügen. Wir wollen hier allerdings einen Schritt weitergehen und einen eigenen Hintergrund produzieren.

Dazu aktivieren Sie das Werkzeug KLONEN. Im Bereich QUELLE entscheiden Sie sich für den Radio-Button MUSTER ❷. Gleich unterhalb befindet sich eine kleine quadratische Miniatur ❸, die standardmäßig auf PINE steht. Klicken Sie diese Miniatur an, und wählen Sie eine andere aus der sich öffnenden Liste aus. Ich habe mich hier für RECESSED ❶ entschieden.

11 Hintergrund einfügen

Nun haben Sie zwei Möglichkeiten: Entweder lassen Sie die AUSRICHTUNG auf KEIN stehen und wischen einmal, ohne die Maustaste loszulassen, über das gesamte Foto, oder Sie stellen die AUSRICHTUNG auf AUSGERICHTET. In diesem Fall dürfen Sie mit der Maustaste auch mehrfach absetzen, während Sie den Hintergrund einzeichnen. (Das funktioniert im Übrigen nur, wenn die unterste Ebene aktiviert und sichtbar ist.)

Abbildung 10.48 ▶
Mit gedrückter Maustaste lässt sich der Hintergrund im wahrsten Sinne des Wortes »einpinseln«.

Pixel verschieben **10.4**

▲ **Abbildung 10.49**
Fertig ist der neue Background.

10.4 Pixel verschieben

Wie Sie sehen, können Sie mit Fotos fast machen, was Sie möchten. Allerdings sind wir in Sachen Bildmanipulation noch längst nicht am Ende. Jetzt packen wir nämlich noch eine Schippe drauf und werden die Pixel geradezu hin und her schubsen.

Der IWarp-Filter

Zwar kann man mit dem Verschmieren-Werkzeug Pixel im wahrsten Sinne des Wortes »durcheinanderwirbeln«, indem man mit gedrückter Maustaste über das Foto wischt, jedoch sind dessen Möglichkeiten mangels individueller Einstelloptionen stark begrenzt. Deswegen ist das Tool auch nur bedingt zu empfehlen. Wenn Sie einmal mit Komfort verzerren, verbiegen und verschieben wollen, sollten Sie auf den IWarp-Filter zurückgreifen.

285

10 Retusche und Montage

»IWarp_01.jpg«

Abbildung 10.50 ▲
Na, du?

Abbildung 10.51 ▶
Das geht ja schon fast wie von selbst.

Schritt für Schritt
Mit IWarp verfremden

Zunächst wollen wir den besprochenen Filter zur Entfremdung einsetzen. Dem coolen Geschöpf auf dem Foto »IWarp_01.jpg« soll es jetzt an den Kragen gehen. Im ersten Schritt wollen wir die Augen etwas aufblähen.

1 Ersten Effekt einstellen
Entscheiden Sie sich für FILTER • VERZERREN • IWARP. Zunächst einmal soll nur eine einzige Einstellung erfolgen, indem Sie den Radio-Button VERGRÖSSERN aktivieren. Danach können Sie den Effekt schon anwenden. Wischen Sie in kurzen Kreisbewegungen über das bildlinke Auge – und zwar innerhalb der Vorschau des Dialogs. Dabei werden Sie feststellen, dass sich die Stelle im Bild stark vergrößert.

Zurücksetzen

Möglicherweise wird die Zuweisung beim ersten Mal noch nicht problemlos vonstattengehen. Anstatt in einem solchen Fall den Dialog abzubrechen und anschließend erneut zu öffnen, reicht ein Klick auf ZURÜCKSETZEN. Damit werden die Korrekturen verworfen, und der Dialog bleibt dennoch geöffnet.

2 IWarp-Effekt erneut öffnen
Wiederholen Sie diese Aktion mit dem bildrechten Auge. Nun könnten Sie gleich einen weiteren Effekt hinzufügen, doch wollen wir das in zwei Arbeitsgängen machen. Bestätigen Sie daher mit OK. Um den Dialog nun abermals zu öffnen, müssen Sie nichts weiter tun, als FILTER • »IWARP« ERNEUT ANZEIGEN zu markieren. So ersparen Sie sich den Weg über das Untermenü.

Schalten Sie im Bereich DEFORMIERUNGSMODUS um auf BEWEGEN, und fahren Sie zwei- bis dreimal halbkreisförmig über die Nasenwurzel. Bestätigen Sie abermals mit OK.

▲ **Abbildung 10.52**
»Augen offen halten!« heißt hier die Devise.

IWarp in der Übersicht

Natürlich können Sie mit dem IWarp-Effekt noch sehr viel Sinnvolleres anstellen. So bietet er beispielsweise auch gute Korrekturmöglichkeiten, sogar bei Porträts. Zunächst wollen wir uns allerdings die einzelnen Steuerelemente einmal etwas genauer ansehen:

- DEFORMIERUNGSMODUS: Mit den Radio-Buttons dieses Bereichs legen Sie die Art der Deformierung fest. Ist BEWEGEN eingestellt, können Bildbereiche gestreckt werden. ENTFERNEN ist dabei behilflich, bereits zugewiesene Verzerrungen wieder rückgängig machen. Mit VERGRÖSSERN und SCHRUMPFEN können Sie Bildbereiche aufblähen bzw. zusammenziehen. Die Steuerelemente der dritten Zeile (GEGEN DEN und IM UHRZEIGERSINN VERDREHEN) erzeugen einen Wirbel in die jeweilige Richtung.
- DEFORMIERUNGRADIUS: Legen Sie fest, wie groß der Bildbereich sein soll, der bei einer Deformierung einbezogen werden soll.
- DEFORMIERUNG: Hiermit legen Sie die Intensität der Deformierung fest.
- BILINEAR: Bei aktivierter Checkbox stellt sich der Effekt weicher dar.

- Anpassendes Hochrechnen: Aktivieren Sie diese Checkbox, wenn Sie ein qualitativ hochwertigeres Ergebnis wünschen. (Dies erhöht allerdings die für die Berechnung benötigte Zeit.)
- Animieren: Neben den Einstellungen finden Sie das Register Animieren. Wenn Sie es aktivieren, können Sie die Checkbox Animieren anwählen. Mit Hilfe des Reglers Anzahl der Einzelbilder legen Sie fest, wie viele Zwischenbilder (in Form von Ebenen) erzeugt werden sollen, um einen Übergang zwischen dem Ursprungsbild und dem Endergebnis zu produzieren (Morphing). Aktivieren Sie zudem Umgekehrt, sofern Sie wünschen, dass die Animation rückwärts abgespielt werden soll. Mit Ping-Pong läuft die Animation permanent zunächst vorwärts, danach rückwärts ab. Um die Animation letztendlich abzuspielen, selektieren Sie im Menü Filter • Animation • Animation abspielen.

Schritt für Schritt
Mit IWarp korrigieren

»IWarp_02.jpg«

Nach so viel Willkür bei der Bildbearbeitung wollen wir abschließend versuchen, IWarp mit ein wenig mehr Praxisnähe einzusetzen. Und zwar werden wir Gesichtskonturen etwas nacharbeiten. Gerade bei Porträts müssen Sie hier ausgesprochen vorsichtig vorgehen!

Abbildung 10.53 ▶
Gleich gibt es plastische Chirurgie à la GIMP.

Pixel verschieben   **10.4**

1 Filter zurücksetzen

Nachdem Sie das Beispielfoto »IWarp_02.jpg« geöffnet haben, sollten Sie zunächst sämtliche Filter wieder auf ihre Grundeinstellungen zurücksetzen. Das gelingt, indem Sie Filter • Alle Filter zurücksetzen selektieren. Die folgende Kontrollabfrage bestätigen Sie mit Zurücksetzen.

◄ **Abbildung 10.54**
Hier geht es zurück zu den Grundeinstellungen.

2 Wangenknochen korrigieren

Erstellen Sie anschließend eine Ebenenkopie, damit Sie am Ende des Workshops eine Vergleichsmöglichkeit haben. Nun müssen Sie abermals über Filter • Verzerren • IWarp gehen. Da Sie soeben alle Filter zurückgesetzt haben, sollte der Deformierungsmodus wieder auf Bewegen stehen.

Platzieren Sie die Maus in der Dialogvorschau etwas außerhalb vom linken Wangenknochen des Models ❶. Halten Sie die Maustaste gedrückt, und schieben Sie ein wenig nach links. Wiederholen Sie diesen Schritt an verschiedenen Positionen, und schieben Sie so den Wangenknochen weiter zurück. Bestätigen Sie mit OK.

Filter zurücksetzen

Dieser Schritt ist nicht zwingend erforderlich, ermöglicht es aber, die zuletzt eingestellten Werte und Parameter innerhalb der Filterdialoge zu verwerfen. Die Filter werden so gewissermaßen auf »Werkseinstellungen« zurückgesetzt.

◄ **Abbildung 10.55**
Schieben Sie den Wangenknochen einfach ein wenig nach links.

289

3 Ebenen vergleichen

Nun dürfen Sie das Endergebnis mit dem Original vergleichen, indem Sie das Augen-Symbol der obersten Ebene mehrfach deaktivieren und wieder aktivieren. Sie könnten das Foto sogar noch schärfen (FILTER • VERBESSERN • SCHÄRFEN). Dabei sollten Sie allerdings über einen Wert von 40 nicht hinausgehen.

Abbildung 10.56 ▶
Ein wenig Schärfe wäre auch nicht schlecht.

▲ **Abbildung 10.57**
Gönnen Sie sich einen Vorher-nachher-Vergleich durch kurzzeitige Deaktivierung der obersten Ebene.

Raw-Fotos bearbeiten

Für Fotos von allererster Güte

- Was sind Raw-Fotos?
- Wie installiere ich das Raw-Plugin?
- Wie mache ich Raw-Fotos heller?
- Wie lasse ich die Kameradaten anzeigen?
- Wie führe ich einen Weißabgleich durch?
- Wie werden Raw-Fotos zugeschnitten und gedreht?

11 Raw-Fotos bearbeiten

Probleme mit GIMP 2.8

Bitte beachten Sie, dass das UFRaw-Plugin, das Mittelpunkt dieses Kapitels ist, mit Erscheinen von GIMP 2.8 unter Windows plötzlich nicht mehr lauffähig war (Stand: Mai 2012). Die Mac-Version machte hingegen keinerlei Probleme. Wir gehen davon aus, dass die Programmierer bald eine Lösung finden. Am besten informieren Sie sich auf den einschlägigen Seiten (*www.gimp.org*, *http://ufraw.sourceforge.net/Install.html*), ob es ein Update gibt. Sobald uns eine Lösung bekannt wird, werden wir auf der Bonus-Seite des Buchs unter *www.galileodesign.de/2405* eine entsprechende Info dazu veröffentlichen.

Bei Raw-Fotos handelt es sich um Bilddaten von allerhöchster Güte. Profi-Fotografen arbeiten schon seit langem mit diesem leistungsfähigen Rohdaten-Format (englisch »raw« = roh). Eines der herausragenden Merkmale von Raw-Fotos (gegenüber anderen Speicherformaten) ist, dass die Daten, die die Kamera speichert, weitgehend unkomprimiert bleiben. Das ist bei anderen Formaten (z. B. *JPEG*) anders. Außerdem werden beim Abspeichern des Raw-Fotos in der Kamera keinerlei Einstellungen wie etwa ein Weißabgleich angewendet, so dass solche Einstellungen im Nachhinein möglich sind und ausprobiert bzw. mehrmals verändert werden können.

11.1 Raw-Grundlagen

Die meisten Kameras verwenden standardmäßig das *JPEG*-Format, damit die Dateigrößen möglichst gering bleiben und somit möglichst viele Fotos auf einer Speicherkarte untergebracht werden können. Das hat allerdings auch Folgen in Bezug auf die Qualität. *JPEG* ist nämlich ein verlustbehaftetes Kompressionsverfahren. Wenn es darum geht, die Qualität eines Fotos in den Vordergrund zu stellen, dann ist das Fotografieren im Raw-Modus allemal vorzuziehen.

Vor- und Nachteile

Auf Raw achten

Auch preiswertere Digitalkameras können heutzutage größtenteils schon Raw-Fotos anfertigen. Ein Tipp: Achten Sie beim Kauf einer Kamera darauf, dass sie Raw-fähig ist.

Im Vergleich zu *JPEG*-Aufnahmen platzen Raw-Fotos von der Dateigröße her fast aus allen Nähten. Immerhin werden die Daten weitestgehend so auf den Speicherchip der Digitalkamera gebracht, wie die Optik der Kamera das Motiv *sieht*. Stellen Sie sich diese Aufnahme vor wie ein Fotonegativ, das zum Zeitpunkt der Aufnahme noch gar nicht entwickelt worden ist. Das bedeutet: Erst später am Computer kommen die entwicklungstechnischen Details hinzu. So können Sie beispielsweise das Licht noch individuell steuern und die Farben komfortabel beeinflussen – sehr viel komfortabler, als das mit einem *JPEG*-Foto möglich wäre. Das bringt ein Maximum an Komfort und sorgt für bestechende Ergebnisse. Und im Zeitalter immer größerer und preiswerter werdender Speicherchips ist der Nachteil der aufgeblähten Dateigrößen fast schon zu vernachlässigen.

Was ein echtes Manko darstellt, ist die Kompatibilität. Praktisch jeder Hersteller verwendet sein eigenes Raw-Format. Canon beispielsweise produziert Fotos mit der Endung *.CRs* oder *.CRW*, während Nikon *.NEF*-Daten erzeugt. Konica Minolta wiederum setzt auf *.MRW*, während Fuji z. B. *..NEF* verwendet – um nur einige Beispiele zu nennen.

Der Raw-Konverter

Nun können *JPEG*-Fotos auf nahezu jedem Rechnersystem dargestellt und in praktisch jedem Bildbearbeitungsprogramm nachbearbeitet werden. Diesen Luxus gibt es, wie bereits erwähnt, bei Raw-Bildern nicht. Damit die Rohdaten überhaupt entschlüsselt und anschließend dargestellt beziehungsweise nachbearbeitet werden können, müssen sie zunächst konvertiert werden. An dieser Stelle kommen sogenannte Raw-Konverter zum Einsatz. Das im Weiteren verwendete Plug-in UFRaw ist ein solcher Konverter.

Raw-Fotos einstellen

Was passiert nun in einem solchen Konverter? Zunächst einmal wird das Foto dort dargestellt. Allerdings können Sie in diesem Moment auch Einfluss auf die Entwicklung des Rohdaten-Fotos nehmen. Und das Beste ist: Die Einstellungen, die Sie jetzt vornehmen, werden nicht direkt an das Foto übergeben (wie das zum Beispiel bei *JPEG* der Fall ist), sondern innerhalb der Raw-Datei separat abgespeichert. Dadurch sind Sie in der Lage, das Raw-Foto in seinem ursprünglichen Zustand zu belassen und dennoch sichtbare Änderungen am Bild vorzunehmen. Das bedeutet, dass Sie eine Bildbearbeitung auf Grundlage des Originals durchführen, wobei die Korrektur verlustfrei ist. Das ist doch Grund genug, sich das Raw-Format einmal etwas genauer anzusehen, oder?

Der zweite große Nachteil

Raw-Fotos lassen sich nicht problemlos und auf jedem Rechner darstellen. Dazu benötigen Sie einen Raw-Konverter. Und der muss zudem in der Lage sein, das jeweilige Kamera-Format zu lesen und darzustellen.

▲ **Abbildung 11.1**
Raw-Dateien erscheinen in Ordnern stets ohne Vorschauminiatur. Je nach installiertem Raw-Konverter ist auch das Symbol ein anderes (links: Adobe Photoshop Camera Raw, rechts: UFRaw).

UFRaw-Kompatibilität

Wenn Sie Ihre eigenen Raw-Fotos mit dem hier beschriebenen Plug-in UFRaw nachbearbeiten wollen, sollten Sie zunächst prüfen, ob Ihre Kamera von der Software überhaupt unterstützt wird. Entsprechende Informationen dazu finden Sie unter *http://ufraw.sourceforge.net/Cameras.html*.

11 Raw-Fotos bearbeiten

11.2 Raw-Fotos öffnen

UFRaw installieren

Zur Drucklegung des Buchs funktionierte das UFRaw-Plugin unter Windows leider nicht oder nur teilweise. Sollten Sie ebenfalls Probleme haben, schauen Sie bitte auf der Bonus-Seite des Buchs unter *www.galileodesign.de/2405* nach, ob bereits eine Info dazu veröffentlicht wurde.

Nach der Installation des UFRaw-Plugins gibt es mehrere Wege, Ihre Raw-Fotos damit zu öffnen. Sollten Sie im letzten Schritt der Installation LAUNCH UFRAW nicht deaktiviert haben, wird nun automatisch der Öffnen-Dialog der Anwendung zur Verfügung gestellt. Hier können Sie dann ein Raw-Foto öffnen. Damit lässt sich übrigens gleich kontrollieren, ob das von Ihnen verwendete Dateiformat überhaupt mit UFRaw kompatibel ist. Alternativ markieren Sie eine Datei und klicken anschließend auf ÖFFNEN. Die dritte Möglichkeit: Ziehen Sie eine Datei aus dem Windows-Explorer oder Finder mit gedrückter Maustaste auf das UFRaw-Icon. Dort lassen Sie es dann fallen.

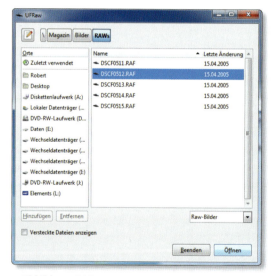

▲ **Abbildung 11.2**
Dieser Dialog erscheint automatisch, sobald Sie UFRaw starten.

UFRaw updaten

Sollten Sie bereits mit einer Vorgängerversion von UFRaw gearbeitet haben und jetzt lediglich ein Update aufspielen, gehen Sie genauso vor wie hier beschrieben. Beachten Sie aber unbedingt, dass das bereits bestehende UFRaw während der Installation nicht geöffnet sein darf. Anderenfalls gibt es eine Fehlermeldung.

11.3 Erste Schritte mit UFRaw

Lassen Sie uns gleich mit einem praktischen Beispiel beginnen. Weitere relevante Funktionen werde ich im Anschluss an den folgenden Workshop noch besprechen. Zunächst sollen Sie jedoch Gelegenheit bekommen, praktisch mit UFRaw zu arbeiten.

Schritt für Schritt
Licht und Weißabgleich korrigieren

In der Regel muss bei allen Raw-Bildern nachträglich ein Weißabgleich durchgeführt werden, oder er muss korrigiert werden.

»Raw_01.CR2«

1 Foto öffnen
Öffnen Sie die Datei »Raw_01.CR2« per Doppelklick oder indem Sie das Foto auf das UFRaw-Icon ziehen. Sie dürfen die Datei auch gerne mit rechts anklicken und unter ÖFFNEN MIT • UFRAW aufrufen.

2 Grundeinstellungen vornehmen
Nun ist es in UFRaw grundsätzlich so, dass die zuletzt vorgenommenen Einstellungen beibehalten werden. Sollten Sie also zuvor bereits einmal mit UFRaw gearbeitet haben, werden die zuletzt eingestellten Werte erneut wirksam. Da diese aber mitunter überhaupt nicht zum aktuellen Bild passen, sollten Sie zunächst den Button AUSGLEICH AUF STANDARD ZURÜCKSETZEN betätigen – selbst auf die Gefahr hin, dass das Foto nun noch dunkler wird. Aber so sieht es halt im Original aus. Damit ist aber jeweils nur die gewählte Funktion inaktiv. Falls Sie weitere Einstellungen vorgenommen haben (auch in anderen Registern der Anwendung), müssen Sie die entsprechenden Zurücksetzen-Buttons auch dort betätigen.

Formatvielfalt

Leider gibt es kein einheitliches Format für alle Raw-Fotos. Wie Sie an der Liste erkennen, bringt jeder namhafte Hersteller sein eigenes Dateisystem mit. So erzeugen Canon-Kameras beispielsweise Raw-Dateien mit der Endung *.CR2*, während Fuji mit *.RAF* und Nikon mit *.NEF* aufwartet.

Warum die Werte erhalten bleiben

Nun drängt sich die Frage auf: Warum behält UFRaw die zuletzt eingestellten Werte grundsätzlich bei? Nun, das ist immer dann von Vorteil, wenn Sie eine Serie von Bildern nacheinander korrigieren wollen, die alle den gleichen oder zumindest ähnlichen Korrekturbedarf haben. In der Fotografie ist genau das ja häufig der Fall. Würden die Werte verworfen, müssten Sie die Einstellungen jedes Mal wiederholen.

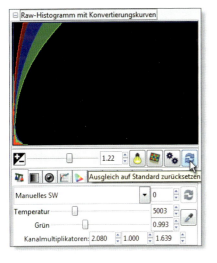

◄ **Abbildung 11.3**
Bevor Sie ein Foto korrigieren, sollten Sie grundsätzlich die alten Einstellungen verwerfen.

11 Raw-Fotos bearbeiten

3 Live-Histogramm interpretieren

Werfen Sie zunächst einen Blick auf das Histogramm unten links auf dem Bildschirm. Damit haben Sie es ja schon des Öfteren zu tun bekommen (nicht zuletzt in den Kapiteln 7 und 8). Sie wissen, dass sich die dunklen Bildelemente ganz links befinden, während die hellen rechts zu suchen sind. Klarer Fall: Das Foto ist nicht nur optisch, sondern auch laut Live-Histogramm zu dunkel.

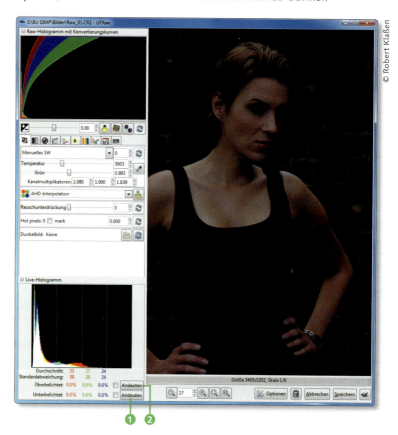

Abbildung 11.4 ▶
Die Erhebungen des Histogramms sind nur links (also in den dunklen Bereichen) ausfindig zu machen.

Warum Raw- und Live-Histogramm?

In der linken Spalte der Anwendung befinden sich gleich zwei Histogramme – das Raw-Histogramm ganz oben und das Live-Histogramm unten. Ersteres zeigt lediglich, wie die Einstellungen auf das Raw-Foto übertragen werden. Dunkle Fotos zeichnen sich beispielsweise durch eine weite Expansion nach rechts aus, während hellere Fotos sich mehr vertikal auf der linken Seite bündeln. Praktisch nachvollziehbarer und somit interessanter ist das Live-Histogramm, das wie ein herkömmliches Histogramm aufgebaut ist und auch entsprechend interpretiert wird. (Siehe Abschnitt »Das Histogramm« auf Seite 171.)

4 Foto heller machen

In solchen Fällen haben wir uns ja bisweilen einer Tonwertspreizung bedient. Dabei ist das Histogramm gestreckt worden. Das Gleiche erreichen Sie jetzt, indem Sie den Regler Belichtungsausgleich im EV ❸ so weit nach rechts ziehen, bis das Histogramm an den rechten Rand heranreicht. Das dürfte bei einem Wert von etwa 1,2 der Fall sein.

Erste Schritte mit UFRaw **11.3**

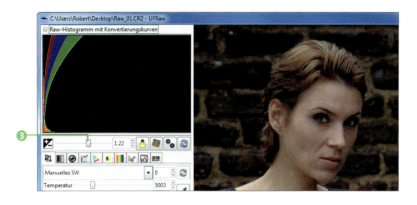

◄ **Abbildung 11.5**
Die Belichtung wird angepasst.

5 Werte kontrollieren

Nun kann es sein, dass Ihr Foto dabei so hell wird, dass sich dort, wo eben noch farbige Pixel waren, jetzt rein weiße Flächen bilden.

Ziehen Sie den gerade verstellten Regler einmal auf etwa 2,50. Danach betätigen Sie unten links den obersten der beiden Buttons ANDEUTEN ❷. Halten Sie die Maustaste dabei gedrückt. Sie sehen, dass Bereiche des Fotos eingefärbt erscheinen (z. B. Schulter und Dekolleté des Models), die im Originalbild rein weiß waren, also keinerlei Konturen, sprich: Zeichnung, mehr aufweisen.

Das ist nicht gut – zumindest dann nicht, wenn die Flächen recht groß sind. Wollen Sie das Foto anschließend für die Verwendung am Bildschirm generieren, sind Bereiche ohne Zeichnung vielleicht nicht ganz so dramatisch. Spätestens beim Ausdruck jedoch kommt es an diesen Stellen nicht mehr zum Farbauftrag – und zurück bleibt eine kahle Stelle auf dem Papier. Gehen Sie daher bitte wieder auf den zuvor eingestellten Wert zurück. Das Ganze nennt sich übrigens Lichterwarnung.

◄ **Abbildung 11.6**
UFRaw enthält eine Lichterwarnung.

297

11   Raw-Fotos bearbeiten

Tiefenwarnung

Im Umkehrschluss lässt sich aber auch eine Tiefenwarnung anzeigen, indem Sie den untersten Button ANDEUTEN ❶ betätigen. Dann werden nämlich auf weißem Untergrund all jene Bereiche farbig angezeigt, die im Ergebnis reines Schwarz aufweisen, also ebenfalls keine Zeichnung mehr hätten. Sie können das testen, indem Sie den Belichtungsregler vorab auf etwa –2 ziehen.

6   Weißabgleich durchführen

Im nächsten Schritt wollen wir eine der Stärken von Raw-Konvertern nutzen – nämlich die Möglichkeit, einen nachträglichen Weißabgleich durchzuführen. Gehen Sie auf das Pulldown-Menü gleich unterhalb der Registerkarten-Reiter, und stellen Sie dort TAGESLICHT ❹ ein. Wenn Sie dabei zeitgleich auf das Foto schauen, werden Sie feststellen, dass der leichte Blaustich aus dem Foto verschwindet.

7   Weißabgleich optimieren

Sie könnten nun den Weißabgleich noch weiter optimieren, indem Sie zunächst den Regler TEMPERATUR verstellen. Nach rechts hin würden die Farben wärmer (in Richtung Gelb), nach links kühler (Richtung Blau). Den gleich unterhalb befindlichen Regler GRÜN dürfen Sie gewissermaßen als Feinabstimmung des oberen betrachten. Ziehen Sie ihn weiter nach links, wandern die Farben des Fotos in Richtung Magenta ab. Nach rechts hin wird hingegen Grün verstärkt.

▲ Abbildung 11.7
Der Weißabgleich wird verändert.

▲ Abbildung 11.8
Optimieren Sie den Weißabgleich.

Im vorliegenden Fall ist zu empfehlen, den TEMPERATUR-Regler ❺ ganz vorsichtig nach rechts (bis ca. 5.555) und den GRÜN-Regler ❻ nach links (ca. 0,970) zu schieben. Das hat zwar zur Folge, dass im Pulldown-Menü wieder MANUELLES SW angezeigt wird (also die TAGESLICHT-Einstellung wieder verworfen wird), aber Sie haben sich mit dem vorangegangenen Schritt bereits ein wenig an die gewünschten Werte herangearbeitet.

8   Kurvenbereiche anheben

Durch Belichtungsausgleich und Weißabgleich ist schon eine Menge gewonnen. Zu bemängeln wäre lediglich, dass das Gesicht noch recht unscheinbar und dunkel wirkt. Wechseln Sie deswegen bitte auf die Registerkarte BASISKURVE ❼. Danach klicken Sie im oberen rechten Drittel des Diagramms auf die DIAGONALE ❽, halten die Maustaste gedrückt und ziehen den Punkt vorsichtig nach oben. Aus der Diagonalen wird eine leichte Kurve. Dadurch wird das Gesicht sehr viel heller und tritt so zu Recht mehr in den Vordergrund.

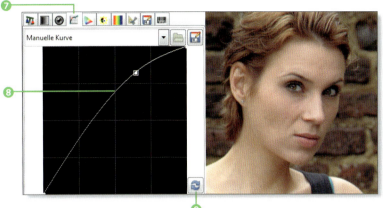

▲ **Abbildung 11.9**
Durch die Anhebung der Diagonalen an diesem Punkt wird das Gesicht sehr viel heller.

9 Schlusskontrolle

Nachdem Sie alle Einstellungen vorgenommen haben, sollten Sie noch einmal ein Auge auf die Prozentwerte unten links werfen (ÜBERBELICHTET und UNTERBELICHTET). Optimal ist, wenn alle drei Farbwerte auf 0.0 % stehen. Dann nämlich wissen Sie, dass es bei der Korrektur weder zu einer Über- noch zu einer Unterbelichtung gekommen ist.

Einstellungen verwerfen

Sollten Sie sich einmal verzettelt haben und mit dem Weißabgleich lieber noch einmal von vorn anfangen wollen, drücken Sie einfach den Button ❾. Dadurch wird die Weißabgleichseinstellung verworfen, wobei jedoch die vorangegangene Justierung (hier der Belichtungsausgleich) erhalten bleibt.

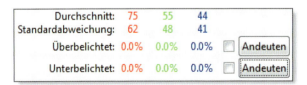

▲ **Abbildung 11.10**
Alle drei Grundfarben sind optimal belichtet.

Wenn Sie genauso vorgegangen sind, wie in unserem Workshop beschrieben, können Sie zufrieden sein.

11 Raw-Fotos bearbeiten

Abbildung 11.11 ▶
Kaum zu glauben, dass man aus einem zu dunkel geratenen Raw-Foto mit wenigen Klicks noch so viel herauskitzeln kann.

10 **Foto speichern**
Wenn alles erledigt ist, betätigen Sie die Schaltfläche OK. Dies hat zur Folge, dass die Datei an die Standard-Arbeitsumgebung von GIMP übergeben wird. Hier kann das Foto dann weiter verarbeitet und gespeichert werden (z. B. als *XCF*).

11.4 Weitere UFRaw-Optionen

Zahnrad-Taste
Eine der zahlreichen Zahnrad-Tasten ist immer dann behilflich, wenn Sie die automatische Korrektur einer manuellen vorziehen. Ein Klick darauf bewirkt, dass UFRaw das Bild analysiert und selbstständig korrigiert. Der gewünschte Erfolg stellt sich bei dieser Vorgehensweise jedoch nicht immer ein.

Neben den im vorangegangenen Workshop angesprochenen Möglichkeiten der Bildkorrektur bietet der UFRaw-Dialog noch sehr viel mehr an. Leider kann ich an dieser Stelle nicht alles ansprechen; dennoch sollen einige wichtige Optionen noch kurz zum Zuge kommen.

Kameradaten einsehen

Benutzen Sie das letzte Register EXIF ❶, um sich die Kameradaten anzusehen, die mit der Aufnahme gespeichert wurden. Hier lassen sich unter anderem KAMERAMODELL ❷, VERSCHLUSSZEIT ❸, BLENDE ❹, sowie BRENNWEITE ❺ ablesen.

11.4 Weitere UFRaw-Optionen

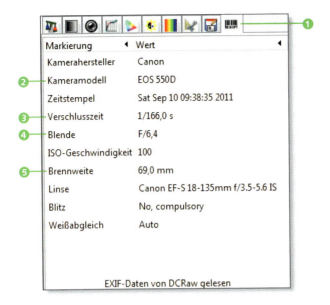

◄ **Abbildung 11.12**
Wichtige Kameradaten befinden sich auf der Registerkarte EXIF.

Linsenkorrektur durchführen

Kameraobjektive neigen dazu, die Aufnahme zu verzerren. So werden beispielsweise senkrechte Linien bei kurzen Brennweiten oft nicht mehr senkrecht, sondern eher gewölbt (meist bauchig) dargestellt. Um dem entgegenzuwirken, gibt es die Möglichkeit, die LINSENKORREKTUR ❻ zu aktivieren und anschließend das Kameramodell sowie das zur Aufnahme verwendete Objektiv hinzuzufügen. Für beide Einstellungen betätigen Sie zuvor den Auswahl-Button ❼. Die Bildansicht wird danach automatisch aktualisiert.

Kamera und/oder Objektiv nicht dabei?

Die Liste der angebotenen Kameras und Objektive ist zwar lang, doch ist die Liste keinesfalls vollständig. Sollte Ihr Equipment nicht gelistet sein, empfiehlt es sich, im Pulldown-Menü MODELL ❽ auf PANO TOOLS LENS MODEL umzustellen und anschließend vorsichtig die drei unterhalb befindlichen Regler zu bedienen. Es wird empfohlen, zur Justierung ein Foto zu verwenden, das viele horizontale und vertikale Linien aufweist (z. B. Gebäudeinneres mit Fenstern und Türen).

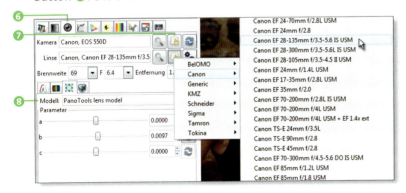

▲ **Abbildung 11.13**
Die Liste der Canon-Objektive (hier als LINSEN bezeichnet) ist weit größer als die der anderen Hersteller.

11 Raw-Fotos bearbeiten

Fotos zuschneiden

Raw-Fotos können nicht nur optisch verbessert, sondern auch in Größe und Ausschnitt korrigiert werden. Es ist möglich, sie zu beschneiden oder zu drehen. Dazu aktivieren Sie das Register SCHNEIDEN UND DREHEN ❶ und verändern die darunter befindlichen Steuerelemente entsprechend.

Setzen Sie dazu einen Doppelklick auf eines der vier Eingabefelder, und geben Sie einen beliebigen Wert ein (hier KOPFENDE: 285), oder halten Sie eine der Pfeil-Schaltflächen ❷ gedrückt; Sie werden feststellen, dass sich die Arbeitsfläche des Fotos proportional verändert. Dafür zuständig ist das ASPEKTVERHÄLTNIS ❸, das das ursprüngliche Seitenverhältnis des Bildes beibehalten möchte (hier 2:3 für das klassische Kleinbildformat). Wenn Sie das Foto hingegen frei beschneiden wollen, müssen Sie zuvor das Schloss ❹ entriegeln.

Übersetzungen

Bei jeder Aktualisierung von Plug-ins (auch bei UFRaw) werden Begriffe ins Deutsche übersetzt. Allerdings sind noch nicht alle Bezeichnungen in deutscher Sprache ausgewiesen. Sicher wird hier in Zukunft nachgebessert werden, weshalb sich einzelne Begriffe der Anwendung jederzeit ändern können.

Abbildung 11.14 ▶
Die Beschneidung wird in Form eines Rahmens im Foto angezeigt.

Übrigens verdeutlicht ein Rahmen innerhalb des Fotos ❺, über welchen Bereich sich die künftige Arbeitsfläche erstrecken wird.

302

Außerdem lässt sich dieser Rahmen auch direkt auf dem Foto mittels Drag & Drop verschieben (indem Sie in den Rahmen hineinklicken) sowie in der Größe verändern (wenn Sie an den Rändern oder den Ecken ziehen).

Fotos drehen

Leider ist es nicht bei allen Kameras so, dass Fotos, die im Hochformat angefertigt wurden, am Schluss auch seitenrichtig angezeigt werden. Sollte ein Foto also einmal auf der Seite liegen, lässt es sich durch Klick auf die Buttons AUSRICHTUNG in Form bringen. Hinter den Steuerelementen verstecken sich folgende Funktionen:

- 6 90° im Uhrzeigersinn drehen
- 7 90° gegen den Uhrzeigersinn drehen
- 8 horizontal spiegeln
- 9 vertikal spiegeln
- 10 ROTATION: Hierbei kann das Foto stufenlos gedreht werden.
- 11 GRID LINES (Hilfslinien): Ziehen Sie den Regler nach rechts, um ein Hilfslinienmuster zu erhalten. Je mehr Sie den Schieberegler nach rechts bewegen, desto mehr Hilfslinien werden hinzugefügt.

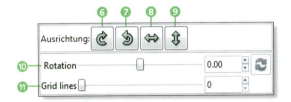

◀ **Abbildung 11.15**
Geometrische Korrekturen bei Raw-Fotos sind ebenfalls kein Problem.

Pfade
Wenn es besonders gründlich werden soll

▸ Was muss ich grundsätzlich über Pfade wissen?

▸ Wie erzeuge ich einen Pfad?

▸ Wie lassen sich Pfade verwalten?

▸ Wie versehe ich Pfade mit einer Kontur und fülle sie mit Farbe?

▸ Wie wandele ich einen Pfad in eine Auswahl um?

▸ Wie speichere ich Pfade und nutze sie in anderen Dokumenten?

12 Pfade

Pfade sind nicht nur in der Bildbearbeitung, sondern auf dem gesamten Gebiet der computergestützten Gestaltung ein wahrer Segen. Pfade lassen sich viel exakter anlegen als Auswahlen (siehe hierzu auch die Abschnitte »Pixel« (Seite 35) und »Vektorgrafiken« (Seite 37) in Kapitel 1).

12.1 Pfad-Grundlagen

Pfadobjekte glänzen trotz ihrer Genauigkeit durch ausgesprochen geringe Dateigrößen – was man ja von Pixeldateien nicht unbedingt behaupten kann. Aber das Beste ist: Ein Pfad kann wesentlich genauer angelegt werden als eine Auswahl. Deswegen sind Pfade auch immer dann interessant, wenn es darum geht, eine schwierige Auswahl zu produzieren.

Allerdings ist das Erzeugen von Pfaden zunächst einmal gewöhnungsbedürftig. Es kommt ausgesprochen selten vor, dass jemand von jetzt auf gleich ein Gefühl dafür entwickelt, wie sich ein solcher Pfad anlegen lässt. Die allermeisten Einsteiger benötigen Einarbeitungszeit, um etwas Brauchbares zu Papier zu bringen. Lassen Sie sich davon jedoch bitte nicht abschrecken. Wir werden uns systematisch einarbeiten.

Warum Pfade?

An dieser Stelle ist die Frage erlaubt: Wozu braucht man eigentlich Pfade? Nun, zum einen kann man damit beliebige Objekte erstellen (die Form bestimmen alleine Sie). Zum anderen lassen sich damit komplizierte Auswahlbereiche erzeugen. Mitunter ist es viel einfacher, zunächst einen Pfad zu erzeugen und diesen anschließend in eine Auswahl zu konvertieren. Wie das funktioniert, werden wir uns später noch anhand eines Beispiels anschauen.

Zunächst aber wollen wir einen Blick auf das dazugehörige Werkzeug werfen.

Werkzeug »Pfade«

Dieses hübsche Tool lässt sich mit Hilfe von [B] aktivieren. Die Steuerelemente im unteren Bereich des Werkzeugkastens sind recht überschaubar.

- BEARBEITUNGSMODUS DESIGN: Das ist der normale Bearbeitungsmodus. In diesem werden die Pfade erzeugt.
- BEARBEITUNGSMODUS BEARBEITEN: Damit lässt sich ein bereits vorhandener Pfad nachbearbeiten. Sie müssen dazu nicht zwingend auf dem Radio-Button innerhalb des Werkzeugkastens wechseln. Es reicht, wenn Sie [Strg] so lange gedrückt halten, wie Sie den Pfad bearbeiten wollen. Sobald Sie loslassen, wird automatisch wieder zum Bearbeitungsmodus DESIGN gewechselt.
- BEARBEITUNGSMODUS VERSCHIEBEN: Ist VERSCHIEBEN aktiv (entweder durch Markierungen des gleichnamigen Radio-Buttons oder durch Halten von [Alt]), können Sie ganze Pfade oder Pfadsegmente verschieben.
- POLYGONAL: Wenn diese Funktion aktiviert ist, werden keine Zwischenpunkte (= Kontrollpunkte) innerhalb des Pfads erzeugt, sondern lediglich gerade Linien.
- AUSWAHL AUS PFAD: Diese Funktion kommt zum Einsatz, wenn Sie ein Objekt freistellen wollen. Der erzeugte Pfad lässt sich dann nämlich in eine Auswahl konvertieren.
- PFAD NACHZIEHEN: Mit dieser Option lässt sich ein Pfad weiter verarbeiten. Beispielsweise können Sie entlang des Pfades eine Kontur erzeugen. (Wie das funktioniert, sehen wir uns später in einem Workshop an.)

▲ Abbildung 12.1
Das Pfad-Werkzeug bringt nur wenige Steuerelemente mit.

Schritt für Schritt
Einen Pfad erzeugen

Um ein Gefühl für Pfade zu bekommen, wollen wir zunächst einmal ein wenig kritzeln. Dazu benötigen wir eine neue Datei.

12 Pfade

1 Neue Datei erzeugen

Gehen Sie auf DATEI • NEU, und entscheiden Sie sich im obersten Pulldown-Menü für 1600×1200 ❶. Öffnen Sie ERWEITERTE EINSTELLUNGEN ❷, und legen Sie eine FÜLLUNG mit WEISS ❸ fest. Auf weißem Hintergrund hebt sich der Pfad besser ab. Verlassen Sie den Dialog mit Klick auf OK.

Abbildung 12.2 ▶
Wir benötigen eine neue Datei.

2 Erste Punkte setzen

Platzieren Sie bei aktiviertem Werkzeug PFADE [B] einen Mausklick in der Mitte der neu erzeugten Datei. (Auf dem Mac müssen Sie den allerersten Mausklick einen Augenblick gedrückt halten.) Lassen Sie einen zweiten Mausklick in einiger Entfernung folgen. Wie Sie sehen, wird eine Gerade zwischen den beiden Punkten erzeugt. Die erzeugten Punkte werden übrigens »Ankerpunkte« genannt.

3 Kurve erzeugen

Nun ist damit noch lange nicht Schluss. Das Tolle an der Sache ist nämlich, dass sich auch Kurven erzeugen lassen. Platzieren Sie einen dritten Mausklick etwas weiter vom zweiten entfernt, wobei Sie diesmal aber die Maustaste festhalten. Verschieben Sie die Maus daraufhin mit immer noch gedrückter Maustaste. Je weiter Sie sich nun vom Klickpunkt entfernen, desto größer wird die Kurve zwischen zweitem und drittem Ankerpunkt. Jetzt dürfen Sie die Maustaste wieder loslassen. Die hier angesprochenen Kurven werden übrigens »Bézierkurven« genannt.

Lassen Sie weitere Mausklicks folgen, wobei Sie die Unterschiede zwischen kurzem Mausklick (= Gerade) sowie gehaltener Maustaste (= Kurve) kennenlernen sollten. Schieben Sie die Maus bei gedrückter linker Taste auch einmal hin und her, um zu sehen, wie sich die Kurve verhält.

▲ **Abbildung 12.3**
Hurra! Der erste Pfad ist produziert.

4 Optional: Ankerpunkt rückgängig machen

Sollte der letzte Punkt nicht Ihren Wünschen entsprochen haben, betätigen Sie ganz einfach [Strg]+[Z], oder entscheiden Sie sich für BEARBEITEN • RÜCKGÄNGIG: ANKER HINZUFÜGEN.

5 Optional: Pfad schließen

Wie Sie bereits wissen, muss eine Auswahl stets geschlossen werden. Das ist bei Pfaden nicht zwingend erforderlich. Dennoch ist es möglich, und zwar indem Sie die Maus am Schluss auf den zuallererst erzeugten Punkt stellen und diesen anklicken, während Sie [Strg] festhalten.

▲ **Abbildung 12.4**
Der Pfad wird, wie eine Auswahl, über den zuerst erzeugten Punkt geschlossen.

Mit Ankerpunkten arbeiten

Glücklicherweise lassen sich Ankerpunkte nicht nur platzieren, sondern nachträglich auch bearbeiten. Das ist auch gut so, denn ansonsten ließe sich ein bereits fertig gestellter Pfad ja nie wieder korrigieren. Dazu müssen Sie wissen, dass sich ein Ankerpunkt erneut anwählen lässt.

▶ **Einen Ankerpunkt verschieben**: Nicht markierte Punkte werden ausgefüllt dargestellt. Setzen Sie allerdings einen Mausklick auf einen der Punkte, wird nur noch dessen Umrandung angezeigt; ein Indiz dafür, dass er jetzt bearbeitet werden kann. Wollen Sie den Punkt verschieben, lassen Sie die Maustaste nach dem Anklicken einfach nicht mehr los, sondern schieben die Maus stattdessen in die gewünschte Richtung.

▶ **Mehrere Ankerpunkte verschieben**: Wollen Sie nicht nur einen, sondern gleich mehrere Ankerpunkte neu positionie-

12 Pfade

ren, dann wählen Sie den ersten per Mausklick an, halten dann ⇧ gedrückt und klicken auf weitere Punkte, die ebenfalls verschoben werden sollen. Zuletzt wählen Sie einen dieser Punkte erneut mittels Mausklick an, halten die Maustaste allerdings gedrückt und verschieben alle Punkte gleichzeitig an die gewünschte Stelle, indem Sie die Maus entsprechend bewegen.

- **Ankerpunkte hinzufügen**: Klicken Sie, während Sie Strg gedrückt halten, auf eine Linie.
- **Ankerpunkte entfernen**: Klicken Sie, während Sie Strg+⇧ gedrückt halten, auf einen bereits vorhandenen Punkt.
- **Eine Linie verschieben**: Eine Linie lässt sich zwischen zwei Ankerpunkten per Drag & Drop verschieben.
- **Kompletten Pfad verschieben**: Einen kompletten Pfad verschieben Sie per Drag & Drop, während Sie Alt gedrückt halten. Ob Sie dazu auf eine Verbindungslinie oder auf einen Ankerpunkt klicken, spielt keine Rolle.
- **Ankerpunkte umwandeln**: Grundsätzlich werden zwei Arten von Ankerpunkten unterschieden: der Eckpunkt und der Kurvenpunkt.

Soll ein Eckpunkt in einen Kurvenpunkt umgewandelt werden, halten Sie zunächst Strg fest. Danach klicken Sie den betreffenden Punkt an, halten die Maustaste gedrückt und ziehen eine Tangente (gelb) aus dem Punkt heraus. Der quadratische Anfasser am Ende der Tangente werden im Übrigen »Marker« genannt. Falls Sie beabsichtigen, in einem Arbeitsgang gleich zwei sich gegenüberstehende Tangenten zu erzeugen, müssen Sie ⇧ festhalten. Diese Taste dürfen Sie aber grundsätzlich erst nach dem Mausklick betätigen, also wenn Sie sich bereits im Ziehvorgang befinden.

Eck- und Kurvenpunkte

Aus Eckpunkten laufen die benachbarten Linien als Geraden heraus. Bei einer Richtungsänderung werden demzufolge Winkel erzeugt. Bei den benachbarten Linien eines Kurvenpunktes handelt es sich um Bézierkurven. Mit den Anfassern (Tangenten) lassen sich die Bézierkurven formen.

Abbildung 12.5 ▶
Die gelben Linien stellen Tangenten dar, mit denen Sie die Kurve formen.

▶ **Tangenten formen**: Im Gegensatz zu Eckpunkten zeigen sich bei Ankerpunkten zusätzlich die bereits erwähnten gelben Linien. Damit können Sie die Kurven nachträglich noch formen. Das wiederum erreichen Sie durch Ziehen der Marker am Ende der Tangenten. Dabei lässt sich nicht nur die Richtung, sondern auch die Länge einer Kurve beeinflussen.

▼ **Abbildung 12.6**
Die Tangenten lassen sich in sämtliche Richtungen ziehen.

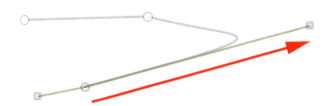

Schritt für Schritt
Ein Herz formen

Eine immer wieder verblüffende Übung ist das Herz. Hierbei offenbart sich, wie schwierig und – wenn man weiß wie – zugleich einfach es doch sein kann, einen Pfad zu erzeugen. Versuchen Sie doch zunächst einmal, ein solches Herz ohne die folgenden Anleitungen zu zeichnen.

1 Datei erzeugen
Nun haben Sie sich dieses tolle Buch natürlich nicht gekauft, um letztendlich doch im Regen zu stehen. Das wäre ja noch schöner. Deswegen hier die Anleitung dazu: Erzeugen Sie zunächst eine neue Datei mit den Abmessungen 1.600 × 1.200 auf weißem Hintergrund.

▲ **Abbildung 12.7**
Sieht einfach aus, kann aber ganz schön an die Nerven gehen: ein Pfad in Herzform.

2 Lineale einschalten
Als Nächstes benötigen Sie Lineale, die sich oben und links am Bildrand befinden. Sollten sie nicht angezeigt werden, entscheiden Sie sich für ANSICHT • LINEALE ANZEIGEN oder drücken Strg+⇧+R.

12 Pfade

Abbildung 12.8 ▶
Sollten bei Ihnen die Lineale nicht angezeigt werden (oben), müssen Sie sie zunächst aktivieren (unten).

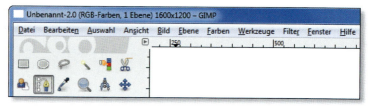

3 Darstellungsgröße festlegen

Je nach zur Verfügung stehender Bildschirmgröße wird die Datei nun unterschiedlich groß angezeigt. Um das zu vereinheitlichen, empfehle ich Ihnen, die Größe in der Fußleiste des Bildfensters auf 100% zu bringen (mit Taste [1]). (So können Sie alle folgenden Schritte exakt nachvollziehen – egal, wie groß Ihr Monitor ist.) Anschließend schieben Sie den rechten Scrollbalken ganz nach oben und den unteren ganz nach links. So ist sichergestellt, dass Sie bei 100%-Darstellung in der oberen linken Ecke arbeiten können.

Hilfslinien anzeigen

Standardmäßig bleiben die Hilfslinien erhalten, nachdem Sie die Maustaste loslassen. Sollte das bei Ihnen nicht der Fall sein, gehen Sie in das Menü ANSICHT und wählen dort HILFSLINIEN ANZEIGEN. (Ein erneuter Klick auf diesen Eintrag würde die Hilfslinien im Übrigen wieder verbergen.)

4 Hilfslinien erstellen

Wir werden uns die Arbeit jetzt beträchtlich vereinfachen, und zwar durch Hinzufügen von Hilfslinien. Diese lassen sich per Drag & Drop aus den Linealen herausziehen. Klicken Sie deswegen irgendwo auf das linke (senkrechte) Lineal, halten Sie die Maustaste gedrückt, und ziehen Sie in Richtung Bildfläche. Lassen Sie los, wenn die mitgeführte Linie auf dem oberen (horizontalen) Lineal bei 200 steht.

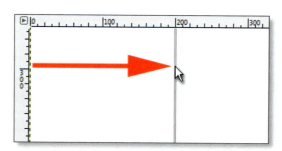

Abbildung 12.9 ▶
Die erste Hilfslinie platzieren wir auf Position 200.

5 Weitere Hilfslinien platzieren

Erzeugen Sie auf die gleiche Weise zwei weitere Hilfslinien – und zwar an den Positionen 300 und 400. Zuletzt benötigen Sie noch zwei zusätzliche Hilfslinien, die allerdings horizontal angeordnet werden müssen. Deswegen klicken Sie auf das obere (waagerechte) Lineal und ziehen die erste Linie so weit herunter, bis sie sich auf dem linken Lineal an Position 100 befindet. Die letzte Linie ziehen Sie dann noch auf Position 300.

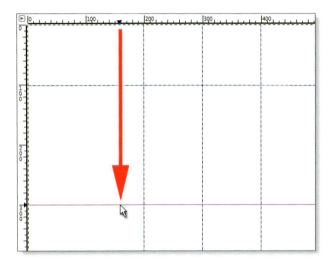

◀ **Abbildung 12.10**
Hier wird soeben die letzte Hilfslinie gezogen.

Hilfslinien

Hilfslinien dienen lediglich der Orientierung. Sie sind nicht wirklich Bestandteil eines Fotos. Beim Druck beispielsweise werden Hilfslinien nicht mit ausgegeben.

6 Ankerpunkte platzieren

Jetzt ist es an der Zeit, die Anfasser zu platzieren. Setzen Sie den ersten Ankerpunkt am oberen linken Kreuzpunkt der Hilfslinien an ❶. Danach lassen Sie die Maustaste wieder los und bewegen sich zum zweiten Kreuzpunkt ❷. Platzieren Sie dort den zweiten Ankerpunkt. Lassen Sie einen dritten Ankerpunkt an Position ❸ und den vierten an ❹ folgen, ehe Sie den Pfad schließen. Das machen Sie ja, indem Sie den ersten Punkt ❶ mit [Strg] anklicken.

7 Tangenten herausziehen

Nachdem wir nun alle Ankerpunkte platziert haben, können wir uns an die eigentliche Verformung machen. Lassen Sie uns mit Punkt ❶ beginnen, da wir uns ja ohnehin gerade dort befinden. Klicken Sie diesen Ankerpunkt noch einmal an, während Sie [Strg] gedrückt halten. Halten Sie auch die Maustaste gedrückt, und ziehen Sie eine Tangente aus dem Punkt heraus. Bewegen Sie die

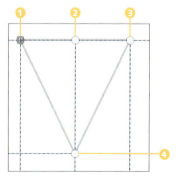

▲ **Abbildung 12.11**
Und das soll ein Herz werden? Nie im Leben! – Oder doch?

Maustaste dazu diagonal nach unten links. Betätigen Sie jetzt zusätzlich ⇧, damit sich auch auf der gegenüberliegenden Seite eine Tangente mit Marker entwickelt. Lassen Sie erst los, wenn sich eine Herzform erkennen lässt. Na, hat es geklappt?

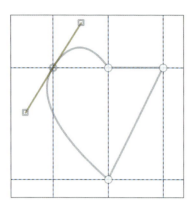

Abbildung 12.12 ▶
Ah, da kommt ja tatsächlich eine Herzform zustande.

Schleife? Falsche Richtung?

Falls sich beim Ziehen eine Schleife bildet, haben Sie in die falsche Richtung gezogen. In diesem Fall ziehen Sie den Punkt einfach auf die gegenüberliegende Seite (also in Richtung des anderen Markers). Die Schleife wird sich dann in die gewünschte Kurve umwandeln.

Wiederholen Sie den letzten Schritt mit dem oberen rechten Ankerpunkt ❸. Hier sollten Sie die Tangente allerdings nach oben links ziehen. Noch einmal zur Wiederholung die richtige Reihenfolge: Zuerst Strg gedrückt halten, dann Punkt anklicken und ziehen. Zuletzt halten Sie ⇧ fest und ziehen weiter.

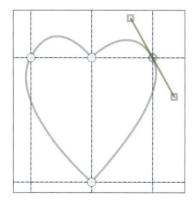

Abbildung 12.13 ▶
Die rechte Seite wird ausgestaltet.

»Herz_fertig.xcf« im
Ergebnisse-Ordner

8 Feinarbeit

Im letzten Schritt formen Sie das Herz noch ein wenig aus. Sorgen Sie dafür, dass beide Seiten gleich sind. Dafür dürfen Sie die Punkte ruhig noch ein wenig nach außen ziehen. Auch den mittleren Ankerpunkt ❷ dürfen Sie noch etwas nach unten bewegen.

Mitunter lässt sich das Ergebnis übrigens besser beurteilen, wenn Sie die Hilfslinien temporär ausblenden. Das erreichen Sie über ANSICHT • HILFSLINIEN ANZEIGEN oder [Strg]+[⇧]+[T]. Wiederholen Sie diesen Schritt, um die Hilfslinien wieder anzeigen zu lassen. Zum Abwählen der Tangenten betätigen Sie zuletzt noch den derzeitig ausgewählten Punkt, während Sie [⇧] gedrückt halten.

Das war doch eigentlich ganz einfach, oder? Den fertigen Pfad finden Sie im ERGEBNISSE-Ordner unter dem Namen »Herz_fertig.xcf«. Wie Sie vorgehen, um den dort integrierten Pfad sichtbar zu machen, erfahren Sie im folgenden Abschnitt.

▲ **Abbildung 12.14**
Ohne Hilfslinien ist das Ergebnis sehr viel besser zu sehen.

12.2 Pfade verwalten

Ein Pfad ist fester Bestandteil einer GIMP-Datei. Das gilt zumindest dann, wenn Sie auch das hauseigene Speicherformat *XCF* verwenden. In diesem Fall bleiben nämlich Pfade grundsätzlich erhalten. Ja, sämtliche! Denn es ist durchaus legitim, mehrere davon in einer Datei anzulegen. Dazu sollten Sie natürlich vorab wissen, wie Sie einen solchen Pfad wieder aktivieren.

Pfade anzeigen

Werfen Sie einmal einen Blick auf die Ergebnisdatei »Herz_fertig.xcf« des letzten Workshops. Öffnen Sie diese Datei, werden Sie ein rein weißes Foto vorfinden – vom ursprünglich erzeugten Pfad keine Spur. Das ändert sich, wenn Sie in das Register PFADE wechseln, das sich standardmäßig in einer Reihe mit den Ebenen, Kanälen und dem Journal befindet.

Öffnen Sie dieses Register, lässt sich nur ein einziger Pfad ausfindig machen. Und dieser ist auch noch mit dem sinnigen Namen UNBENANNT betitelt. Das ist der zuvor erzeugte Herz-Pfad, der jedoch aktuell im Bild nicht zu sehen ist. Das ändert sich, wenn Sie die Maus in dieser Zeile ganz nach vorn stellen. Dann nämlich werden zwei kleine Quadrate sichtbar. Betätigen Sie das linke, wird ein kleines Augen-Symbol aktiviert. Dies hat dann auch zur Folge, dass der Pfad im Bild erscheint.

▲ **Abbildung 12.15**
Der Pfad ist zunächst unsichtbar ...

▲ **Abbildung 12.16**
... kann allerdings durch Klick auf das Augen-Symbol sichtbar gemacht werden.

Pfade weiterbearbeiten

Wenn Sie den Pfad nicht nur sehen, sondern auch editieren wollen, empfiehlt es sich, die Pfadminiatur im Register PFADE mit einem Doppelklick zu versehen. Damit ist der Pfad jetzt auch wieder editierbar; sprich: seine Punkte, Tangenten und Marker können weiterbearbeitet werden. Dazu setzen Sie einfach einen Mausklick auf den Pfad selbst.

Pfade umbenennen

Nun ist der Name »Unbenannt« natürlich nicht gerade richtungsweisend. Sie werden im folgenden Abschnitt erfahren, wie sich weitere Pfade hinzufügen lassen. Sollten Sie nun über eine Fülle von Pfaden verfügen, ist eine eindeutige Benennung absolut sinnvoll. Dazu setzen Sie im Register PFADE einen rechten Mausklick auf die Zeile, die den Pfad repräsentiert (im Beispiel UNBENANNT) und entscheiden sich im Kontextmenü für PFAD • PFADEIGENSCHAFTEN. Im Folgedialog legen Sie dann einen neuen Name fest. Noch einfacher geht es über einen Doppelklick auf den Namen.

Abbildung 12.17 ▶
Es ist sinnvoll, den Pfad eindeutig zu benennen – zumindest dann, wenn Sie mit mehreren Pfaden arbeiten.

Pfade anordnen

Pfade lassen sich in Ebenen nicht nur übereinander platzieren, sondern auch in der Reihenfolge verändern. Dazu ziehen Sie die Pfadebene ganz einfach an die entsprechende Position innerhalb des Pfade-Registers – wie herkömmliche Ebenen.

Pfade hinzufügen

Mit den Pfaden verhält es sich wie mit den Ebenen. Durch das bloße Hinzuzeichnen wird zwar ein neuer Pfad erstellt; dieser befindet sich dann aber auf der gleichen Pfadebene wie das Herz. Damit Sie den neuen Pfad jedoch getrennt vom vorhandenen bearbeiten und verwenden können, sollten Sie eine neue Pfadebene erzeugen. Und das geht so: Klicken Sie mit rechts auf einen Bereich unterhalb des Registers PFADE, und wählen Sie NEUER PFAD aus dem Kontextmenü. Vergeben Sie auch hier einen Namen, und bestätigen Sie mit OK. Danach werden Sie feststellen, dass dem Pfad-Register eine neue Pfadebene hinzugefügt worden ist.

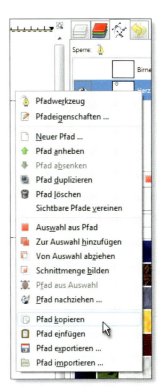

◀ Abbildung 12.18
Den nächsten Pfad legen Sie auf der obersten Pfadebene an.

Pfade kopieren

So richtig spannend wird die ganze Sache aber, wenn Sie sich vergegenwärtigen, dass sich Pfade auch bildübergreifend verwenden lassen. Klicken Sie dazu etwa im vorliegenden Beispiel mit rechts auf den vorhandenen Pfad, gefolgt von PFAD KOPIEREN.

Danach gehen Sie auf das Bild, auf das der Pfad übertragen werden soll. Hier klicken Sie ebenfalls mit rechts in einen freien Bereich des Registers PFADE und entscheiden sich für den Eintrag PFAD EINFÜGEN. Wenn Sie den Pfad jetzt noch über das vorangestellte Augen-Symbol sichtbar machen, ist alles klar. Der Pfad ist übertragen worden.

Pfad löschen

Um einen nicht mehr benötigten Pfad zu löschen, haben Sie mehrere Möglichkeiten. Entweder Sie bedienen sich des zuvor erwähnten Kontextmenüs und entscheiden sich darin für PFAD LÖSCHEN, oder Sie markieren den Pfad in der Pfade-Palette, gefolgt von einem Klick auf das Papierkorb-Symbol. Alternativ dürfen Sie die Pfadebene auch gerne auf dieses Symbol ziehen und dort fallen lassen.

◀ Abbildung 12.19
Der vorhandene Pfad wird in die Zwischenablage kopiert.

12.3 Objekte aus Pfaden erzeugen

Das bloße Produzieren eines Pfades ergibt natürlich überhaupt keinen Sinn, wenn man mit diesem Pfad nicht auch etwas Bestimmtes anstellen möchte. Grundsätzlich betrachtet kann ein Pfad für zwei Dinge nützlich sein:

▲ Abbildung 12.20
Hier löst sich gerade ein Pfad in Wohlgefallen auf.

12 Pfade

- um ein Objekt oder eine Kontur zu erstellen
- zur Benutzung als Auswahl (beispielsweise um Objektbereiche freizustellen).

Pfade nachziehen

Wenn Sie einen Pfad erzeugen wollen, um damit eine Kontur zu produzieren, dann sollten Sie die Funktion PFADE NACHZIEHEN verwenden. Dabei ist ein interessanter Dialog abzuarbeiten, der zahlreiche Möglichkeiten zur Interpretation des Pfades zur Verfügung stellt. Wie wäre es mit einem kleinen Workshop dazu?

Schritt für Schritt
Pfad mit einer Kontur versehen

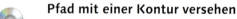

»Herz_fertig.xcf« im ERGEBNISSE-Ordner

Lassen Sie uns mit dem eingangs produzierten Herz arbeiten. Sollten Sie diesen Workshop nicht nachgearbeitet haben, steht für Sie die Datei »Herz_fertig.xcf« im ERGEBNISSE-Ordner zur Verfügung. Nachdem Sie die Datei geöffnet haben, sollten Sie den Pfad wie beschrieben aktivieren. – Die Hilfslinien benötigen Sie derzeit nicht. Löschen Sie sie über BILD • HILFSLINIEN • ALLE HILFSLINIEN ENTFERNEN.

1 Pfad nachziehen

Nun gibt es wieder mehrere Möglichkeiten. Entweder klicken Sie mit rechts auf die Pfadebene (Register: PFADE), gefolgt von PFAD NACHZIEHEN, oder Sie betätigen den zweiten Button von rechts in der Fußleiste des Registers PFADE.

2 Nachziehstil festlegen

▲ Abbildung 12.21
Mit dieser Schaltfläche erzeugen Sie eine Kontur entlang des Pfads.

Bei Festlegung des Nachziehstils stehen zunächst einmal zwei Optionen zur Verfügung: NACHZIEHEN und MIT HILFE EINES MALWERKZEUGS NACHZIEHEN. Entscheiden Sie sich in diesem Beispiel für den oberen der beiden Radio-Buttons ❶. Legen Sie die LINIENBREITE ❹ zudem mit 10,0 px fest. Bitte verlassen Sie den Dialog noch nicht!

318

Objekte aus Pfaden erzeugen   **12.3**

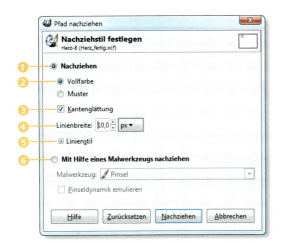

Pfad nachziehen

Sofern das Pfad-Werkzeug aktiv ist, findet sich auch ein gleichnamiger Button im unteren Bereich des Werkzeugkastens.

◀ **Abbildung 12.22**
Mit Vergrößerung der Linienbreite wird die Kontur natürlich breiter.

3   Linienstil einstellen

Da wir die Linie nicht mit einem Muster, sondern mit Farbe füllen wollen, sollte jetzt der oberste der beiden folgenden Radio-Buttons, VOLLFARBE ❷, aktiv bleiben. Nun sollten Sie der Zeile LINIENSTIL ❺ noch Aufmerksamkeit schenken. Betätigen Sie daher das vorangestellte Plus-Symbol. Öffnen Sie die Liste VORDEFINIERTER STRICH, und entscheiden Sie sich hier für LANGE STRICHE.

Mit Hilfe eines Malwerkzeugs nachziehen

Wenn Sie diese Option ❻ aktivieren, können Sie gleich unterhalb ein Werkzeug bestimmen. Entsprechend sieht auch das Ergebnis aus. So sorgt beispielsweise die SPRÜHPISTOLE für sehr viel weichere Übergänge als der STIFT. Grundsätzlich werden die derzeit gültigen Einstellungen des gewählten Werkzeugs auch bei Erstellung der Kontur berücksichtigt.

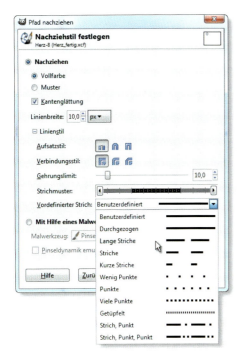

◀ **Abbildung 12.23**
GIMP wartet mit zahlreichen Strichmustern auf.

319

12 Pfade

4 Farbe einstellen

Lassen Sie den Dialog noch immer geöffnet. Spätestens jetzt sollten Sie die Farbe definieren, mit der die Kontur gefüllt werden soll. Dazu müssen Sie die Vordergrundfarbe im Werkzeugkasten entsprechend umstellen. Wie wäre es mit einem kräftigen Rot?

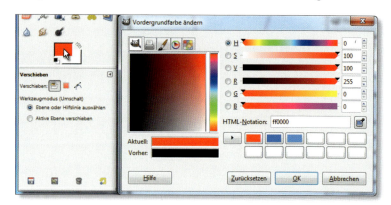

Abbildung 12.24 ▶
Solange der Dialog PFAD NACHZIEHEN noch geöffnet ist, lässt sich auch die Vordergrundfarbe noch ändern.

5 Pfad füllen

Nachdem Sie mit OK bestätigt haben, dürfen Sie auch den Pfad-Dialog verlassen, indem Sie auf NACHZIEHEN klicken. Nun sehen Sie zunächst die gefüllte Kontur sowie den Pfad. Diesen können Sie jetzt allerdings wieder über das Augen-Symbol der Pfade-Palette deaktivieren. Sollte der Pfad anschließend noch immer sichtbar sein, wechseln Sie das Werkzeug. – Bitte speichern Sie die Datei nicht ab, zumindest nicht unter dem gleichen Namen. Die Ausgangsdatei benötigen Sie nämlich im folgenden Workshop noch.

Abbildung 12.25 ▶
Das Ergebnis mit (links) und ohne den Pfad (rechts)

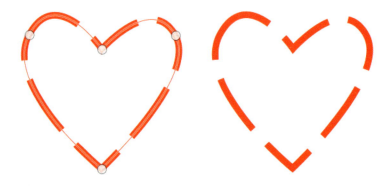

320

Linienstile in der Übersicht

Da die einzelnen Steuerelemente für den Linienstil ❺ im vorangegangenen Workshop etwas zu kurz gekommen sind, wollen wir uns diese jetzt noch einmal ein wenig genauer anschauen.

- AUFSATZSTIL: Bestimmen Sie, wie geöffnete Pfade an den Enden aussehen sollen. Benutzen Sie dazu einen der drei zur Verfügung stehenden Buttons STUMPF, RUND, QUADRATISCH. Wichtig: Die weiße Linie in den Symbolschaltflächen repräsentiert den Pfad, während die blauen Bereiche die zu erzeugende Kontur widerspiegeln.
- VERBINDUNGSSTIL: Der VERBINDUNGSSTIL legt fest, wie Richtungsänderungen implementiert werden. (Beachten Sie dazu bitte auch die Hinweise zum vorangegangenen AUFSATZSTIL).
- GEHRUNGSLIMIT: Legen Sie fest, ob ein Winkel spitz oder stumpf dargestellt werden soll. Je höher der Wert, desto stumpfer der Winkel.

◀ **Abbildung 12.26**
Rechts ist das Gehrungslimit stark erhöht worden.

- STRICHMUSTER: Die schwarzen, weißen und grauen Segmente repräsentieren, wie sich das Muster darstellen wird. Dieses können Sie mit Hilfe der beiden Pfeiltasten links und rechts auf dem Pfad verschieben.
- VORDEFINIERTER STRICH: Hier werden verschiedene Linienführungen angeboten (z. B. mit und ohne Unterbrechung).

Wichtig ist in diesem Zusammenhang auch die KANTENGLÄTTUNG ❸ (siehe Abbildung 12.27). Setzen Sie hier ein Häkchen, werden runde Kanten geglättet, sprich: weicher dargestellt.

Flächen füllen

Nun wissen Sie, wie Sie Pfade erstellen und die Konturen mit Farbe füllen. Da darf natürlich das Füllen des Innenbereichs eines Pfades nicht fehlen. Dazu werden wir ein weiteres Mal unser bereits bekanntes Herz benutzen.

Mehrere Pfade füllen

Wenn Sie mehrere Pfade mit dem gleichen Nachziehstil zu füllen haben, müssen Sie nicht bei jedem Pfad den zuvor erwähnten Dialog durchlaufen. Um die Einstellungen auch für den nächsten Pfad zu übernehmen, betätigen Sie einfach den vorletzten Button in der Fußleiste der Pfade-Palette, während Sie ⇧ gedrückt halten. Dann werden die zuletzt eingestellten Parameter automatisch an das Pfadobjekt übergeben.

12 Pfade

Schritt für Schritt
Pfadobjekte füllen

»Herz_fertig.xcf« im Ordner ERGEBNISSE

Gefüllte Pfade sind vielseitig einsetzbar. In diesem Workshop ist es ein Herz, Sie können solche gefüllten Pfade aber auch gut als Basis für eigene Logos nutzen.

1 Datei vorbereiten

Nachdem Sie die Beispieldatei »Herz_fertig.xcf« geöffnet haben, sollten Sie auf das Register PFADE wechseln. Die Hilfslinien können Sie zudem über BILD • HILFSLINIEN • ALLE HILFSLINIEN ENTFERNEN dauerhaft verbannen.

Auswahl aus Pfad

Sofern das Pfad-Werkzeug aktiv ist, findet sich auch ein gleichnamiger Button im unteren Bereich des Werkzeugkastens. Dieser ist allerdings nur anwählbar, wenn auch der Pfad sichtbar und editierbar ist. Dazu wiederum ist ein vorheriger Doppelklick auf die Pfadminiatur vonnöten.

2 Auswahl erzeugen

Betätigen Sie jetzt das rote Quadrat in der Fußleiste der Pfade-Palette. Hiermit erreichen Sie, dass sich eine Auswahllinie entlang des Pfades bildet. Warum das so wichtig ist, erfahren Sie gleich.

Abbildung 12.27 ▶
Diese Schaltfläche erzeugt eine Auswahl, die dem Pfad entspricht.

»Herz_gefüllt.xcf« im ERGEBNISSE-Ordner

3 Neue Ebene erzeugen

Dieser Schritt ist nicht unbedingt erforderlich, ist aber immer dann sinnvoll, wenn Sie das zu erzeugende Objekt später noch bewegen oder vielleicht sogar vervielfältigen wollen. Erzeugen Sie eine neue Ebene über EBENE • NEUE EBENE. Im Folgedialog entscheiden Sie sich für die EBENENFÜLLART TRANSPARENZ und bestätigen mit OK.

4 Mit Farbe füllen

Nun kommt es zur eigentlichen Färbung des Auswahlbereichs. Dies gelingt über BEARBEITEN • MIT VORDERGRUNDFARBE FÜLLEN. Hätten Sie zuvor keine Auswahl erzeugt, wäre jetzt der gesamte Bildbereich mit Farbe gefüllt worden und nicht nur der ausgewählte. Deshalb war der Schritt »Auswahl erzeugen« so wichtig. Heben Sie die Auswahl anschließend wieder auf (AUSWAHL • NICHTS). Die fertige Datei finden Sie als »Herz_gefüllt.xcf« im ERGEBNISSE-Ordner.

▲ **Abbildung 12.28**
Da sich das Herz nun auf einer separaten Ebene befindet, können Sie es beliebig anordnen und, falls gewünscht, auch duplizieren. Das ginge ohne separate Ebene nicht.

12.4 Pfade in anderen Dateien nutzen

Pfade bleiben Bestandteil einer GIMP-Datei. Wenn Sie Ihr Dokument also als *XCF* speichern, können Sie jederzeit auf den Pfad zurückgreifen. Dazu müssen Sie ihn lediglich in der Palette PFADE aktivieren. Mitunter soll ein Pfad aber auch in anderen Dokumenten zur Verfügung gestellt werden.

Pfade exportieren

Für aufwendig erstellte oder immer wieder verwendete Pfade, empfiehlt es sich sogar, den Pfad als eigenständiges Dokument zu exportieren. Das Exportieren gelingt mittels Rechtsklick auf die Pfadebene, gefolgt von PFAD EXPORTIEREN. Im Folgedialog stehen nun die Optionen AKTIVEN PFAD EXPORTIEREN und ALLE PFADE DIESES BILDES EXPORTIEREN zur Verfügung.

Bei der zuerst genannten Variante wird nur der Pfad exportiert, den Sie zuvor mit rechts angewählt haben. Sie sollten ein *SVG*-Dokument erzeugen, indem Sie manuell die Dateiendung *.svg* ❶ anhängen. Wenn Sie keine Dateiendung hinzufügen, kann das Dokument zwar später dennoch in GIMP geöffnet werden (siehe folgenden Abschnitt). Allerdings kann es in anderen Applikationen nicht genutzt und über GIMPs Öffnen-Dialog nicht mehr gefunden werden.

SVG

SVG steht für *Scalable Vector Graphics*, also für skalierbare Vektorgrafiken. Derart angelegte Dateien lassen sich in der Größe ohne Qualitätsverluste verändern. Zudem ist die Kompatibilität mit Illustrationsprogrammen, wie z. B. Adobe Illustrator, gegeben. Das auf XML basierende Format bleibt damit editierbar.

12 Pfade

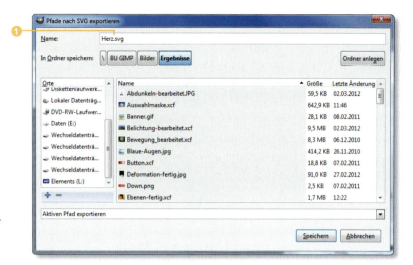

Abbildung 12.29 ▶
Sie haben die Wahl, ob Sie nur den gerade aktiven oder alle Pfade eines Dokuments exportieren wollen.

Importierte Pfade zusammenfügen
Diese Checkbox ist nur dann relevant, wenn Sie ein aus mehreren Pfaden bestehendes *SVG*-Dokument einfügen wollen. Wenn Sie aus allen zu dieser Datei gehörenden Pfaden einen einzigen machen wollen, müssen Sie die Checkbox aktivieren. Lassen Sie das Häkchen weg, bleiben die einzelnen Pfadebenen erhalten.

Pfade importieren

Benötigen Sie den zuvor als *SVG* exportierten Pfad nun in einem anderen Dokument, lässt dieser sich mit dem Öffnen-Dialog des Datei-Menüs öffnen oder einer vorhandenen Datei hinzufügen. Es reicht sogar, wenn Sie die *SVG*-Datei per Drag & Drop auf ein Bilddokument oder auf einen freien Bereich der GIMP-Arbeitsfläche ziehen. In beiden Fällen öffnet sich ein Dialog, über den Sie nun festlegen können, wie groß die Pfaddatei sein soll. Doch Vorsicht! Wenn Sie die Checkbox PFADE IMPORTIEREN nicht explizit anwählen, wird die Vektorgrafik gerendert (also in eine Pixelgrafik konvertiert)! Das kostet unweigerlich die Editierbarkeit des Pfades und sollte durch Anwahl des Häkchens zumindest dann umgangen werden, wenn davon auszugehen ist, dass der Pfad noch angepasst werden muss.

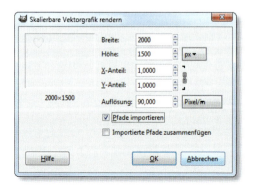

Abbildung 12.30 ▶
Jetzt wird der Pfad auch als Pfad und nicht etwa als Pixelgrafik hinzugefügt.

324

Text
Produktion und Gestaltung von Schrift

- Wie erzeuge ich Texte?
- Wie formatiere und ändere ich Text?
- Wie lässt sich Text auf einem Pfad platzieren und bearbeiten?
- Wie versehe ich Text mit Effekten?
- Wie fülle ich einen Text mit einem Foto?

13 Text

Text ist auch in der Bildbearbeitung ein mitunter nicht zu verachtendes Gestaltungsmittel. Allerdings sind dem GIMP-Anwender bei der Erzeugung von Text Grenzen gesetzt. Das gleicht sich jedoch wieder dadurch aus, dass die Anwendung mit zahllosen schnell anwendbaren Effekten aufwartet, mit denen sich in Nullkommanichts verblüffende Resultate erzielen lassen.

13.1 Text-Grundlagen

Texte sind nicht nur geeignet, um seinen Namen auf Digitalfotos zu verewigen und diese dadurch vor Raubkopierern zu schützen. Viel mehr gelten Texte auch als Gestaltungselemente und werden unter anderem in Bildkompositionen gerne eingesetzt. Texte innerhalb von GIMP haben aber noch zwei weitere löbliche Merkmale: Zum einen wird bei ihrer Erstellung automatisch eine neue Ebene (Textebene) erzeugt. Dadurch bleibt das Geschriebene auf dem Bild dauerhaft und separat von allen weiteren Ebenen editierbar. Zum anderen kann ein Text aber auch in einen Pfad konvertiert werden, was bei der Gestaltung noch mehr Individualität ermöglicht.

Schriften-Palette

Wenn Sie sämtliche zur Verfügung stehenden Schriften lieber in einem separaten Dialogfenster sehen möchten, können Sie das mit Hilfe von FENSTER • ANDOCKBARE DIALOGE • SCHRIFTEN realisieren.

Das Textwerkzeug

Nachdem Sie das Textwerkzeug T aktiviert haben, ändert sich die untere Hälfte des Werkzeugkastens entsprechend, und Sie können die gewünschten Voreinstellungen vornehmen. Bestimmen Sie unter ❶ zunächst, welche Schrift Sie benutzen wollen.

Im nebenstehenden Eingabefeld ❷ dürfen Sie zur Suche auch gerne den Namen der Schrift eintragen. Da dieses Feld kontextsensitiv reagiert, werden die potentiellen Ergebnisse während der Eingabe fortlaufend aktualisiert. Die GRÖSSE ❸ der Schrift lässt sich in der zweiten Zeile festlegen, ebenso die Maßeinheit ❹ (standardmäßig in Pixel = PX).

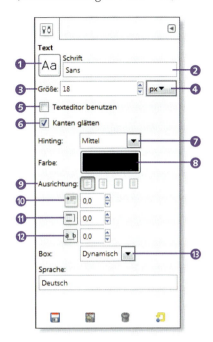

◀ **Abbildung 13.1**
Die Einstelloptionen des Text-Tools

Texteingabe mit und ohne Editor

In älteren GIMP-Versionen war der Gang über den Texteditor unumgänglich. Sobald Sie bei aktiviertem Textwerkzeug auf das Bild geklickt hatten, öffnete sich ein Fenster, das für die Eingabe bereitstand. Mittlerweile lässt sich der Text direkt in das Bilddokument schreiben. Dazu reicht ein Mausklick oder das vorherige Aufziehen eines Textrahmens mit gedrückter linker Maustaste.

Kanten glätten ❻
Sofern dieses Kontrollkästchen aktiviert ist, werden raue, *pixelige* Kanten oder Treppchenbildungen (meist entlang von kurvigen Textelementen) automatisch ein wenig mehr abgerundet. Dadurch erscheint die Schrift weicher und sauberer.

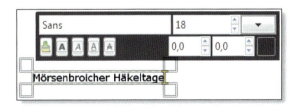

▲ **Abbildung 13.2**
Nach Klick auf das Bilddokument (hier zur besseren Ansicht mit weißer Fläche) können Sie gleich mit der Eingabe beginnen.

13 Text

Hinting ❼
Hinting beeinflusst die Ränder der Buchstaben. Bei besonders kleinen Schriften wird dadurch das Schriftbild verbessert.

Wer sich jedoch vom Texteditor auch in Version 2.8 nicht trennen möchte, der aktiviert vor dem Klick auf das Bild die Checkbox ❺ und arbeitet wie bisher mit dem Editor.

▲ **Abbildung 13.3**
Der GIMP-Texteditor ist auch in Version 2.8 noch vorhanden – muss aber im Werkzeugkasten explizit angewählt werden.

Weitere Funktionen
Mit dem Steuerelement ❿ bestimmen Sie, wie weit der Text vom linken Rand des Textfeldes aus nach rechts verschoben werden soll. Mit ⓫ legen Sie den ZEILENABSTAND fest, und mit ⓬ verändern Sie die Zwischenräume zwischen den Buchstaben (ZEICHENABSTAND). Box ⓭ letztendlich können Sie auf FEST oder DYNAMISCH einstellen. Letzteres passt die Größe des Textfeldes automatisch an den Inhalt an, während fixierte Textfelder möglicherweise nicht mehr ihren gesamten Inhalt präsentieren können, da ihre Größe auch bei zu viel Text nicht mehr angepasst wird.

Zuletzt ist noch erwähnenswert, dass sich die Textfarbe über zwei Wege beeinflussen lässt. Entweder ändern Sie die Vordergrundfarbe (dieselbe Farbe wird dann auch für den Text verwendet), oder Sie klicken auf die Farbfläche im Werkzeugkasten ❽.

Die unterhalb des Farbfeldes befindlichen Steuerelemente sind überwiegend bei mehrzeiligem Text von Bedeutung. Legen Sie unter ❾ fest, ob der Text linksbündig, rechtsbündig, zentriert oder im Blocksatz (von links nach rechts) abgebildet werden soll.

▲ **Abbildung 13.4**
Hier sehen Sie die vier Ausrichtungsmöglichkeiten.

Ein Textfeld skalieren

Durch Ihre Arbeit mit Objekten und Transformationen sind Sie es sicher gewöhnt, dass Objekte ihre Größe verändern, wenn Sie an den Anfassern ziehen. Bei Textfeldern ist das anders. Ziehen Sie an einem der vier Eckpunkte, skalieren Sie damit lediglich das Textfeld selbst, nicht jedoch die darin befindliche Schrift.

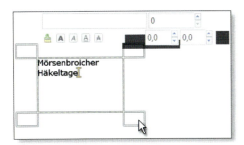

◄ **Abbildung 13.5**
Ziehen Sie mit gedrückter Maustaste eine der Geraden oder einen der Eckanfasser in Form (hier: unten rechts), verändert sich die Textfeldgröße. Dies kann Auswirkungen auf den Zeilenumbruch haben, nicht jedoch auf die Textgröße.

Text nachträglich formatieren

Nun kommt es vor, dass Text oder einzelne Elemente dessen in der Größe, im Schriftschnitt, in der Farbe oder Ähnlichem noch angepasst werden müssen. Dabei ist der Text zuvor zu markieren. Das erreichen Sie beispielsweise mit einem Doppelklick (ein Wort markieren) oder mittels Dreifachklick (ganzen Satz markieren). Die Alternative – die sich vor allem dann anbietet, wenn der Text über mehrere Absätze geht – ist das Überfahren des Textes mit gedrückter Maustaste. Damit lassen sich auch einzelne Zeichen markieren. Nach der Markierung ist nichts weiter zu tun, als die oberhalb des Textes befindlichen Steuerelemente zu betätigen.

Nachträgliche Editierung

Wenn Text markiert ist und die Einstellungen im Werkzeugkasten geändert werden, hat dies keinerlei Auswirkungen auf den bereits geschriebenen Text, sondern nur auf noch zu erzeugende Texte.

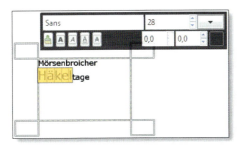

◄ **Abbildung 13.6**
Die Änderungen wirken sich nur auf die zuvor markierten Bereiche aus (hier: »Häkel«).

Wissenswertes zur Verwendung von Schriften

Es macht wirklich Spaß, mit den unterschiedlichen Schriften zu arbeiten. Bedenken Sie allerdings bitte eines: Eine Schrift kann immer nur dann korrekt angezeigt werden, wenn der Originalschriftsatz auch auf dem Zielrechner zur Verfügung steht. Nun

13 Text

> **Textordner**
>
> Auf Ihrem Rechner gibt es einen Ordner, der sämtliche installierte Schriften enthält. Unter Windows finden Sie die Schriften in C:\WINDOWS\FONTS, während Mac-Anwender unter MAC\LIBRARY\FONTS fündig werden.

wird Ihnen das zunächst einmal keine Probleme bereiten, da Sie ja nur die Schriften Ihres eigenen Rechners verwenden. Wenn Sie allerdings eine Bilddatei mit Textebene weitergeben, kann es passieren, dass diese Schrift beim Empfänger nicht korrekt angezeigt wird, da sie auf dessen Rechner gar nicht installiert ist.

Text konvertieren

Deswegen kann es besser sein, die Schrift vorab zu konvertieren. Klicken Sie dazu mit rechts auf eine Textebene (innerhalb der Ebenen-Palette), und entscheiden Sie sich im Kontextmenü für TEXTINFORMATIONEN VERWERFEN. Dadurch wird allerdings die Editierbarkeit des Textes aufgehoben. Der Text kann fortan mit dem Textwerkzeug nicht mehr bearbeitet werden – aus ihm ist eine Pixelebene entstanden. Das ist zwar nicht immer wünschenswert, doch können Sie nun sicher sein, dass der Empfänger den Text auf jeden Fall korrekt zu sehen bekommt.

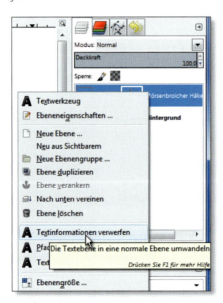

Abbildung 13.7 ▶
Jetzt kann der Text zwar nicht mehr geändert werden, jedoch wird die Ebene auf jeden Fall korrekt angezeigt – auch wenn der Empfänger die Schrift gar nicht installiert hat.

13.2 Text und Pfade

Mit Pfaden kennen Sie sich ja seit dem vorangegangenen Kapitel bestens aus. Aber eines haben Sie vielleicht noch nicht in Erfahrung gebracht: Pfade haben die Eigenschaft, dass man sie hervorragend mit Texten verbinden kann. Das eröffnet ganz besondere Gestaltungsmöglichkeiten.

Text am Pfad entlang

Erzeugen Sie eine neue Datei mit weißem Hintergrund (die Größe spielt keine Rolle), und lassen Sie mitten auf dem Dokument einen farbigen oder schwarzen Text entstehen (im Beispiel »KURVENVERHALTEN«). Danach schalten Sie um auf das Pfad-Werkzeug und erzeugen einen offenen, geschwungenen Pfad.

◀ **Abbildung 13.8**
Für dieses Beispiel benötigen Sie einen Text und einen Pfad.

Klicken Sie jetzt innerhalb der Ebenen-Palette mit rechts auf die Textebene, und selektieren Sie den Eintrag TEXT AM PFAD ENTLANG. Dadurch werden die Konturen der Schrift in Form einer Kopie am Pfad entlang angelegt (die Original-Textebene wurde dabei nicht angetastet). Die kleinen Punkte, die Sie sehen, sind Anfasser, mit denen sich der Pfad nachträglich ändern lässt; dazu kommen wir gleich. Vorab wollen wir jedoch eine Bestandsaufnahme machen. Wählen Sie irgendein anderes Werkzeug aus. Das hat zur Folge, dass die Konturen abgewählt werden und die Punkte verschwinden.

▲ **Abbildung 13.9**
Nach Anwahl des Befehls sind die Pfadpunkte sichtbar.

▲ **Abbildung 13.10**
Sobald Sie jedoch ein anderes Tool selektieren, verschwinden die Punkte.

13 Text

▲ Abbildung 13.11
Durch Anwahl der obersten Ebenenminiatur wird der Pfad auch im Bild markiert.

Nun wird es Sie interessieren, dass Sie den Pfad jederzeit wieder markieren können, indem Sie ihn mit dem Pfad-Werkzeug im Bearbeitungsmodus DESIGN bei gehaltener Taste [Strg] anwählen. (Die Alternative: Sie schalten im Werkzeugkasten um auf den Bearbeitungsmodus BEARBEITEN. Dann reicht ein ganz normaler Klick auf die Wortkontur.)

Bevor es weitergeht, sollten Sie noch einen Blick auf die Ebenen-Palette werfen. Die Textebene ist noch immer vorhanden. Sie können sie jetzt ausblenden. Wechseln Sie danach zum Dialog PFADE. Dort sind jetzt zwei Pfade auszumachen. Unten (UNBENANNT) ist der zuvor gezeichnete Pfad zu finden, der jetzt allerdings automatisch ausgeblendet wurde (siehe Auge-Symbol). Oberhalb existiert eine zweite Pfadebene, bei der es sich um die Textkontur handelt. Wenn Sie einen Doppelklick auf die Miniaturvorschau dieser Zeile setzen, aktivieren Sie den Pfad ebenfalls.

Pfad verändern

Verschieben rückgängig machen

GIMP speichert jede Bewegungsaktion als eigenständigen Schritt. Dadurch ist es jederzeit möglich, eine unbeabsichtigte Aktion am Pfad mit [Strg]+[Z] rückgängig zu machen.

Bei aktivierter oberster Pfadebene können Sie die einzelnen Punkte nun wunschgemäß verschieben. Dadurch wird aber immer nur der *eine* Punkt bewegt, den Sie gerade selektiert haben. Sie erzeugen damit also eine ganz neue Buchstaben-Form. Wollen Sie jedoch einen ganzen Buchstaben verschieben, dann halten Sie [Alt] gedrückt. Danach klicken Sie auf die Pfadkontur (oder einen Punkt) und verschieben den Buchstaben mit gedrückter Maustaste. Doch seien Sie vorsichtig bei Lettern, die aus mehreren Pfaden bestehen, wie z. B. beim »R«. Hier bleibt das Innenleben des Buchstabens beim Verschieben zurück.

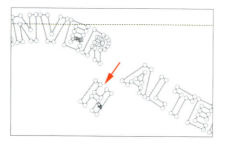

▲ Abbildung 13.12
Einzelne Pfadbereiche können unabhängig von allen anderen bewegt werden.

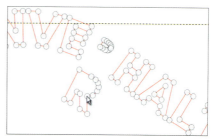

▲ Abbildung 13.13
Ooops! Da fehlt doch was!

Pfad und Pfadkontur füllen

Nun soll die Frage, was Sie denn nun letztendlich mit einem solchen Pfad anstellen können, nicht im Raum stehen bleiben. Sie können beispielsweise innerhalb der Pfade-Palette mit rechts auf die oberste Pfadebene klicken und im Kontextmenü PFAD NACHZIEHEN aussuchen. Das ermöglicht es Ihnen, den vorhandenen Pfad mit einer Farbe oder einem Muster zu füllen. (Alternativ wählen Sie den vorletzten Button in der Fußleiste der Pfade-Palette an.)

Beachten Sie, dass der Pfad trotzdem noch ausgewählt bleibt. Deaktivieren Sie die Pfadebene, bleiben im Bild nur noch die Konturen übrig. Übrigens sollten Sie für derartige Arbeiten vorab grundsätzlich eine neue Ebene innerhalb der Ebenen-Palette erzeugen.

Warum eine neue Ebene?

Wenn Sie eine separate Ebene erzeugen, wird die anschließende Färbung auf diese Ebene angewendet. Dadurch lässt sich der eingefärbte Bereich später unabhängig vom Rest des Bildes bewegen. Missachten Sie das, tragen Sie die Färbung, je nachdem, welche Ebene gerade aktiv ist, entweder auf dem weißen Hintergrund oder sogar auf der ursprünglichen Textebene auf.

◄ **Abbildung 13.14**
Erst jetzt ist die gefüllte Kontur erkennbar.

Alternativ dazu lassen sich statt der Konturen natürlich auch die Lettern selbst füllen. Hier ist jedoch noch ein Zwischenschritt nötig. Nach Anwahl der obersten Pfadebene müssen Sie nämlich noch den Button AUSWAHL AUS PFAD in der Fußleiste der Pfade-Palette aktivieren. Sobald Sie dann die blinkenden Auswahllinien sehen, sollten Sie in der Ebenen-Palette eine neue Ebene erzeugen und der Auswahl dann mit dem Fülleimer oder über BEARBEITEN • MIT VORDERGRUNDFARBE FÜLLEN die gewünschte Färbung verpassen.

◄ **Abbildung 13.15**
Statt der Kontur können Sie auch die Lettern selbst färben.

13 Text

13.3 Texteffekte

So ein Text in Kombination mit einem Pfad ist ja schon ganz ansehnlich. Aber da gibt es doch noch mehr. Es existieren nämlich noch zahllose Möglichkeiten, mit denen Sie Textebenen oder aus Pfaden bestehende Texte mit tollen Effekten versehen können. Und diese tollen Effekte sind meist nur wenige Mausklicks weit entfernt.

Logos erstellen

Beim Begriff »Logo erstellen« mag man assoziieren, dass sich damit lediglich Bildzeichen eines Unternehmens realisieren lassen. Damit ist der Begriff aber längst nicht vollständig erklärt, denn ein Logo kann durchaus auch ein Wortzeichen, kombiniert mit einer Grafik sein. Und genau für solche Aufgaben ist GIMP bestens gerüstet.

Schritt für Schritt
Einen Glow-Effekt erzeugen

Besonders spannend können Sie Textlogos umsetzen, wenn Sie einen der zahlreichen Effekte von GIMP einsetzen.

1 Dialog öffnen
Bei Erstellung von Logos haben Sie es wirklich einfach. Sie müssen vorab noch nicht einmal ein Dokument anlegen. Gehen Sie stattdessen gleich in das Menü DATEI, und entscheiden Sie sich dort für ERSTELLEN • LOGOS. Eine beeindruckende Liste, die dort auf Sie wartet, oder? Entscheiden Sie sich zunächst einmal für ALIEN-GLOW.

2 Text eingeben
Damit Sie den Effekt zunächst einmal kennenlernen, sollten Sie lediglich die erste Zeile verändern. Dort steht »ALIEN«. Geben Sie stattdessen in Versalien (= Großbuchstaben) »ZOOM« ein, und bestätigen Sie mit OK.

334

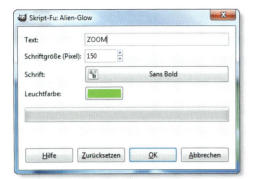

◀ **Abbildung 13.16**
Sie können den Effekt anwenden, ohne vorab eine Datei erzeugt zu haben.

Das ging ja schnell. Damit Sie nachvollziehen können, was denn nun im Einzelnen passiert ist, sollten Sie einen Blick auf die Ebenen-Palette werfen. Es ist ein komplett neues Dokument erzeugt worden, in dem sich ganz unten eine schwarze Ebene befindet, darüber eine stark weichgezeichnete Textebene in Grün sowie eine leicht erhaben wirkende schwarze Schrift ganz oben. Die einzelnen Ebenen könnten jetzt noch nach Wunsch nachbearbeiten und verschieben.

▲ **Abbildung 13.17**
Das ist das Ergebnis.

◀ **Abbildung 13.18**
Das Ergebnis besteht aus drei Ebenen.

3 Optional: Änderungen vornehmen

Sie können die Ebenen nun noch individuell weiterverarbeiten. Dazu ein Beispiel: Sollte Ihnen das Grün im Hintergrund nun doch nicht zusagen, stellen Sie im Werkzeugkasten zunächst die gewünschte Farbe als Vordergrundfarbe ein. Danach markieren Sie die mittlere Ebene in der Ebenen-Palette (ALIEN GLOW) und betätigen anschließend den Button ALPHAKANAL SPERREN. Anschließend wählen Sie BEARBEITEN • MIT VORDERGRUNDFARBE FÜLLEN. Ebenso ließe sich beispielsweise noch die DECKKRAFT der obersten

Ergebnis nicht skalieren!

Allen weiteren Ideen zum Trotz – von einer manuellen Skalierung der Ebenen oder der Leinwand sollten Sie absehen. Dadurch würde sich die Qualität erheblich verschlechtern. Erzeugen Sie in diesem Fall lieber eine neue Datei mit einer anderen SCHRIFTGRÖSSE. Dabei wird die Leinwandgröße nämlich automatisch erhöht, und die Qualität bleibt optimal. Einziger Nachteil: Die Berechnungszeit erhöht sich ebenfalls.

Ebene verringern (hier auf ca. 75 %), um Schrift und Glow-Effekt ein wenig mehr miteinander zu verschmelzen.

Abbildung 13.19 ▶
Mit diesem Klick sind transparente Bereiche der Ebene gegen jegliche Bearbeitung geschützt – auch gegen Farbauftrag.

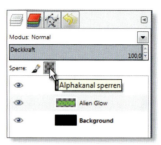

▲ **Abbildung 13.20**
Vor allem die Farbe spielt hier eine Rolle.

Abbildung 13.21 ▶
Einige Logo-Alternativen: 3D-Umriss, Chrom, Frostig, Geschnitzt, Kaltes Metall und Zerfressen

Texte mit »FX Foundry«

Hier ist noch eine sicherlich interessante Information für Sie: Sollten Sie die Plugin-Sammlung »FX Foundry« installiert haben (siehe Seite 366), wird das Menü Datei • Erstellen um den Eintrag FX-Foundry erweitert. In diesem Fall lässt sich dann sogar Schrift animieren. Des Weiteren können Sie dreidimensional wirkende Kugeln u. Ä. erzeugen und sogar weitere, vielleicht noch effektvollere Logos.

Abbildung 13.22 ▶
Die Effekte Chromium, Dracula, GlassEffect Text und Shrek Text stehen erst nach Installation des Plug-ins »FX Foundry« zur Verfügung.

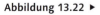

Text mit Filtern verwenden

Im Zusammenhang mit Texteffekten spielt auch das Menü FILTER eine besondere Rolle. Filter lassen sich auf so ziemlich jede Ebene anwenden, also auch auf Textebenen. Allerdings müssen Sie hier wieder ein wenig Vorarbeit leisten. Zunächst ist es nämlich erforderlich, dass Sie eine Textebene ins Leben rufen.

Schritt für Schritt
Einen Text mit Effekten versehen

Sie müssen sich nicht auf die vordefinierten Logoeffekte von GIMP beschränken. Das Menü FILTER bieten Ihnen weitere Möglichkeiten zur effektvollen Text- und Logogestaltung.

1 Datei erzeugen

Erstellen Sie zunächst eine neue leere Datei in der VORLAGE A4 (300PPI) ❶ im QUERFORMAT ❷, im RGB-FARBRAUM ❸ sowie mit WEISS ❹ als FÜLLUNG.

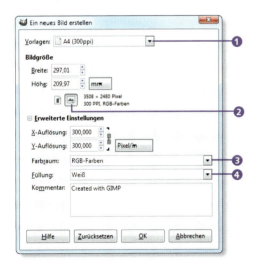

◀ Abbildung 13.23
Diesmal erzeugen wir eine qualitativ hochwertige Datei.

2 Textwerkzeug einstellen

Wählen Sie eine kräftige Vordergrundfarbe (z. B. Rot), und aktivieren Sie das Textwerkzeug, dessen Schrift fett und serifenlos sein sollte (im Beispiel ARIAL BOLD). Geben Sie die Größe mit 250 px an, und schreiben Sie einen kurzen Schriftzug Ihrer Wahl in Versalien

(= Großbuchstaben; hier: THE SHADOW). Zuletzt richten Sie den Text mit dem Verschieben-Werkzeug mittig auf der Leinwand aus.

▲ Abbildung 13.24
Der erste Schritt besteht darin, den Text zu erzeugen.

▲ Abbildung 13.25
Das sind die erforderlichen Textparameter.

Serifen

Als Serifen bezeichnet man die Zier-Abschlüsse der einzelnen Buchstaben an deren Enden. Typische Serifen-Schriften sind z. B. Times, Book oder Minion. Die Bezeichnung »Sans« (frz. für »ohne«) deutet grundsätzlich darauf hin, dass es sich um eine serifenlose Schrift handelt. Allerdings sind nicht alle serifenlosen Schriften mit »Sans« ausgewiesen. Arial, Verdana, Helvetica oder Myriad beispielsweise sind ebenfalls serifenlos, weisen sich jedoch nicht durch »Sans« aus.

Abbildung 13.26 ▶
Ein schräger Rand macht etwas her. Betrachten Sie die Auswirkungen einmal bei einer Darstellung von 100 %.

Abbildung 13.27 ▶
Der Rand des Textes sieht so schon wesentlich interessanter aus.

3 Rand abschrägen

Jetzt wollen wir dafür sorgen, dass die einzelnen Lettern ein wenig plastischer wirken. Entscheiden Sie sich daher für FILTER • DEKORATION • RAND ABSCHRÄGEN bei einer DICKE von etwa 25. Wenn Sie vor dem Klick auf OK noch die Checkbox MIT KOPIE ARBEITEN deaktivieren, können Sie mit der Originaldatei weiterarbeiten. Anderenfalls würde das Dokument kopiert.

4 Schatten hinzufügen

Zuletzt soll ein Schattenwurf hinzugefügt werden. Das erledigen Sie mit FILTER • LICHT UND SCHATTEN • SCHLAGSCHATTEN. Gehen Sie mit beiden VERSATZ-Steuerelementen sowie dem WEICHZEICHNENRADIUS auf jeweils 15. Die FARBE soll Schwarz bei einer DECKKRAFT von 80 % sein. Ob Sie zudem die GRÖSSENÄNDERUNG ZULASSEN oder nicht, spielt hier keine Rolle.

Größenänderung zulassen

Wenn Sie diese Funktion aktivieren, erreichen Sie damit eine Vergrößerung der Leinwand (=Arbeitsfläche), falls der Schatten dies erfordert. Das passiert in der Regel nur bei Schattenwürfen dicht am Bildrand und ist für unser Beispiel daher unerheblich.

◄ Abbildung 13.28
Hier wird noch ein Schlagschatten hinzugefügt.

5 Richtige Ebene wählen

Ich muss Ihnen etwas gestehen: Der WEICHZEICHNENRADIUS war mit 15 viel zu gering. Eigentlich hätte er viel weicher ausfallen sollen. Und die 80 % DECKKRAFT sind auch nicht gerade optimal. Wie konnte mir das nur passieren? Das versetzt mich aber in die glückliche Lage, Ihnen noch einen weiteren Effekt präsentieren zu können. (Da hab ich ja noch mal Dusel gehabt.) Bevor Sie aber Änderungen vornehmen, aktivieren Sie bitte unbedingt die Ebene DROP SHADOW innerhalb der Ebenen-Palette. Anderenfalls würden die folgenden Änderungen auf die Textebene übertragen.

▲ Abbildung 13.29
Die mittlere Ebene muss markiert werden.

6 Schatten weichzeichnen

Entscheiden Sie sich für FILTER • WEICHZEICHNEN • GAUSSSCHER WEICHZEICHNER. Verwenden Sie einen WEICHZEICHNENRADIUS von 30 (sowohl HORIZONTAL als auch VERTIKAL), und bestätigen Sie mit OK.

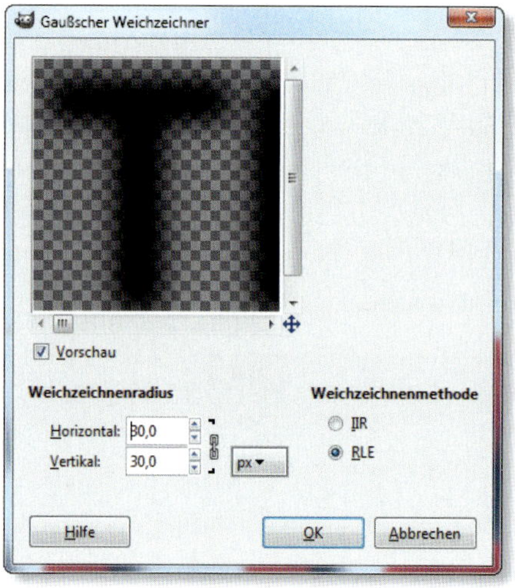

13 Text

Abbildung 13.30 ▶
Glücklicherweise lässt sich die Schattenebene auch nachträglich noch bearbeiten.

»The Shadow.xcf« im ERGEBNISSE-Ordner

7 Deckkraft reduzieren

Schauen Sie sich den DECKKRAFT-Regler der Ebenen-Palette bei aktivierter Schattenebene an. Sie sehen, dass er auf 80% steht. Das ist bei Anwendung des Weichzeichner-Dialogs passiert. Ich finde den Schatten aber noch zu kräftig. Sie auch? Dann ziehen Sie den Regler doch bis auf ca. 60% zurück.

Die fertige Datei finden Sie unter »The Shadow.xcf« im ERGEBNISSE-Ordner.

▲ **Abbildung 13.31**
60% DECKKRAFT sollten reichen.

▲ **Abbildung 13.32**
Betrachten Sie das Endergebnis am besten einmal bei 100%. Dann lassen sich die Effekte gut einschätzen.

Bild im Text

Die abschließende Technik zeigt, wie sich Texte mit einem Foto füllen lassen. Das sieht besonders interessant aus. Allerdings sollten Sie darauf achten, dass relevante Inhalte des Fotos dann auch innerhalb der Buchstaben zu sehen sind. Ansonsten kann man später vielleicht gar nicht mehr erkennen, was das Foto eigentlich zeigt.

Schritt für Schritt
Ein Foto in Lettern

In diesem Workshop füllen wir die Buchstaben eines Textes (hier »Water«) nicht mit einer Farbe, sondern einem Bild. Mit dem passenden Bild lässt sich so die Aussage eines Wortes unterstreichen.

»Tropfen.jpg«

1 Datei öffnen
Die Datei »Tropfen.jpg« ist geradezu prädestiniert dafür, in einen Schriftzug integriert zu werden. Öffnen Sie das Foto zunächst.

2 Neue Ebene erzeugen
Da weite Teile der Bildebene später verlorengehen, wollen wir uns bereits jetzt um einen Hintergrund kümmern. Erzeugen Sie eine neue Ebene (EBENE • NEUE EBENE), und stellen Sie die EBENEN-FÜLLART auf WEISS. Danach ziehen Sie die Ebene ganz nach unten. Sie soll sich unter dem Foto befinden.

▲ **Abbildung 13.33**
Diese schöne Aufnahme soll in einen Schriftzug »eingestanzt« werden.

3 Text erzeugen
Als Nächstes aktivieren Sie die Bildebene. Danach wählen Sie das Textwerkzeug aus und stellen eine ARIAL BOLD mit einer Größe von 300 px ein. Die Farbe spielt überhaupt keine Rolle. Schreiben Sie »WATER«. Falls erforderlich, verschieben Sie die Textebene anschließend mit dem Verschieben-Werkzeug, so dass sie in etwa mittig auf dem Foto liegt.

◀ **Abbildung 13.34**
Die neu hinzugekommene Ebene muss ganz nach unten.

13 Text

Abbildung 13.35 ▶
Der Text befindet sich jetzt oberhalb der Fotoebene.

»Tropfen-bearbeitet.xcf« im Ordner ERGEBNISSE

4 Auswahl erzeugen

Nun klicken Sie mit rechts auf die Textebene in der Ebenen-Palette und wählen im Kontext AUSWAHL AUS ALPHAKANAL. Danach dürfen Sie die Textebene wegwerfen. Es reicht aber auch, wenn Sie sie lediglich ausblenden.

5 Ebene maskieren

Aktivieren Sie abermals die Fotoebene, und entscheiden Sie sich für EBENENMASKE HINZUFÜGEN aus dem Kontextmenü (alternativ: EBENE • MASKE • EBENENMASKE HINZUFÜGEN). Unter EBENENMASKE INITIALISIEREN MIT aktivieren Sie den Radio-Button AUSWAHL. Schließen Sie die Aktion mit Klick auf HINZUFÜGEN ab. Heben Sie die Auswahl auf (AUSWAHL • NICHTS). Das Ergebnis ist mit »Tropfen-bearbeitet.xcf« betitelt.

▲ **Abbildung 13.36**
Die Ebene wird dadurch jenseits der Auswahl maskiert.

▲ **Abbildung 13.37**
Foto im Text

342

GIMP und das World Wide Web

Produzieren und optimieren für das Internet

- Wie bereite ich Fotos für das Internet vor?
- Wie gebe ich JPEG-Fotos und Web-Grafiken aus?
- Wie erstelle ich ein Schaltflächen-Set für meine Webseite?
- Wie erzeuge ich ein animiertes Banner?
- Wie optimiere ich GIF-Animationen?

14 GIMP und das World Wide Web

Web-Editoren

Inhalt dieses Kapitels ist die Erstellung von Web-Content sowie die Optimierung bestimmter Dateien. Wie eine Webseite zusammengestellt wird, beschreibe ich hier allerdings nicht, da Sie dazu HTML erlernen müssen und es hierzu viele spezialisierte Bücher am Markt gibt. Manche Provider, die Ihnen den Speicherplatz für Ihre Website vermieten, bieten Ihnen aber Web-Editoren bzw. HTML-Generatoren zum Teil kostenlos an. Wieder andere kann man im Internet kostenlos nutzen (zum Teil werbefinanziert) oder kaufen. Mac-Usern stellt sich das Problem nicht, da sie in der Regel iLife installiert haben. Dort ist iWeb, ein leistungsstarker Generator, bereits integriert.

Fotos von Digitalkameras sind in der Regel viel zu groß, als dass man sie gleich ins Internet stellen könnte. Deshalb sollten Sie Bilder vorab optimieren. Das gilt im Übrigen auch für Grafiken, Schaltflächen und animierte Banner. Was also im Einzelnen zu beachten ist, wenn Sie Content (= Inhalte) für Ihre Webseite mit GIMP herstellen, erfahren Sie in diesem Kapitel.

14.1 Fotos für das Web vorbereiten

Wenn Sie regelmäßig mit GIMP arbeiten und zudem vielleicht gern fotografieren, werden Sie mittlerweile einen ordentlichen Fundus gesammelt haben. Doch nicht jede Bilddatei ist geeignet, um unverändert ins Internet gestellt zu werden. Meist sind die Abmessungen und Dateigrößen viel zu mächtig. Große Fotos im Netz bedeuten auch lange Ladezeiten. Deswegen sollten Sie Ihre Fotos optimieren.

Bilder für das Web vorbereiten und ausgeben

Wenn Sie Fotos gerne im GIMP-Standard *XCF* speichern, ist das prinzipiell löblich. Immerhin unterstützt dieses Format Ebenen und speichert Ihre Arbeiten verlustfrei. Doch lässt sich das Format in Webbrowsern gewöhnlich nicht darstellen. Außerdem ist die Dateigröße enorm. Ein 7,5 Megapixel großes Foto nimmt als *XCF* im RGB-Modus rund 24 Megabyte Speicherplatz in Beschlag. Das gleiche Foto, bestehend aus vier Ebenen, verbraucht schon rund 100 MB. Außerdem gilt es, ein Format zu finden, das internettauglich ist.

Fotos für das Web vorbereiten **14.1**

Schritt für Schritt
Bildgröße für das Internet anpassen

Öffnen Sie »Webfoto.jpg«. Toller Schnappschuss, oder? Zwei Dinge müssen allerdings bemängelt werden: Das Foto ist zu groß und hat eine zu hohe Auflösung. Einziger Vorteil: Das Format *JPEG* ist für die Verwendung im World Wide Web bestens geeignet.

»Webfoto.jpg«

1 Größe ablesen
Stellen Sie das Foto in 100 % Größe dar, damit Sie einen verlässlichen Überblick über die tatsächliche Größe des Bildes am Monitor erhalten. Danach machen Sie sich mit den Abmessungen vertraut. Dazu gehen Sie auf Bild • Bild skalieren. Das Foto ist 1.473 Pixel breit und hat eine Auflösung von 180 Pixel pro Inch.

▲ **Abbildung 14.1**
Kleines Wesen ganz groß – leider ist aber auch die Datei ganz groß.

◄ **Abbildung 14.2**
Bildgrösse und Auflösung finden sich im Skalieren-Dialog.

2 Auflösung ändern
Ein Maß kann sogleich geändert werden, nämlich die Auflösung. 180 ppi sind für das World Wide Web viel zu viel. Deswegen stellen Sie um auf 72 Pixel/in.

Danach überlegen Sie, wie groß das Foto im Internet dargestellt werden soll. (Ein 17-Zoll-Monitor hat eine Breite von 1.024 Pixeln, bei 19 Zoll sind es 1.280.) Wir wollen hier auf eine Breite ❶ von 600 px heruntergehen. Verlassen Sie das Feld Breite nach der Eingabe mit ⇆, damit die Höhe ❷ (bei aktiviertem Schloss-Symbol ❸) automatisch angepasst werden kann. Am Ende schließen Sie die Aktion mit Klick auf Skalieren ab.

345

14 GIMP und das World Wide Web

▲ Abbildung 14.3
600 × 432 Pixel bei 72 ppi Auflösung reicht aus.

Bild zusammenfügen

Sollten Sie ein Foto verwenden, das aus mehreren Ebenen besteht, werden diese beim Export automatisch zusammengefügt. Der vielleicht noch aus GIMP 2.6 bekannte Hinweisdialog ist in 2.8 nicht mehr integriert.

Erweiterte Einstellungen

Die erweiterten Einstellungen sind etwas für *JPEG*-Profis. Hier sind Änderungen in der Regel nicht erforderlich. Einzig PROGRESSIV könnte bei großen Bildern noch interessant sein. Hierbei werden Teile des Fotos bereits während des Ladevorgangs angezeigt, was dem Besucher Ihrer Webseite suggeriert: »Hier tut sich was.« Die Funktion verliert jedoch durch immer schnelleres Internet mehr und mehr an Bedeutung.

Schritt für Schritt
Foto für das Internet ausgeben

Nachdem das Bild nun die richtige Größe und Auflösung bekommen hat, muss es noch im optimierten Format ausgegeben werden. Außerdem sollten Sie die Qualität noch anpassen.

1 Als JPEG ausgeben

Wählen Sie DATEI • EXPORTIEREN, und entscheiden Sie sich im Bereich DATEITYP: NACH ENDUNG für JPEG-BILD, ehe Sie auf EXPORTIEREN klicken.

2 Qualität einstellen

Zuletzt sollten Sie sich noch um den Regler QUALITÄT ❹ kümmern. Hier gilt grundsätzlich: Je höher die Qualität, desto besser logischerweise das Ergebnis, desto höher aber auch der Speicherplatzbedarf. Mit einer QUALITÄT von etwa 70–80 sind Sie meist sehr gut beraten. Selbst bei 40 oder 50 erhalten Sie mitunter noch recht akzeptable Ergebnisse. Aktivieren Sie vorab VORSCHAU IM BILDFENSTER ANZEIGEN ❻, damit Sie die voraussichtliche DATEIGRÖSSE ❺ angezeigt bekommen. Zuletzt betätigen Sie EXPORTIEREN.

Fotos für das Web vorbereiten **14.1**

◂ **Abbildung 14.4**
Qualität 80 sorgt für gute Resultate.

JPEG-Artefakte

Wenn die Qualität stark verringert wird, sieht man im Foto plötzlich Pixel-Muster. Dabei handelt es sich um die sogenannten *JPEG*-Artefakte. In diesem Fall sollten Sie die Qualität wieder erhöhen.

3 Ergebnisse vergleichen

Im Ergebnisse-Ordner finden Sie zwei *JPEG*-Dateien mit der Bezeichnung »Webfoto-« und der Qualitätsangabe (einmal »70« und einmal »40«). Hier können Sie zwei unterschiedliche Qualitätseinstellungen miteinander vergleichen. Die Dateigröße spricht hier eine sehr deutliche Sprache: Qualität 40 = 18,5 KB, Qualität 70 = 28,5 KB.

»Webfoto-40.jpg«, »Webfoto-70.jpg« im Ordner Ergebnisse

Fotos aus dem Web laden

Eines vorweg: Es ist nicht gestattet, sich im Internet nach Herzenslust zu bedienen und dem zu Recht verschmähten *Picture-Grabbing* (also dem unerlaubten Download fremder Bilder) zu frönen. Bei Nichtbeachtung verletzen Sie schnell geltende Urheber- und/oder Verwertungsrechte, was nicht selten vor Gericht

▴ **Abbildung 14.5**
Nur bei genauem Hinsehen fallen Qualitätsverluste beim 40er-Foto (links) im Gegensatz zum 70er- auf. In den hellen Bildbereichen kommt es zu sogenannten *JPEG*-Artefakten.

endet! Dennoch kann es vorkommen, dass Sie erlaubterweise das Foto eines Freundes oder vielleicht eins von Ihrer eigenen Website schnell herunterladen und bearbeiten wollen. Dazu müssen Sie die Internetadresse kennen, unter der das Foto gelistet ist. Danach gehen Sie auf DATEI • ADRESSE ÖFFNEN und geben die gewünschte Adresse ein, die üblicherweise mit »http://www.« beginnt. Zuletzt klicken Sie auf ÖFFNEN. Easy, oder?

14.2 Grafiken für das Web vorbereiten

Grafiken haben andere Anforderungen als Bilder, wenn es darum geht, sie für das Internet aufzubereiten. Oftmals müssen hier andere Speicherformate herhalten, da *JPEG* meist nicht die erhofften Resultate bringt.

Logos für das Internet

Sie haben eben erfahren, dass das Format *JPEG* für Fotos optimal ist. Für Grafiken allerdings, die im Allgemeinen aus Grundformen, Farbflächen und Ähnlichem bestehen, gilt das jedoch nicht. Hier ist das *GIF*-Format sehr viel besser. Zum einen erreichen Sie bei Grafiken wie Logos usw. wesentlich geringere Dateigrößen, zum anderen aber auch klar bessere Qualitäten.

Schritt für Schritt
Ein Logo ausgeben

»Logo.xcf«

Die Grafik »Logo.xcf«, die Sie in den Beispieldateien finden, ist zwar mit knapp 7 KB noch recht klein, wobei sich das GIMP-Format allerdings, wie Sie ja wissen, nicht für die Darstellung im Internet eignet. Deswegen wandeln wir es um.

▲ **Abbildung 14.6**
Die Grafik soll für das Internet optimiert werden.

1 Logo als GIF exportieren
Entscheiden Sie sich auch diesmal wieder für DATEI • EXPORTIEREN, und öffnen Sie die Liste DATEITYP: NACH ENDUNG. Entscheiden Sie sich für GIF-BILD, gefolgt von einem beherzten Klick auf EXPORTIEREN.

Grafiken für das Web vorbereiten **14.2**

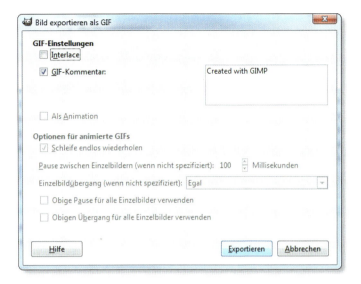

◀ **Abbildung 14.7**
Im GIF-Dialog gibt es nicht viel zu tun.

2 Optional: Logo als PNG exportieren

Sollten Sie kleine Schriften oder feine Linien innerhalb des Logos verwenden (z.B. bei Buttons), erreichen Sie mitunter bessere Ergebnisse, wenn Sie die Datei als *PNG* ausgeben. In diesem Fall müssen Sie im Export-Dialog natürlich PNG-BILD anstelle von GIF-BILD festlegen. Wenn Sie nicht sicher sind, geben Sie das Foto sowohl als *GIF* als auch als *PNG* aus und entscheiden danach optisch, welches Bild das geeignetere ist. Im konkreten Beispiel erhalten Sie in beiden Fällen gute Resultate, wobei das *PNG*-Bild mit knapp 1,5 KB noch etwas kleiner ausfällt als das *GIF* mit rund 2 KB. Aber schauen Sie sich in Abbildung 14.8 einmal an, was herauskäme, wenn Sie das Logo als *JPEG* ausgäben.

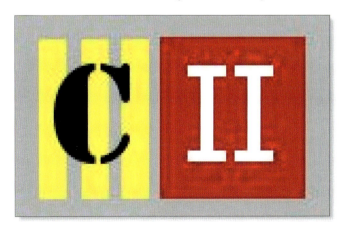

◀ **Abbildung 14.8**
Das geht ja wohl gar nicht. Also: Finger weg von *JPEG*!

349

14 GIMP und das World Wide Web

GIMP-Schaltflächen erzeugen

GIMP bietet eine rasch zum Ergebnis führende Option zur Erstellung von Schaltflächen für Ihre Webseite (die sogenannten Buttons). Dazu müssen Sie nur DATEI • ERSTELLEN • SCHALTFLÄCHEN anwählen. Die dahinter befindlichen Optionen sind EINFACH, ABGESCHRÄGT und RUNDER KNOPF. Dort haben Sie nichts weiter zu tun, als dem Button im obersten Eingabefeld des folgenden Dialogs den Namen zu geben, der später auf ihm erscheinen wird, und unterhalb festzulegen, mit welchen Eigenschaften der Button ausgestattet werden soll. Genau genommen *die* Buttons, denn Sie erhalten drei Dateien mit drei unterschiedlichen Zuständen (dazu gleich mehr). Das ist zumindest dann der Fall, wenn Sie die unteren drei Checkboxen (bei RUNDER KNOPF) aktiv lassen.

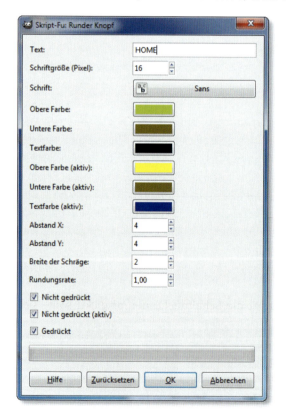

Abbildung 14.9 ▶
Der Dialog unterstützt Sie bei der Ausgestaltung der Schaltflächen.

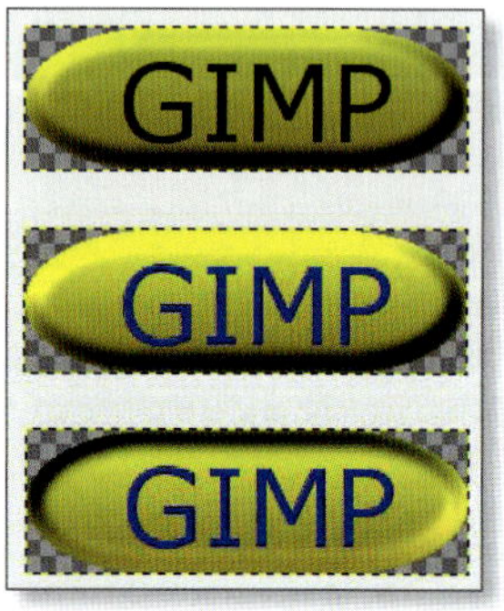

▲ **Abbildung 14.10**
Mit Hilfe des Dialogs werden in einem Arbeitsgang drei unterschiedliche Schaltflächen produziert.

Sobald Sie nun auf OK klicken, werden drei Dateien erzeugt, die Sie im Anschluss noch manuell exportieren müssen. Hier empfiehlt sich allen voran das Dateiformat *PNG*.

Bedenken Sie dabei bitte Folgendes: Sie können Schrift, Form und Farbe der Schaltflächen individuell anpassen. Jedoch werden Sie den Buttons damit niemals Ihren persönlichen Stempel aufdrücken können. Deswegen möchte ich Ihnen im folgenden Abschnitt eine zwar aufwendigere, aber dafür auch wesentlich individuellere Möglichkeit präsentieren.

Eigene Schaltflächen erzeugen

Wenn Sie Ihre eigene Website mit einem leistungsfähigen Webseiten-Generator erstellen, wird dieser sicherlich auch Vorlagen für Buttons zur Verfügung stellen. Leider haben diese Buttons jedoch die wenig löbliche Eigenschaft, über einen enorm hohen Wiedererkennungswert zu verfügen. Das gilt ja (zumindest teilweise) auch für die GIMP-Buttons. Deswegen werden Individualisten ihre ganz eigenen Schaltflächen bauen wollen.

Ein Button-Set ist eine Ansammlung von Schaltflächen für eine Web-Site. Dabei handelt es sich nicht nur um unterschiedliche Knöpfe zur Anwahl der verschiedenen Unterseiten (z. B. HOME, IMPRESSUM, SERVICE, ANGEBOTE, PREISLISTEN usw.), sondern auch die visuelle Darstellung unterschiedlicher Zustände.

Damit gemeint ist Folgendes:

▶ Eine unberührte Schaltfläche hat den Zustand *Out*. Stellen Sie die Maus darauf, sollte sich der Button leicht verändern. Damit symbolisieren Sie Ihrem Besucher, dass sich dahinter eine Funktion verbirgt – dass er diesen Bereich also mit der Maus bedienen kann.

▶ In diesem Moment nimmt die Schaltfläche den Zustand *Over* an.

▶ Wenn der Benutzer die Schaltfläche nun anklickt, sollte sich der Zustand *Down* einstellen.

Mitunter wird auch noch ein vierter Zustand hinzugefügt, der Buttons anzeigt, die bereits einmal bedient worden sind (*Visited*). Wir beschränken uns allerdings hier auf die drei zuerst genannten Zustände. Außerdem wollen wir nur einen Home-Button bauen. Und so geht's:

14 GIMP und das World Wide Web

Schritt für Schritt
Ein Button-Set erzeugen

In diesem Workshop geht es darum, einen Button für eine Website zu erstellen. Für diesen Button benötigen wir drei Zustände: normal (out), over und down.

1 Neue Datei erstellen

Erzeugen Sie eine neue Datei mit einer Größe von ca. 150 (B) × 90 (H) Pixel mit 72 ppi im Modus RGB und mit der FÜLLUNG WEISS. Danach erzeugen Sie eine neue, transparente Ebene, die Sie in der Ebenen-Palette mit »Out« betiteln.

▲ **Abbildung 14.11**
Das wird der neue Button.

2 Auswahl erzeugen

Ziehen Sie jetzt eine Auswahl auf, die kleiner ist als die Leinwand. Achten Sie auf die Maßangabe in der Fußleiste, und streben Sie eine Abmessung von etwa 90 × 35 an.

3 Fläche füllen

Stellen Sie die VORDERGRUNDFARBE auf ein kräftiges Rot ein (R = 185, G = 20, B = 20), und legen Sie anschließend für die HINTERGRUNDFARBE ein helleres Rot (R = 215, G = 80, B = 80) an. Danach aktivieren Sie das VERLAUFSWERKZEUG. Kontrollieren Sie, ob das Tool im Werkzeugkasten auf die FORM LINEAR eingestellt ist, und ziehen Sie im Bild mit gedrückter Maustaste eine Linie von ❶ nach ❷. Wenn Sie dabei [Strg] gedrückt halten, wird der Verlauf exakt waagerecht angeordnet.

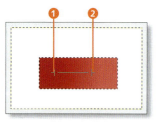

▲ **Abbildung 14.12**
Der Verlauf erfolgt von links nach rechts.

4 Rahmen hinzufügen

Jetzt benötigen wir noch einen kleinen Rahmen. Stellen Sie dazu die VORDERGRUNDFARBE auf ein mittleres Grau (R, G und B = 170), und aktivieren Sie die Ebene HINTERGRUND. Erzeugen Sie eine neue, transparente Ebene, die Sie RAND nennen.

Danach entscheiden Sie sich für BEARBEITEN • AUSWAHL NACHZIEHEN. Legen Sie im Dialog eine LINIENBREITE von 3,0 px in VOLLFARBE fest, und klicken Sie auf NACHZIEHEN. Danach dürfen Sie die Auswahl aufheben.

Grafiken für das Web vorbereiten **14.2**

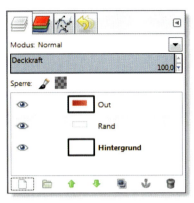

▲ **Abbildung 14.13**
Beim Nachziehen wird ein Rand entlang der vorhandenen Auswahl erzeugt.

▲ **Abbildung 14.14**
Zur Kontrolle: So sollte derzeit der Inhalt der Ebenen-Palette aussehen.

5 Over-Ebene erzeugen

Markieren Sie jetzt die Out-Ebene, und duplizieren Sie sie. Geben Sie ihr den Namen »Over«, und entscheiden Sie sich im Anschluss für Filter • Licht und Schatten • Lichteffekte. Links in der Vorschau werden Sie einen kleinen blauen Punkt ausfindig machen ❸. Ziehen Sie ihn mit gedrückter Maustaste an Position ❹. Danach schalten Sie um auf das Register Licht ❺ und stellen die Intensität ❻ auf 0,75. Verlassen Sie den Dialog mit OK.

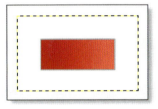

▲ **Abbildung 14.15**
Vergleichen Sie den aktuellen Zustand des Dokuments mit Ihrem Zwischenergebnis.

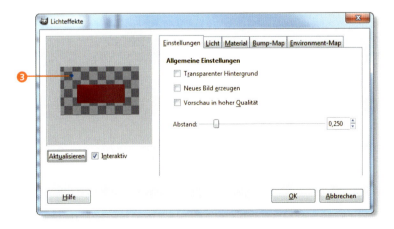

◄ **Abbildung 14.16**
Oben links ist ein Punkt zu finden, der das Zentrum des Lichteffekts darstellt.

14 GIMP und das World Wide Web

Abbildung 14.17 ▶
Ziehen Sie den Punkt nach rechts auf den Button.

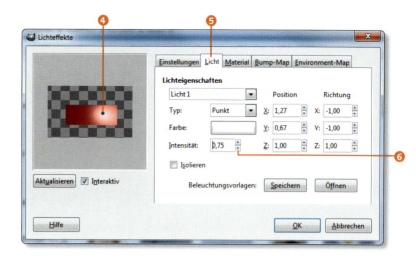

6 Text hinzufügen
Zuletzt benötigen Sie noch einen Text. Platzieren Sie die Bezeichnung der Schaltfläche (hier: HOME in Verdana, 18 px) ganz nach oben in der Ebenen-Palette.

7 Bild zuschneiden
Jetzt müssen Sie noch dafür sorgen, dass der weiße Rahmen verschwindet und das Bild zugeschnitten wird. Immerhin diente der Hintergrund nur der besseren Sichtbarkeit während der Montage.

Aktivieren Sie die Ebene HINTERGRUND, und löschen Sie sie. Markieren Sie die Ebene RAND – immerhin die größte Ebene, was die Inhalte betrifft. Denn jetzt können Sie mit BILD • AUTOMATISCH ZUSCHNEIDEN den kompletten Rand entfernen.

Damit ist die Vorarbeit erledigt. Was bei der Ausgabe zu beachten ist, erfahren Sie dann im nächsten Workshop.

▲ **Abbildung 14.18**
Sie nähern sich dem Ziel.

Automatisch zuschneiden

Beim automatischen Zuschneiden werden die Abmessungen der aktivierten Ebene zugrunde gelegt. Deswegen müssen Sie immer die flächenmäßig größte Ebene anwählen. Falls Sie hier eine andere Ebene aktivieren, wird der graue Rand mit abgeschnitten.

▲ **Abbildung 14.19**
Geschafft! So soll der Button am Ende aussehen.

Grafiken für das Web vorbereiten **14.2**

Schritt für Schritt
Das Button-Set ausgeben

»Button.xcf« im ERGEBNISSE-Ordner

Sie finden das Ergebnis des vorangegangenen Workshops im ERGEBNISSE-Ordner unter »Button.xcf«. (Nur für den Fall, dass Sie keine Lust hatten, den Button selbst zu erstellen.)

1 Ebenen deaktivieren
So, jetzt heißt es: Over and out. Nein, das ist noch nicht das Ende des Workshops. Vielmehr müssen Sie jetzt die Sichtbarkeit der Ebene OVER deaktivieren. Sie wissen ja: Ein Klick auf das vorangestellte Augen-Symbol, und die Ebene ist unsichtbar. Die Ebene OUT bleibt sichtbar, genauso wie die Text- und die Rahmen-Ebene.

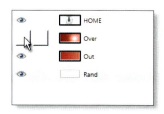

▲ **Abbildung 14.20**
So lässt sich die Sichtbarkeit einer Ebene unterdrücken.

2 Ersten Button exportieren
Kommen wir zur Ausgabe: Dazu wählen Sie nun DATEI • EXPORTIEREN. Wählen Sie das Format PNG, und speichern Sie das Bild unter dem Namen »Out.png« an einem Speicherort Ihrer Wahl. (Bitte nicht im ERGEBNISSE-Ordner! Dort gibt es bereits eine gleichlautende Datei.) Den Folgedialog, ALS PNG SPEICHERN können Sie getrost mit Klick auf EXPORTIEREN überspringen.

Sichtbare Ebenen vereinen

Sollten Sie noch mit einer Vorgängerversion von GIMP 2.8 arbeiten, erscheint ein zusätzlicher Dialog, der Sie darauf hinweist, dass *PNG* keine Ebenen unterstützt. In diesem Fall aktivieren Sie SICHTBARE EBENEN VEREINEN, gefolgt von EXPORTIEREN.

3 Zweiten und dritten Button exportieren
Aktivieren Sie jetzt noch die Ebene OVER, und exportieren Sie die Datei wie beschrieben als »Over.png«. Zuletzt deaktivieren Sie die Ebenen RAND und OVER und geben die Datei erneut aus. Diesmal vergeben Sie den Namen »Down.png«.

◂ **Abbildung 14.21**
Die Zustände von links nach rechts: Out, Over, Out, Down, Out.

4 Arbeitsdatei speichern
Vergessen Sie nicht, die eigentliche Arbeitsdatei ebenfalls zu speichern. Sie haben ja bislang nur die Buttons exportiert. Daher sollten Sie das Dokument selbst noch als *XCF* sichern. Anderenfalls haben Sie nach dem Schließen von GIMP keine Arbeitsdatei mehr, um die anderen Schaltflächen zu bauen.

Ein animiertes Banner erzeugen

Wer seine Website im Internet interessanter machen möchte, der kann auch Banner einsetzen und diese mit anderen Website-Betreibern tauschen. Doch ein statisches Banner ist langweilig. Bewegung muss her!

PSD-Dateien

PSD ist das hauseigene Format des Bildbearbeitungsklassikers »Adobe Photoshop« sowie von »Adobe Photoshop Elements«. GIMP kann derartige Dateien zwar öffnen, jedoch werden nicht alle Photoshop-Funktionen unterstützt. So kann es beispielsweise bei Schlagschatten zu Problemen kommen. Einstellungsebenen werden überhaupt nicht unterstützt und deshalb auch in GIMP nicht dargestellt.

Schritt für Schritt
Ein Banner animieren

In diesem Workshop soll ein fiktives Schminkprodukt beworben werden, nämlich eine höllisch dunkle Mascara mit dem klangvollen Namen »No Mercy«. Damit unser Banner mehr Aufsehen erregt als ein statisches Foto, soll der Produktname permanent ein- und wieder ausgeblendet werden.

1 Optional: Banner selbst erzeugen

Wenn Sie selbst ein Banner erzeugen wollen, sollten Sie sich an gängigen Abmessungen orientieren. Ein Vollbanner beispielsweise bekommt die Abmessungen 468 (B) × 60 (H) Pixel. Bei einem Halbbanner verringert sich die Breite um die Hälfte. Ein Drittelbanner besteht aus 156 × 60 Pixeln, wobei bei allen Bannergrößen 72 ppi anzusetzen sind.

2 Banner-Datei öffnen

In diesem Workshop haben Sie es leichter. Hier können Sie bereits auf eine fertige Banner-Datei zugreifen, die den Abmessungen eines Vollbanners entspricht (468 × 60). Öffnen Sie die ebenenbasierte Photoshop-Datei »No Mercy.psd«.

»No Mercy.psd«

Abbildung 14.22 ▶
Der Produkttitel dieses Banners soll animiert werden.

Model-Ebene: © Zdenka Micka – fotolia.com

3 Feste Ebenen vereinen

Prinzipiell verhält es sich bei ebenenbasierten Animationen in GIMP so, dass sämtliche Ebenen oberhalb der untersten an der Animation teilnehmen (dazu nach dem Workshop mehr). Die unterste Ebene indessen bleibt statisch, erfährt also keine Bewegung. Deswegen ist es erforderlich, jetzt alle Ebenen, die nicht animiert werden sollen, nach unten zu vereinen. Und so geht das am schnellsten:

Deaktivieren Sie die oberste Ebene (NOMERCY) mit Hilfe des vorangestellten Auge-Symbols, und klicken Sie anschließend mit rechts auf eine untergeordnete Ebene. Im Kontextmenü selektieren Sie den Eintrag SICHTBARE EBENEN VEREINEN. Den Folgedialog bestätigen Sie mit Klick auf VEREINEN, da es hier unerheblich ist, welche Funktion ausgewählt ist. Lediglich UNSICHTBARE EBENEN LÖSCHEN darf nicht aktiv sein.

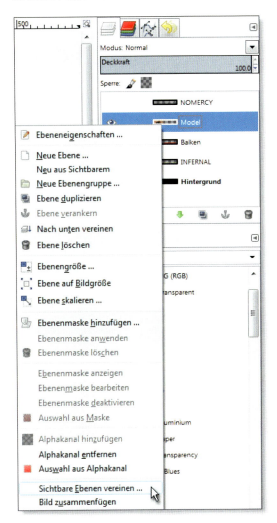

◀ Abbildung 14.23
Jetzt werden alle sichtbaren Ebenen zu einer verschmolzen.

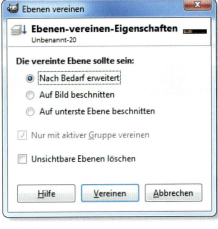

▲ Abbildung 14.24
Welcher Radio-Button aktiv ist, spielt keine Rolle.

14 GIMP und das World Wide Web

Warum eine leere Ebene?

Sie müssen GIMP oberhalb der untersten Ebene mindestens zwei mögliche Zustände anbieten. Erst dann kann zwischen den beiden (oder mehreren) Ebenen hin und her geschaltet und so die Animation erzeugt werden.

Abbildung 14.25 ▶
Die Animation kann jetzt zwischen der mittleren und der obersten Ebene stattfinden.

4 Neue Ebene erzeugen

Aktivieren Sie die oberste Ebene wieder (Auge-Symbol), und markieren Sie sie zusätzlich mittels Mausklick. Danach erzeugen Sie eine neue, leere Ebene gleich oberhalb. Die Ebene soll die gleichen Abmessungen bekommen wie das Banner, einen transparenten Hintergrund aufweisen und »Aus« heißen.

5 Animation erstmals abspielen

Spielen Sie die Animation jetzt einmal ab, indem Sie FILTER • ANIMATION • ANIMATION ABSPIELEN einstellen und im darauf folgenden Dialog WIEDERGABE betätigen. – Und? Was sagen Sie dazu? Ziemlich langweilig, oder? Schließen Sie das Fenster ANIMATION ABSPIELEN daher zunächst wieder.

Abbildung 14.26 ▶
Der Text wird viel zu schnell überblendet. So etwas will niemand sehen.

6 Zwischenbilder berechnen

Gehen Sie auf FILTER • ANIMATION • ÜBERBLENDEN, und entscheiden Sie sich im folgenden Dialogfenster für 5 ZWISCHENBILDER. Wenn Sie wollen, dass die Animation nicht nur ein einziges Mal, sondern permanent läuft, sorgen Sie dafür, dass SCHLEIFE angehakt ist, ehe Sie den OK-Button drücken.

358

◀ **Abbildung 14.27**
Mit dieser Einstellung veranlassen Sie, dass zwischen der Ebene NOMERCY und der leeren Ebene fünf Zwischenbilder eingefügt werden.

Sie werden jetzt feststellen, dass die Datei dupliziert worden ist. Will sagen: Das Dokument gibt es jetzt zweimal. Greifen Sie auf die neue Datei zu (sie steht aktuell vorn), und spielen Sie dort die Animation abermals ab (FILTER • ANIMATION • ANIMATION ABSPIELEN, gefolgt von WIEDERGABE). Das sieht doch schon viel geschmeidiger aus, finden Sie nicht auch? Werfen Sie auch einmal einen Blick auf die Ebenen-Palette des neuen Dokuments. Hier finden Sie jetzt für jedes soeben erzeugte Zwischenbild eine eigene Ebene.

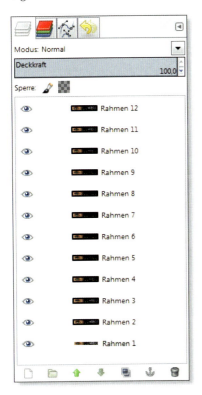

◀ **Abbildung 14.28**
Für jede Stufe der Überblendung existiert eine eigene Ebene.

359

14 GIMP und das World Wide Web

7 Datei optimieren

Sie haben es jetzt mit einer GIMP-Datei zu tun. Aber wie Sie wissen, ist diese ja für die Darstellung im Internet nicht geeignet. Deswegen müssen Sie sie nun noch in eine entsprechende Datei exportieren. Bevor wir das aber machen, sollten Sie die Datei noch optimieren, indem Sie FILTER • ANIMATION • OPTIMIEREN (FÜR GIF) wählen. Warum das wichtig ist, verrate ich Ihnen im Anschluss an diesen Workshop.

8 Animation exportieren

Durch die letzte Aktion ist die Arbeitsdatei jetzt abermals dupliziert worden. Arbeiten Sie mit der aktuellsten Datei weiter, und entscheiden Sie sich für DATEI • EXPORTIEREN. Wählen Sie den DATEITYP GIF-BILD aus. Benennen Sie das gute Stück wunschgemäß, und klicken Sie auf EXPORTIEREN. Natürlich *merkt* GIMP, dass es sich um eine ebenenbasierte Datei handelt, und stellt einen entsprechenden Dialog zur Verfügung. Aktivieren Sie hier unbedingt ALS ANIMATION, da ansonsten nur ein Einzelbild ausgegeben würde. Zusätzlich wählen Sie SCHLEIFE ENDLOS WIEDERHOLEN an. Mit Klick auf EXPORTIEREN schließen Sie die Aktion ab.

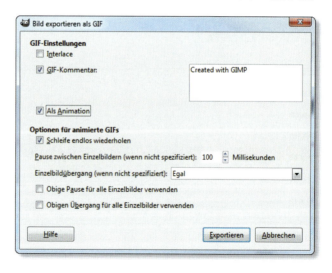

Abbildung 14.29 ▶
Erst durch diese Einstellung wird aus einem statischen GIF-Bild eine Animation.

9 Animation ansehen

Sie können sich das Ergebnis jetzt ansehen. Wenn Sie die ausgegebene Datei mit einem Doppelklick versehen, öffnet sich Ihr Standard-Browser (z. B. Internet Explorer, Safari oder Firefox), der die Animation dann präsentiert. (Das Resultat finden Sie unter dem Namen »Banner.gif« im ERGEBNISSE-Ordner.)

10 **Arbeitsdatei speichern**
Beachten Sie aber noch, dass die soeben erzeugte Arbeitsdatei (sowie die zweite, *GIF*-optimierte Datei) noch nicht gespeichert worden ist. Falls Sie später noch einmal Änderungen daran vornehmen wollen, holen Sie das Speichern nach, wobei Sie den hauseigenen Dateityp *XCF* verwenden. Ansonsten sind die Arbeitsdateien nach dem Schließen verloren.

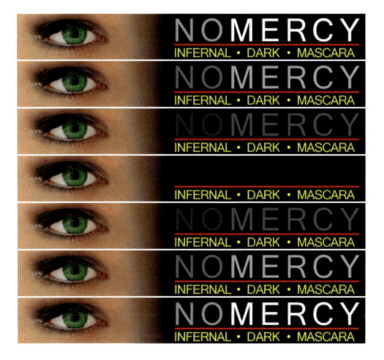

◀ **Abbildung 14.30**
Das Ein- und Ausblenden der Schrift läuft recht zügig ab.

Optimieren für GIF

Bei Arbeitsdateien mit zahlreichen Ebenen und großen, transparenten Flächen schwillt die Dateigröße beträchtlich an. Daher ist es sinnvoll, die Animation vor dem Speichern noch zu optimieren. Gehen Sie dazu auf FILTER • ANIMATION • OPTIMIEREN (FÜR GIF), wodurch die Ebenen stark beschnitten werden. Nach der Optimierung bleibt nämlich nur noch das übrig, was auf der Ebene gerade nicht transparent ist. Im vorangegangenen Beispiel sorgt

Hintergrund-Animationen

Nicht alle Animationen laufen nach dem Prinzip der übergeordneten Ebenen ab. Wollen Sie ein Banner beispielsweise mit der Animation FLATTERN oder WELLEN versehen, ist hier nur eine einzige Ebene einzusetzen oder eine aus mehreren Ebenen bestehende Datei vorab zusammenzufügen.

14 GIMP und das World Wide Web

Transparenter Hintergrund

Entscheiden Sie sich für diese Option, wenn Ihre Webseite mit einem Hintergrundbild ausgestattet ist. Dann bleiben die Pixel jenseits des Textes nämlich transparent.

das für eine Dateigröße des fertigen *GIF* von rund 28 KB. Hätten Sie die Animation nicht optimiert, wären es 145 KB geworden.

Weitere Web-Elemente erzeugen mit Skript-Fu

Wenn Sie weiteren Web-Content mit GIMP erzeugen wollen (z. B. Überschriften, Pfeile, Linien oder Muster-Buttons, um nur einige zu nennen), dürfen Sie sich auch gern der Skript-Fus bedienen, die sich hinter DATEI • ERSTELLEN • INTERNET-SEITEN-DESIGNS verstecken. Da die Dialoge prinzipiell selbsterklärend sind (und ich Sie mit diesen bereits im Text-Kapitel konfrontiert habe), möchte ich an dieser Stelle nur das Beispiel einer Überschrift aufzeigen.

Abbildung 14.31 ▶
Dieses Skript wird ausgeführt, wenn Sie DATEI • ERSTELLEN • INTERNET-SEITEN-DESIGNS • ABGESCHRÄGT, GEMUSTERT • ÜBERSCHRIFT selektieren.

Abbildung 14.32 ▶
Wenn TRANSPARENTER HINTERGRUND inaktiv bleibt, erhalten Sie dieses Ergebnis.

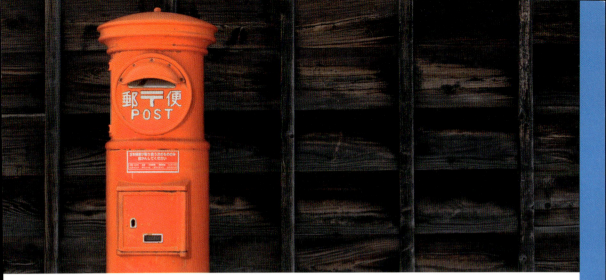

Anhang
Plug-ins und andere Hilfsmittel

- Wo finde ich Plug-ins in GIMP?
- Wo finde ich externe Plug-ins?
- Wie kann ich Skripte installieren?
- Lassen sich Skripte übersetzen?
- Was bietet mir die DVD zum Buch?

Anhang

Plug-ins

Plug-ins sind Erweiterungen, die den Nutzen Ihrer Bildbearbeitungssoftware beträchtlich erhöhen. Einige dieser Erweiterungen bringt GIMP von Hause aus bereits mit, andere müssen Sie manuell installieren. Bei Plug-ins handelt es sich um separate Anwendungen, die zwar aus GIMP heraus gestartet werden, aber dennoch losgelöst von GIMP laufen. So kann es auch durchaus einmal passieren, dass ein Plug-in »abstürzt«, während GIMP selbst noch ordnungsgemäß funktioniert.

Plugin-Browser

Wenn Sie sich zunächst einmal einen Überblick über alle derzeit in GIMP zur Verfügung stehenden Plug-ins machen wollen, können Sie dazu einen eigenständigen Dialog öffnen. Diesen finden Sie im Menü HILFE unter dem Eintrag PLUGIN-BROWSER.

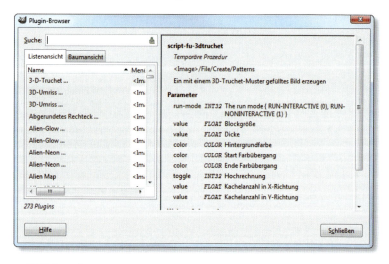

▲ Abbildung 1
Der Plugin-Browser verrät, welche Erweiterungen zur Verfügung stehen.

Vorinstallierte Plug-ins

In der LISTENANSICHT der linken Spalte werden Sie eine Fülle von Plug-ins finden, selbst dann, wenn Sie selbst noch gar kein Plug-in installiert haben. Das liegt daran, dass viele Routinen und nicht zuletzt auch die Filter in einem frühen Stadium der GIMP-Entwicklung lediglich als Plug-ins zur Verfügung standen. Das hat sich im Prinzip bis heute fortgesetzt.

Wenn Sie jetzt prüfen wollen, ob ein bestimmtes Plug-in bereits vorhanden ist, dann können Sie es über das Eingabefeld SUCHE ausfindig machen. Allerdings müssen Sie hier die englische Bezeichnung verwenden. Dazu ein Beispiel: Wenn Sie den Gaussschen Weichzeichner finden wollen, müssten Sie streng genommen »Gaussian Blur« eingeben. Da die Listenansicht allerdings sofort auf Ihre Eingaben reagiert und die Suchergebnisse kontextsensitiv aktualisiert werden, erhalten Sie bereits nach Eingabe von »gau« ein überschaubares Ergebnis. Hier stehen dann nur noch drei unterschiedliche Einträge zur Verfügung. In der Mitte befindet sich das gesuchte Plug-in. Markieren Sie es per Mausklick, können Sie weitere Informationen über den gesuchten Filter auf der rechten Seite des Dialogfensters ablesen.

Fenster anpassen

Der Mittelsteg zwischen beiden Fensterhälften lässt sich übrigens per Drag & Drop verschieben. Das ist immer dann sinnvoll, wenn Sie die weiteren Informationen zum Filter einsehen wollen.

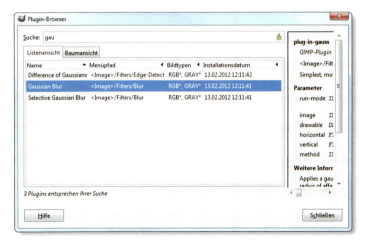

◄ Abbildung 2
Ziehen Sie den Steg nach rechts, um weitere Informationen einzusehen.

Externe Plug-ins

Hier ist zunächst einmal erhöhte Vorsicht geboten! Längst nicht alle Plug-ins sind so konzipiert, dass sie unter GIMP problemlos laufen. Sie sollten ausschließlich auf vertrauenswürdige Quel-

Anhang

len setzen – dies gilt für alle GIMP-Erweiterungen. Auf der Seite *http://registry.gimp.org/* finden Sie zahlreiche solcher Plug-ins und dazugehörige Informationen. Außerdem müssen Sie sich in der Regel nicht sorgen, wenn die Plug-ins renommierten Fachzeitschriften beiliegen. Das Gleiche gilt selbstverständlich für den Ordner PLUGINS UND SKRIPTE, den Sie auf der beiliegenden DVD finden. Grundsätzlich sollten Sie sich aber an die eventuell beiliegenden Installationsanweisungen halten.

Skripte

Scheme-Skripte

Seit der ersten Version ist Scheme die fest implementierte Skriptsprache von GIMP. Scheme-Skripte erlauben es, schnell und einfach Erweiterungen in GIMP einzupflegen und den Funktionsumfang der Software beinahe beliebig zu erweitern.

Plug-ins in GIMP sind, wie Sie gesehen haben, eine feine Sache. Mit Ihnen lässt sich der Funktionsumfang von GIMP deutlich steigern. Darüber hinaus gibt es aber auch die Möglichkeit, zahlreiche Skripte in GIMP einzubinden, mit denen sich tolle Effekte erzielen lassen. Solche Skripte (standardmäßig Scheme-Skripte) lassen erkennen Sie an der Dateiendung *.scm*.

Skripte installieren

Anders als das in Kapitel 11 vorgestellte Raw-Plugin UFRaw werden Skripte, die ebenso wie Plug-ins zur Erweiterung der Software dienen, nicht über eine ausführbare *.exe*-Datei installiert. Wie Sie GIMP mit derartigen Skripten ausstatten, wollen wir uns beispielhaft an »FX Foundry« ansehen.

Dokumentation

Eine Dokumentation zur Filtersammlung finden Sie weiter unten auf der Seite ❷. Leider ist diese (ebenso wie die Skripte) nur in Englisch verfügbar.

Dabei handelt es sich nicht um ein einziges, sondern um eine Sammlung von Skripten, die größtenteils sehr interessant sind. Auf der DVD zum Buch finden Sie diese Skript-Sammlung (Version 2.6.1, Stand April 2012), die Sie verwenden können. Es hat zwar seit Jahren keine Aktualisierung gegeben, dennoch ist zu empfehlen, von Zeit zu Zeit unter *http://gimpfx-foundry.sourceforge.net/* nachzusehen, ob dort nicht mittlerweile eine aktuellere Version vorliegt. In diesem Fall sollten Sie »FX Foundry« von der Webseite laden. Sie haben hier die Möglichkeit, den *ZIP*- oder den *TAR*-Download ❶ zu verwenden, je nachdem, mit welchem »Entpacker« Sie arbeiten (z. B. WinZip oder RAR).

Skripte

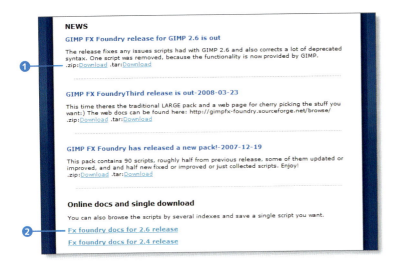

◄ **Abbildung 3**
An »FX Foundry« gelangen Sie schnell via Internet.

Nachdem die Dateien entpackt worden sind, müssen Sie sie lediglich noch in den Skript-Ordner Ihres Bildbearbeitungsprogramms legen. Den zuständigen Ordner finden Sie gewöhnlich hier [LAUFWERKSBUCHSTABE]/PROGRAMME/GIMP/GIMP.2.8/SHARE/GIMP/2.0/SCRIPTS

Anschließend müssen Sie GIMP neu starten, da Skripte nur beim Start der Anwendung abgefragt werden. Schauen Sie jetzt einmal in Ihre Menüleiste. Dort ist nun ein zusätzlicher Eintrag entstanden, nämlich FX-FOUNDRY. Öffnen Sie dieses Menü, und suchen Sie den Filter heraus, den Sie zuweisen wollen.

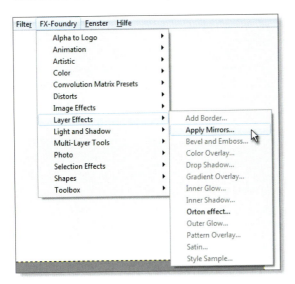

◄ **Abbildung 4**
Aktuell nicht zur Verfügung stehende Optionen werden ausgegraut dargestellt. (Hier handelt es sich beispielsweise um Ebeneneffekte. Da das Foto aber nur aus einer Ebene besteht, sind die meisten Begriffe nicht anwählbar.)

Anhang

Beispiele beeindruckender Skripte für GIMP

Die Auswahl an möglichen Skripten und Erweiterungen für GIMP ist riesig. Die nun in diesem Abschnitt vorgestellten Skripte sind ein Beispiel für die Fülle an Skripten und Plug-ins, die Sie unter *http://registry.gimp.org/* finden. Stöbern Sie ruhig dort einmal, es lohnt sich!

Pencil Drawing from Photo | Ein sehr schönes Beispiel für ein Skript, das für einen Wow-Effekt sorgt, ist zweifelsohne »Pencil Drawing from Photo«, das Sie auch auf der DVD zum Buch finden. Ist dieses Skript erst einmal in GIMP eingebunden, können Sie auch ohne großes Zeichentalent einfach per Mausklick tolle Zeichnungen aus Ihren Bildern zaubern. Nach der Installation finden Sie das Skript unter ATG • Trasforma • Pencil drawing.

▼ **Abbildung 5**
In Handumdrehen zaubern Sie aus einem Bild mit GIMP eine schöne Zeichnung.

Nicht auf der DVD

Das Watermark-Skript konnten wir leider nicht auf der Buch-DVD mitgeben. Sie können es aber ohne Probleme von *http://registry.gimp.org/node/6703* herunterladen.

Watermark | Gerade wenn man viel im Internet arbeitet und seine eigenen mit viel Liebe und Mühe bearbeiteten Fotos im World Wide Web präsentiert, ist es sehr ärgerlich, wenn man plötzlich auf einer anderen Website über Kopien dieser Bilder stolpert.

Auch wenn der Kopierschutz nicht ausdrücklich bei einer Grafik dabeisteht: Bilder unterliegen auch im Internet ausnahmslos dem Urheberrecht (so z. B. auch ein Screenshot). Um sich vor ungewolltem »Bilderklau« zu schützen, gibt es jedoch einen ganz einfachen Weg: Wasserzeichen. Mit dem Skript »Watermark« fügen Sie Ihren Bildern völlig unkompliziert ein Wasserzeichen hinzu. Nach der Installation finden Sie es unter Script-Fu • MyScript • Watermark.

◄ **Abbildung 6**
Bilderklau ist ärgerlich – ein einfaches Wasserzeichen, wie Sie es hier rechts in der Ecke sehen, bietet Schutz.

National Geographic | Der Dokumentationskanal »National Geographic« ist weltweit für seine beeindruckenden und ausdrucksstarken Bilder bekannt. Das gleichnamige Skript »National Geographic« imitiert den Look dieses Bilder perfekt. Sie finden es auf der Buch-DVD.

◄ **Abbildung 7**
Ausdrucksstark. Das Plug-in »National Geographic« imitiert den Look des gleichnamigen Dokumentationskanals perfekt.

Angewandt auf Porträts kommt die Wirkung des Plug-ins besonders gut zur Geltung. Versuchen Sie es selbst! Zu finden ist diese Funktion, wenn das Skript eingebunden ist in GIMP unter Filter • Allgemein • National Geographic.

Anhang

Skript übersetzen (Beispiel)

Leider sind bei den eingebunden Skripten sämtliche Begriffe in Englisch gehalten. Es ist allerdings möglich, die Dialoge zu übersetzen. Dazu müssen Sie allerdings jede Menge Zeit investieren.

Schritt für Schritt
Einen Begriff übersetzen

Dialoge bestehen ja zumeist aus mehreren Begriffen. Deswegen wäre es sinnvoll, auch gleich alle Bezeichnungen innerhalb eines Dialogfensters zu übersetzen. Für dieses Beispiel wollen wir uns jedoch mit einem einzelnen Begriff begnügen.

1 Dialog öffnen
Öffnen Sie zunächst ein beliebiges Foto. Danach weisen Sie den gewünschten Filter zu. Wir nehmen hier einmal FX-FOUNDRY • ARTISTIC • AQUAREL.

Abbildung 8 ▶
Leider spricht das Skript nur Englisch.

2 Dialog abbrechen
Beispielhaft wollen wir uns nur einen Begriff heraussuchen, und zwar »Accuracy«. Ich denke, er ließe sich am ehesten mit »Genauigkeit« übersetzen. So weit, so gut. Brechen Sie den Dialog ab, und schließen Sie GIMP.

3 Skript suchen
Begeben Sie sich jetzt wieder in den Skriptordner, und suchen Sie nach der Datei »melcher-aquarel.scm«. Meist finden Sie die Datei ganz schnell, indem Sie »aqua« in das Suchfenster eintragen.

Skripte

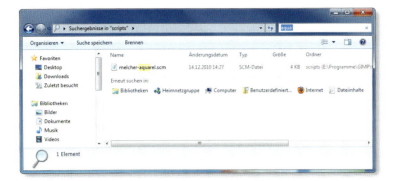

◄ Abbildung 9
So schnell ist das Skript gefunden.

4 Skript öffnen

Öffnen Sie das Skript in einer skriptfähigen Anwendung. Dies ist unter Windows beispielsweise der Editor. Zunächst einmal sieht das Skript sehr übersichtlich aus. Das liegt aber daran, dass die wenigen Zeilen unendlich lang sind. Ohne Suchfunktion geht hier gar nichts. Drücken Sie [Strg]+[F], und geben Sie den Suchbegriff mit Anführungszeichen ein. Im konkreten Fall ist das ja »accuracy«.

Warum Anführungszeichen?

Das Wort »Accuracy« kommt, wie jede andere Steuerelement-Bezeichnung auch, im Text mehrfach vor. Allerdings steht es nur ein einziges Mal in Anführungsstrichen. Genau an dieser Stelle ist das Steuerelement nämlich betitelt. Deswegen muss auch genau dieser Eintrag gefunden und anschließend editiert werden.

◄ Abbildung 10
Die Steuerelement-Bezeichnung ist gefunden.

5 Begriff ändern

Bevor es ans Ändern geht noch ein Hinweis vorweg: Da Sie ja etwas am Skript ändern wollen, ist es empfehlenswert, zunächst eine Sicherungskopie der Skript-Datei anzulegen. Schließen Sie das Suchfenster, und markieren Sie »Accuracy« im Quelltext. Tragen Sie dort jetzt »Genauigkeit« ein. Sorgen Sie unbedingt dafür, dass der Begriff weiterhin in Anführungsstrichen steht. Wenn Sie das missachten, funktioniert es nicht.

Anhang

Abbildung 11 ▶
Aus »Accuracy« wird »Genauigkeit«.

6 Ergebnis überprüfen

Zuletzt schließen Sie den Editor und beantworten die Speicher-Abfrage mit Klick auf SPEICHERN. Öffnen Sie GIMP anschließend erneut, stellen Sie auch wieder ein Foto zur Verfügung (da der Effekt ansonsten nicht anwählbar ist), und gehen Sie abermals auf FX-FOUNDRY • ARTISTIC • AQUAREL. Jetzt trägt der unterste Schieberegler den von Ihnen zugewiesenen Namen. – Aufwendig, aber cool, oder?

Abbildung 12 ▶
Das Steuerelement wird jetzt durch den Begriff ausgezeichnet, den Sie ihm verpasst haben.

Die DVD zum Buch

Die DVD ist eine wahre Fundgrube, die Ihnen viel Freude bei der Arbeit mit Ihren Digitalfotos bereiten wird. Sie setzt sich aus folgenden Verzeichnissen zusammen:

- Bilder
- Ergebnisse
- Plug-ins und Skripte
- GIMP 2.8
- Video-Lektionen

Beispieldateien

Das Verzeichnis BILDER enthält alle im Buch genannten Beispieldateien. In den einzelnen Workshops verweise ich auf die jeweils verwendete Datei. Dann finden Sie noch einen Ordner ERGEBNISSE, der die finalen Fassungen der Beispieldateien enthält. Diese können Sie dann mit Ihren eigenen Ergebnissen vergleichen.

Plug-ins und Skripte

In diesem Ordner finden sich alle Plug-ins und Skripte, die in Workshops verwendet werden, und weitere, die für Sie von Interesse sein könnten. Eine Anleitung für die Installation dieser Dateien finden Sie im vorderen Teil dieses Anhangs (siehe Seite 366).

GIMP 2.8

Das Verzeichnis beherbergt die aktuelle Version 2.8 von GIMP in deutscher Sprache für Windows, Mac und Linux. Um das Programm zu installieren, kopieren Sie bitte zunächst den entsprechenden Ordner WINDOWS, MAC bzw. LINUX auf Ihren Computer. Am PC klicken Sie danach die *.exe*-Datei doppelt, die sich im Ordner befindet, und befolgen Sie die Anweisungen. Mac-Anwender doppelklicken die *.dmg*-Datei. Unter Linux wird GIMP in der Regel standardmäßig mitgeliefert und ist meistens bereits installiert ist. Sollte das nicht der Fall sein, kompilieren Sie den Quellcode aus dem Ordner LINUX.

Video-Lektionen

In diesem Ordner finden Sie ein attraktives Special: Aus unserem Video-Training »GIMP 2.8. Das umfassende Training« von Bernhard Stockmann (ISBN 978-3-8362-1724-8) haben wir die für Sie relevanten Lehrfilme ausgekoppelt. Schauen Sie dem Trainer bei der Arbeit zu, und lernen Sie intuitiv, wie Sie die erklärten Funktionen anwenden.

Plug-ins installieren

Die Installation von Plug-ins wie UFRaw gelingt meist ganz leicht. Sie klicken die jeweilige *.exe*-Datei doppelt an und folgen der Installationsanleitung. Vorher sollten Sie jedoch immer GIMP schließen. Nach einem Neustart der Software steht das jeweilige Plug-in dann in GIMP oder als Standalone-Anwendung zur Verfügung.

Training starten

Um das Video-Training zu starten, legen Sie bitte die DVD-ROM in das DVD-Laufwerk Ihres Rechners ein. Führen Sie im Ordner VIDEO-LEKTIONEN die Anwendungsdatei »start.exe« (Windows) bzw. »start.app« (Mac) mit einem Doppelklick aus. Das Video-Training sollte nun starten. Bitte vergessen Sie nicht, die Lautsprecher zu aktivieren oder gegebenenfalls die Lautstärke zu erhöhen. Sollten Sie Probleme mit der Leistung Ihres Rechners feststellen, können Sie alternativ die Datei »start.html« aufrufen. Sie finden folgende Filme:

Kapitel 1: Einführung in die digitale Bildbearbeitung
1.1 Die Ebenentechnik (14:05 Min.)
1.2 Bildgröße und Auflösung (05:08 Min.)
1.3 Farbkanäle analysieren (03:05 Min.)

Kapitel 2: Porträtretusche mit GIMP
2.1 Falten abschwächen und entfernen (05:21 Min.)
2.2 Die Augen strahlen lassen (04:55 Min.)
2.3 Haare umfärben (05:36 Min.)

Kapitel 3: Fortgeschrittene Techniken
3.1 Digitales Feuer erzeugen (13:32 Min.)
3.2 Menschen in Stein verwandeln (17:39 Min.)

Index

72 PPI 36
300 PPI 37

A

Abdunkeln 206
  per Ebenenmodus 208
  punktuell 211
Abtastgröße 80
Abwedeln 216
Abwedeln/Nachbelichten-
  Werkzeug 216
Alphakanal 274
  hinzufügen 276
  sperren 128
Als Ebenen öffnen 132
Andockbare Dialoge 62
Animation 358
  optimieren 361
  überblenden 358
Animieren 288
Ankerpunkt 308
  entfernen 310
  hinzufügen 310
  rückgängig 309
  umwandeln 310
  verschieben 309
Ansicht
  anlegen 68
  magnetisches Raster 71
Ansicht-Menü 69
Ansichtsoptionen 68
Apple 22
Arbeitsfläche 153
Arbeitsoberfläche 47, 48
Aspektverhältnis 302
Aufhellen 206
  per Ebenenmodus 207
  punktuell 211
Auflösung 36
  ändern 345
Aufsatzstil 321

Auswahl
  abgerundete Ecken 113
  aufheben 107
  aus Kanal 120
  aus Pfad 322
  bearbeiten 123
  elliptische 107
  erstellen 106
  Farben 108
  färben 112
  freie 108
  füllen 82, 112
  Größe festlegen 114
  invertieren 123
  kombinieren 111
  kopieren 118
  korrigieren 117
  korrigieren per Schnell-
    maske 121
  mit Pfad erstellen 318
  Modus 111
  nach Farbe 262
  rechteckige 107
  schwebende 131
  speichern 120
  umkehren 118
  vergrößern 111
  verwerfen 123
  weiche Kante 113
Auswahleditor 123
Auswahlrahmen 107
Auswahlwerkzeuge 106

B

Banner 356
  animieren 356
Belichtung
  korrigieren 205, 206
Bewegungsunschärfe 244
Bézierkurve 37, 309

Bild
  duplizieren 34
  im Text 340
  skalieren 154, 345
Bildausschnitt verändern 150
Bildbereich transfor-
  mieren 162
Bildeigenschaften 35
Bildformat 30
Bildgröße
  ablesen 345
  anpassen für das Web 345
  verändern 154
Bildkomposition 125
Bildlauf 65
Bildmanipulation 285
Blaustich 298
Button
  erzeugen 350, 351

C

Camera Raw 291, 292
CMYK-Farbraum 41

D

Datei
  anlegen 34
  exportieren 31, 32
  mehrere öffnen 26
  öffnen 25
  schließen 29
  speichern 29
Dateiformat
  für das Web 345
Deckkraft 192
  Ebene 133
  reduzieren 210
Demaskieren 137

375

Index

Dialog 61
  andockbar 62
  andocken 62
  einsortieren 63
Dock 61
  ausblenden 69
Drag & Drop
  Definition 19
Drehen 151
Druck
  Farbverfälschungen 41
Dynamik 87

E

Ebene 126
  ausblenden 128
  deaktivieren 128
  Deckkraft 128, 133
  duplizieren 209
  gruppieren 130
  Modus 128, 134
  schärfen 237
  schwebende 130
  speichern 139
  umbenennen 129
Ebenen
  vereinen 140, 356
  verketten 129
Ebenendeckkraft 133
Ebenenfüllart 129
  Transparenz 195
Ebenengruppe 130
Ebenenmaske 135
  Bildkorrektur 211
Ebenenmodus 134, 192
  Bildkorrektur 206
Ebenen-Palette 127
  Augen-Symbol 128
Ebenenreihenfolge
  ändern 148
Eckpunkt 310
  in Kurvenpunkt
    umwandeln 310
Editor für Zeichendynamik ... 87

Einfärben 198
Einfügen als
  neue Ebene 119, 132
  neues Bild 119
Einstellungsebene 219
Einzelfenster-Modus 17, 49
  Bildregister 26
Elliptische Auswahl 107
Entrauschen 250
Entsättigen 210, 254
EXIF 300
Exportieren 32, 346
Exportieren nach 32

F

Farbabgleich 169
Farbe
  abgleichen 168
  aufnehmen 79
  auswählen 108
  automatisch ver-
    bessern 166
  einstellen 39, 78
  Komponenten zerlegen ... 203
  kräftigen 186
  Kurven 225
  Leuchtkraft erhöhen 186
  verändern 188
  Werte 174
Färben 198
Farbkanal
  zerlegen 203
Farbpalette 81
Farbpipette 79
  Abtastgröße 80
Farbraum 38
  CMYK 41
  HSV 40
  RGB 38
Farbstich
  entfernen 166
  entfernen per Farb-
    abgleich 169
Farbton verändern 188

Farbton/Sättigung 186
Farbverbesserung 168
Farbverlauf-Werkzeug 83
Farbwerte anpassen 175
Filmplakat gestalten 140
Filter 337
  Bewegungsunschärfe 248
  Flecken entfernen 272, 273
  IWarp 285
  Künstlerisch 268
  NL-Filter 250
  Rauschen 256
  rote Augen entfernen 193
  Schärfen 231
  Unscharf maskieren 233
  Weichzeichnen 241
  zurücksetzen 289
Filterpaket 199
Fläche füllen 321
Flecken entfernen 269
Flyout-Menü
  Definition 19
Foto
  abdunkeln 208
  abwedeln 218
  auf alt trimmen 254
  aufhellen 207, 296
  aus Web laden 347
  Bildgröße verändern 154
  für das Internet ausgeben 346
  Hintergrund austauschen 275
  manuell nachbelichten 218
  punktuell abdunkeln 211
  punktuell aufhellen 211
  punktuell schärfen 235
  punktuell weich-
    zeichnen 235
  schärfen 230
  Web 344
Freie Auswahl 108
Freistellen 115
Füllen 82
  Fläche 321
  mit Muster 99
Füllwerkzeuge 82
FX Foundry 336
  installieren 366

G

Gaußscher Weich-
zeichner 242, 339
  Verkettung aufheben 242
Gehrungslimit 321
GIF optimieren 361
GIF-Animation 356
GIF-Format 348
GIMP-Format 29
GIMP-Hilfe 24
Glow-Effekt 334
Gradationskurve 225
Grafiktablett 87
Graupunkt 181

H

Haut weichzeichnen 241
Hautkorrektur 237
Heilen-Werkzeug 266
Helligkeit korrigieren 222
Helligkeit/Kontrast
  Gradationskurve 225
  korrigieren 222
High-Key-Aufnahme 209
Hilfslinie 70
  anzeigen 312, 315
  entfernen 74
  erstellen 73, 312
Himmel austauschen 275
Hintergrund
  austauschen 279
  eigenen einfügen 284
Hintergrundfarbe 78
Hinting 328
Histogramm 171
  lineares 174
  logarithmisches 174
Horizont begradigen 160
HSV-Farbraum 40
HSV strecken 168

I

IIR 244
Installation 22
  Windows 23
Internet-Seiten-Designs 362
Interpolation 155
ISO-Wert 249
IWarp 285
  Porträtretusche 288

J

Journal 74
  Einstellungen 74
Journalschritte, Anzahl
  einstellen 74
JPEG
  Artefakte 347
  ausgeben 346
JPEG-Ausgabe 346

K

Käfig-Transformation 162
Kameradaten einsehen 300
Kanäle-Palette 120
Kanalweise bearbeiten 203
Kanten
  ausblenden 113
  glätten 327
  suchen 280
Kantenglättung 321
Klonen 258
  Ausrichtung 265
  Quelle 264
Klonen-Werkzeug 258
Komplementärfarben 169
Kontrast korrigieren 222
Kontrastspreizung 168
Kontur
  erstellen 318
  mit Pfad erstellen 318
Kopie speichern 30

Körnung
  entfernen 249
  hinzufügen 253
  reduzieren 249
Kratzer entfernen 269
Kurve 225
Kurvenpunkt 310

L

Laufweite 328
Leinwand anpassen 154
Leinwandgröße
  verändern 155
Licht korrigieren 295
Lichterwarnung 297
Lineal 311
  anzeigen 73
Linie verschieben 310
Linienstil 321
  einstellen 319
Linsenkorrektur 301
Live-Histogramm (Raw) 296
Logo
  als PNG exportieren 349
  erstellen 334
  erzeugen 348
  für das Internet 348
Low-Key-Aufnahme 209

M

Mac-Version 22
  Tastaturkürzel 23
Magnetische Schere 109
Malwerkzeug 82
  einstellen 85
  Seitenverhältnis 86
  Winkel 86
Marker 310
Maske, Schwarz und
  Weiß 120
Maskieren 122, 135
Maßband-Werkzeug 160

Index

Mehrfenster-Modus 27, 49
Modus ändern 209
Montage 257, 258, 274
   Alphakanal hinzufügen ... 282
   Bilder zusammenfügen 275
   Bildteile transferieren 115
   Ebenen angleichen 278
   Farben angleichen 278
Muster 98
   erzeugen 100
   Kachelung 101
   klonen 99
   nachbearbeiten 104
   Speicherort 101
Musterfüllung 83

N

Nachbelichten 216
   punktuell 212
Nach Farbe auswählen 109
Nachziehstil festlegen 318
Navigator 66
Neue Ansicht 68
NL-Filter 250
Normalisieren 169

O

Objekt
   in ein anderes Bild trans-
     ferieren 115
   vergrößern/verkleinern ... 151
Öffnen-Dialog 25
Ohne Abspeichern
   schließen 29
Optimieren für GIF 361

P

Palette 61
Paletteneditor 81

Pattern 102
Perspektive korrigieren 157
Perspektive (Werkzeug) 152
Pfad 305, 306
   anordnen 316
   anzeigen 315
   Auswahl aus 322
   erzeugen 307
   exportieren 323
   Farbe 320
   füllen 320, 322, 333
   Grundlagen 306
   hinzufügen 316
   importieren 324
   Kontur erzeugen 318
   kopieren 317
   löschen 317
   nachziehen 318
   schließen 309
   umbenennen 316
   verändern 332
   verschieben 310
   weiterbearbeiten 316
Pfade füllen 321
Pfadkontur 333
Pfad-Werkzeug 307
Pinsel 82, 84
   Benennung 91
   Dynamik 87
   Speicherort 94
Pinsel-Editor 88
Pinselspitze 86
   animierte 90
   anpassen 90
   erstellen 95
   farbige 90
   modifizieren 91
   normale 89
Pixel 36
   sperren 128
Plug-in 364
   externe Plug-ins 365
   vorinstallierte Plug-ins 365
Plugin-Browser 364
Polaroid-Look erzeugen 42
Polaroids 26

Porträt
   Gesichtskonturen
     bearbeiten 288
   Haut weichzeichnen 241
   retuschieren 266
   schärfen 236
ppi 36
PSD-Dateien 356
Pulldown-Menü
   Definition 19
Punkt für Punkt 69

Q

QuickInfo 52
   Definition 19

R

Radierer 85
Radio-Button
   Definition 19
Radius (beim Unscharfen
   Maskieren) 235
Rand abschrägen 338
Raster 70
   anpassen 71
   magnetisches 71
Rauschen
   entfernen 249
   hinzufügen 253
   reduzieren 250
Raw 291, 292
   Vor- und Nachteile 292
Raw-Format 293
Raw-Foto
   drehen 303
   zuschneiden 302
Rechteckige Auswahl 107
Register sortieren 64
Regler einstellen 55
Reiter schließen 63
Reparieren 266

Retusche 257, 258, 266
  Heilen-Werkzeug 266
RGB-Farbraum 38
RGB-Rauschen 256
RLE 244
Rote Augen korrigieren 193
Rückgängig machen 74

S

Sättigung anpassen 186
Schachbrettmuster 119, 274,
  277
Schaltfläche
  erzeugen 350, 351
  exportieren 355
Schärfen
  mit Werkzeugen 240
  per Filter 230
  punktuell 235
Schatten 339
Scheren 152
Schnellmaske 121
Schwarzpunkt 181
Schwebende Auswahl 131
Schwebende Ebene 130
Schwellwert 116, 194
  (beim Unscharfen
   Maskieren) 235
Seitenverhältnis 86
Sepia erzeugen 253
Sepiafärbung 198, 254
Serifen 338
Skalieren 151
Skript 366
  suchen 370
  übersetzen 370
Speicherformat 31
  Konvertierung 32
Speichern 30
  abbrechen 29
  Format ändern 32
  mit Ebenen 139
Speichern unter 29

Spiegeln (Werkzeug) 153
Sprühpistole 85
Stift 84
Störung hinzufügen 256
Strichmuster 321
Struktur aufnehmen 260
Stürzende Kanten 157
SVG 323

T

Tangente 311
  herausziehen 313
Tastaturkürzel 53
  Mac 23
Tastenkombination 53
Text 325, 326
  am Pfad 331
  formatieren 329
  konvertieren 330
  mit Bild 340
  mit Foto füllen 340
Texteditor 327
Texteffekt 334
  Filter 337
Texteingabe 327
Textfarbe 328
Textfeld skalieren 328
Textwerkzeug 326
Tiefenwarnung 298
TIFF-Format
  Ebenen 140
TIFF-Kompression 140
Tinte-Werkzeug 85
Tonwertkorrektur 174, 177
  automatische 177
  einfache 175
Tonwertspreizung 178
  Analyse 182
Transformationswerk-
  zeuge 150
Transparent 119
Transparenz 274, 277

U

UFRaw 294
  Foto speichern 300
Umfärben 188
Unscharf maskieren 233

V

Vektorgrafik 37
Verbindungsstil 321
Verlaufsfarben einstellen 84
Verlaufsmaske 138
Verschmieren-Werkzeug 285
Verzerren
  IWarp 286
Verzerrung 157
Vollbildansicht 69
Vorbeifahrt simulieren 245
Vordefinierter Strich 321
Vordergrundauswahl 110
Vordergrundfarbe 78

W

Weiche Auswahlkanten 113
Weichzeichnen 241
  Methoden 244
  punktuell 235
Weichzeichnen/Schärfen 240
Weichzeichner 339
Weißabgleich 166, 298
  automatischer 167
  korrigieren 295
  optimieren 298
Weißpunkt 180
Werkzeug
  aktivieren 50, 52
  einstellen 53
  Elliptische Auswahl 107
  Freie Auswahl 108
  Magnetische Schere 109
  Nach Farbe auswählen ... 109

Index

Werkzeug (Forts.)
   Rechteckige Auswahl 107
   Regler einstellen 55
   Vordergrundauswahl 110
   Zauberstab 108
Werkzeugkasten 50
   anpassen 51
   ausblenden 69
Winkel 86

Z

Zahnrad (Raw) 300
Zauberstab 108
Zeilenabstand 328
Zittern hinzufügen 86
Zoomen 65
Zuschneiden 150
Zwischenbilder 358

X

X11 23
XCF-Format 30

- GIMP von A–Z: Digitale Fotografie, Webdesign und kreative Bildgestaltung

- Mit GIMP zu ansprechenden und überzeugenden Fotos

- Arbeitsabläufe mit »Scheme« automatisieren

Jürgen Wolf

GIMP 2.8
Das umfassende Handbuch

Mit diesem umfassenden Handbuch bleiben keine Fragen offen: Sie lernen GIMP von A bis Z kennen und erfahren, was wirklich in der Software steckt. Egal, ob Sie Ihre Fotos bearbeiten, Montagen erstellen oder Grafiken für die eigene Website gestalten wollen, hier finden Sie schnell und zuverlässig Antwort auf Ihre Fragen. Mit Einführung in Scheme!

920 S., komplett in Farbe, mit DVD, 49,90 Euro
ISBN 978-3-8362-1721-7

www.galileodesign.de/2548

Inhaltsverzeichnis im Web!

- Vorher/nachher: Schritt für Schritt zum optimalen Foto

- Mit Referenzkarte für alle wichtigen Tastenkürzel und Werkzeuge

- Mit allen Beispielbildern aus den Workshops sowie vielen Plug-ins

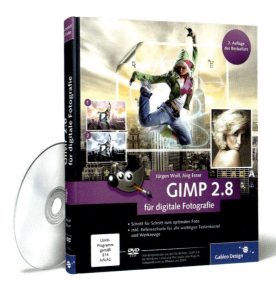

Jürgen Wolf, Jörg Esser

GIMP 2.8 für digitale Fotografie

Dieses Buch zeigt Ihnen alle Funktionen und Möglichkeiten von GIMP – von einfachen Bildkorrekturen über Retuschen bis hin zu Montagen. Schritt für Schritt finden Sie die Lösung für die wichtigsten Bildbearbeitungen. Auf der beigelegten DVD finden Sie nicht nur die aktuelle GIMP-Version, sondern auch alle Beispielbilder, damit Sie die Workshops leicht nachvollziehen können. So optimieren Sie Ihre Fotos im Handumdrehen!

360 S., komplett in Farbe, mit DVD, 39,90 Euro
ISBN 978-3-8362-1609-8

www.galileodesign.de/2388

DVD für Windows, Mac und Linux
15 Stunden Spielzeit, 39,90 Euro
ISBN 978-3-8362-1724-8

Bernhard Stockmann

Video-Training:
GIMP 2.8

Das umfassende Training

So bekommen Sie GIMP in den Griff! Ihr Trainer zeigt Ihnen, was Sie selbst ohne Vorkenntnisse aus GIMP 2.8 herausholen können. Lernen Sie die Grundlagen der digitalen Bildbearbeitung und erfahren Sie, wie Sie Bilder aufwerten, eigene Grafiken entwerfen und spektakuläre Effekte mit GIMP 2.8 erzeugen.

DVD für Windows, Mac und Linux
12 Stunden Spielzeit, 39,90 Euro
ISBN 978-3-8362-1758-3

Roland Klecker

Video-Training:
GIMP 2.8 für digitale Fotografie

Mit GIMP zu besseren Fotos? Dieses Training zeigt, dass Sie auch ohne teure Software Ihre Digitalfotos veredeln können. Sie lernen alles, was ein Digitalfotograf wissen muss – Import, RAW-Entwicklung, Retusche, HDR, Panorama, Ausgabe. Der perfekte Begleiter auf dem Weg zu besseren Bildern!

Alle Video-Trainings: www.galileo-videotrainings.de